新・MINERVA
福祉ライブラリー
33

地域包括ケアと
エリアマネジメント

データの見える化を活用した健康まちづくりの可能性

佐無田光・平子紘平 編著

ミネルヴァ書房

地域包括ケアとエリアマネジメント　目次

序　章　エビデンスベースの地域政策デザインに向けて
　　　……………………………………………………佐無田光…*1*
　1　地域再生の現代的課題と地域政策デザイン………………………*1*
　2　証拠に基づく政策立案（EBPM）…………………………………*4*
　3　超高齢社会の地域政策デザイン……………………………………*8*
　4　地域包括ケアのEBPM………………………………………………*12*
　5　地域包括ケアとエリアマネジメント研究会………………………*15*
　6　社会実装への道のり…………………………………………………*18*
　7　本書の構成……………………………………………………………*20*

第Ⅰ部　健康まちづくり政策の課題

第1章　地域包括ケアの現状と課題……………横山壽一／村上慎司…*26*
　1　地域包括ケアの理論的背景（1）――病院完結型から地域完結型へ………*27*
　2　地域包括ケアの理論的背景（2）…………………………………*29*
　　　――「包括・統合ケア（integrated care）」の理論
　3　地域包括ケアの理論的背景（3）――互助・コミュニティの規範理論………*32*
　4　理論的背景の小括……………………………………………………*35*
　5　地域包括ケアをめぐる経緯…………………………………………*35*
　6　地域包括ケアシステムの制度設計と位置づけ……………………*38*
　7　地域包括ケアシステムの構築の具体化……………………………*41*
　8　地域包括ケアシステムの構築と「見える化」……………………*43*
　9　地域包括ケアシステムの「深化・推進」と医療・介護の再編………*46*
　10　地域包括ケアの課題…………………………………………………*50*

i

第2章　エリアマネジメントと健康まちづくり……………髙山純一…57
1　暮らしやすいまちづくりの必要性とその背景………………………… 57
2　エリアマネジメントと都市計画マスタープラン……………………… 58
3　立地適正化計画と地域公共交通網形成計画によるまちづくり……… 61
4　超高齢社会における健康まちづくり…………………………………… 65

第Ⅱ部　地区高齢者データの見える化

第3章　国保データベース・後期高齢者データベースの
　　　　　「見える化」……………………………藤生　慎／森崎裕磨…72
1　国民健康保険データベース（KDB）…………………………………… 72
2　KDBデータの見える化………………………………………………… 82

第4章　エクセルによるCSVデータの解析方法…………板谷智也…88
　　　　　──レセプト・健診データからつくる保健事業
1　本章のねらい……………………………………………………………… 88
2　解析用CSVデータの準備……………………………………………… 90
3　データの解析方法………………………………………………………… 96
4　パレート分析………………………………………………………………100
5　データ解析と保健事業展開の実例………………………………………104
6　データ解析についてのあれこれ…………………………………………108

第5章　認知症に関連する地区特性に関する考察
　　　　　……………………………………篠原もえ子／山田正仁…111
1　認知症高齢者の増加………………………………………………………111
2　なかじまプロジェクト研究とは…………………………………………111
3　認知症・軽度認知障害の実態……………………………………………112
4　農村部では認知症有病者が少ない可能性がある………………………113

5	健診受診者と非受診者の認知症有病率の違い………………………… *114*
6	健診受診における地区特性，心理特性………………………………… *115*
7	認知症・アルツハイマー病の危険因子・防御因子と地区特性……… *115*
8	ソーシャル・キャピタルと認知症……………………………………… *118*
9	地域高齢者の認知症予防施策について………………………………… *119*

第Ⅲ部　データ解析に基づく健康まちづくり

第6章　健康の社会格差……………………………辻口博聖… *124*

1	健康格差とその要因について…………………………………………… *124*
2	健康の社会格差の現状…………………………………………………… *126*
3	健康の社会的決定要因が健康に影響を及ぼす仕組み………………… *129*
4	どのようにして健康の社会格差を是正するのか……………………… *130*
5	志賀町スタディについて………………………………………………… *136*

第7章　健康データベースと災害情報との組み合わせによる見える化……………………藤生　慎／森崎裕磨… *148*

1	分析対象疾患の設定と算出結果………………………………………… *148*
2	地域の脆弱性を考慮した被災評価……………………………………… *149*
3	地震動による「外力」の算出…………………………………………… *150*
4	地震による「脆弱性」の定量評価……………………………………… *152*
5	外力と脆弱性から算出される「被災評価」…………………………… *152*

第8章　高齢者施設配置の適正化に向けた地理的展開… 西野辰哉… *157*
――高齢者の生活圏域に関するエビデンスの活用事例

1	「日常生活圏域」とは…………………………………………………… *157*
2	高齢者の生活圏に関するエビデンス…………………………………… *158*
3	地域包括ケアシステムへの応用………………………………………… *169*

4 　地理情報システム（GIS）を活用した高齢者施設配置の適正化に向けた
　　　計画例 ……………………………………………………………………… *173*
　 5 　地域包括ケア政策への示唆 …………………………………………… *179*

第Ⅳ部　地域の医療・介護経済の評価

第9章　医療・介護保険の財政分析 ………………………… 武田公子… *184*
　 1 　医療・介護に係る自治体財政の枠組み ……………………………… *184*
　 2 　国保財政の自治体間比較 ……………………………………………… *188*
　 3 　介護保険財政の自治体間比較 ………………………………………… *197*
　 4 　地域間格差と広域化をめぐる政策的含意 …………………………… *205*

第10章　家内ケア労働と介護離職問題の実態と社会的費用
　　　　　………………………………………………………… 寒河江雅彦… *208*
　 1 　全国における高齢化の推移 …………………………………………… *208*
　 2 　羽咋市における家族介護者の介護実態 ……………………………… *214*
　 3 　考察と結論 ……………………………………………………………… *221*

補　章　介護離職と「家族レジリエンス」のとらえ ……… 柳原清子… *226*
　　　　　――地域包括ケアシステム下での家族支援
　はじめに ………………………………………………………………………… *226*
　 1 　介護離職・転職と家族レジリエンスの要素との関連 ……………… *227*
　 2 　家族構成と介護状況 …………………………………………………… *228*
　 3 　日常生活維持力と家族の信念や姿勢 ………………………………… *229*
　 4 　H市の家族レジリエンスと地域包括ケアシステム下での家族支援の
　　　在り方 ………………………………………………………………… *230*

目　次

第11章　医療・介護部門の地域産業連関分析 ………… 寒河江雅彦…233
　　1　経済波及効果 ………………………………………………………233
　　2　日本の医療・介護分野の経済規模と産業としての位置づけ ………234
　　3　羽咋市における医療・介護費の経済波及効果推計──地域事例研究 ……235
　　4　まとめ ……………………………………………………………237

終　章　域学共創研究による地域政策形成 …… 平子紘平／佐無田光…239
　　1　自治体と大学の連携による域学共創研究が求められる背景 ………239
　　2　域学共創研究の体制構築に向けた自治体側の準備活動 …………241
　　3　域学共創研究の体制構築に向けた大学との調整 ………………243
　　4　域学共創研究におけるコーディネーターの役割と活用 …………246
　　5　域学共創研究の展開の課題と留意点 ………………………251
　　6　自治体と大学による域学共創研究の展開の効果 …………………254

研究成果一覧

あ と が き

索　引

序章

エビデンスベースの地域政策デザインに向けて

佐無田光

1　地域再生の現代的課題と地域政策デザイン

　日本はかつて，先進工業国の中でも，経済成長と社会的公平性を最も両立させた先進モデルと見られていた。日本の社会的諸制度が相互補完的に作用していた時代に，各地域は，垂直統合型の国土構造の枠組みの中で階層的だが安定したポジションを得てきた。分業システムを通じて各地に仕事が配分され，長期的な関係性を重視する会社制度，性別役割分担，家族内扶養を前提に，分立的な社会保険制度がナショナル・ミニマムを下支えしてきた。国や企業の支所や地方公共団体には，縦割り式の役割分担が構築され，担当部局は定められた仕事を定例にこなすことを求められた。社会の諸計画を円滑に策定するために統計機構が省庁別に整備されてきたが，地域の現場は，業務を遂行する上で受動的にデータを取り扱うに過ぎなかった。

　ところが，政府の予測以上に少子高齢化が進み，グローバル化が進展するにつれて社会経済システムは大きく不安定化した。日本型の垂直統合モデルの上にアメリカ式の競争原理を接ぎ木しようとして，社会的制度のかじ取りは迷走を続けた。[1]非正規労働者が増加し，所得格差が広がり，社会保障と財政制度は危機に陥った。日本の1人当たり国内総生産は，2000年時点ではOECD諸国の中で世界3位だったのが，2015年時点では20位に低迷する。国と地方の公債残高は，2017年時点で1,093兆円，国民1人あたりに置き直すと862万円に上る。高齢者1人を何人の現役世代で支えるかを示す高齢者扶養率は，1960年代は10人以上あったのが，2015年には2.2人に低下し，2050年には1.2人となると予測されており，社会保障制度の持続性は危機に瀕している。これらの根本的対策

は事実上先送りにされており，あたかも社会の「風船時限爆弾」のように，問題は悪化し続けている。

　こうした状況の中で，地域は今，過疎・高齢化，貧困・格差，自然災害といったリスクの増大に直面しており，地域再生の道筋をつけるための政策的対応が課題となっている。キャッチアップ型工業化の時代と異なり，現代の地域再生の諸課題には一律の答えは見出しがたい。新しい社会的制度の形は未だ確立されておらず，それぞれの地域社会が，生き残りを自ら模索せざるを得ない状況にある。地域再生のテーマは，いまや地域固有の課題であるだけでなく，地域からの日本社会の再生であることを想起せねばならない。

　そのために，地方自治体をはじめとして地域社会の担い手自身が，地域固有の状況と課題に応じた対策を試みるような地域政策デザインが必要とされる。それも，個々の課題別に取り組むのでなく，「制度間の補完性」が成り立つように，地域一体的，相互補完的，政策統合的，同時解決的に取り組めるかどうかが，新しい地域政策の鍵である。地域は，機能別システムの集合なのではなく，環境・経済・社会の諸機能が関連しあってまとまりを成す総合的なサブシステムであり，部分最適ではなく全体最適の視点から諸制度間の相互作用性を検証する必要がある。

　問題は，これをどのように推進するかである。流行のモデルを適用するのではうまくいかず，先進事例を真似しようとしても，当該地域の課題解決にはつながらないことが多い。それぞれの地域によって，人口や資源の分布，社会的条件，課題をめぐる事情は異なり，それに対応する人材や組織の能力形成にも偏りがあるためである。その意味では，一般的によく使われる「モデル」型のアプローチには限界がある。

　地域の条件はもともと多様であるが，ポスト工業化の成熟社会においては，ますます地域の発展戦略は個性的になっていく。モデル・プロジェクトは，実際にはその地域特有の状況においてのみ効果があるのであって，その成功が自動的に他の状況の地域にも波及するわけではない。モデルとなるような地域には，そもそもパイロット事業を提案できるだけの経験や人材・ノウハウの蓄積があるのに対して，そのようなノウハウの乏しい地域で，その地域の条件に適

した解を独自に探し出すには，いったい何から始めればよいか。

　地域における複合的な社会的課題に取り組む上で，計算可能な最適解や即効薬があるわけではなく，詰まるところ，地域住民や関係者による学習と協働を積み重ねるしかない。日本社会の可能性は，最終的には住民自治力の地道な向上しかない。それも，政治リーダーの個人的な思いつきや専門的行政官（テクノクラート）の判断に委ねるのではなく，広く関係者で課題や実情を共有し，共通の問題に多方面からトライアル・アンド・エラーで政策実験や事業実験を繰り返す，柔軟性を伴った戦略的共同性が必要である。最も重要なことは，地域の関係者が現状を的確に把握し，危機感や課題を共有して，自発的かつ協力的に試行錯誤を繰り返す，そうした地域ガバナンスの仕組みを構築することである。

　これは従来，日本の統治の仕組みが垂直統合型で階層的に構築されてきたことからすれば，大きな転換であり，いわば民主主義を現場から再構築する試みである。逆に言えば，少数の特権者や既存の組織が階層的な秩序を守るために自由な試みを制約したり阻害したりするような地域では，実は想像以上に困難なテーマでもある。それでも地域ガバナンスの改革を一歩ずつ進めることが必要である。一つずつ実績を積み重ねることでしか，既存の垂直的統治機構は変わらない。

　多様な条件の地域の現状に対応して課題解決を進めるための具体的な手順として，少なくとも以下のような政策工程を一般的にデザインすることができる。

　① 現状の分析，定量的・定性的把握。
　② 地域の関係者による学習コミュニティの形成。先進事例や関係者のヒアリング。課題の共有。
　③ 関係者の合意形成と事業実験。地域のアクターの連携による新しい組織化。
　④ 地域課題に応じた制度の設計，施設の配置，需給の管理，サプライチェーン（生産・流通の流れ）等の計画。

　これらを自治体行政任せとするのではなく，地域の関係者が一緒になって進めていく複合的な過程を本書では重視する。部局単位の情報分析にとどまらず，

部局や組織の枠を越えた情報の活用や異分野の連携を通じて，従来にないアイディアを引き出して課題解決の試みを促すプロセスを検証したい。

特に地方都市に立地する大学の役割に注目する。地域の社会的課題を分析・整理し，課題解決の順序立てを明らかにして，効果を検証し，利害関係者の合意形成のための的確な知見を与える上で，地域の大学やシンクタンクの研究力・分析力を有効に活用していくことが求められる。同時に大学側にとっても，自治体や企業等地域の関係者との連携を通じて社会の課題を分析し，それを新たな社会システムの設計につなげていくことは，研究テーマとして意義深い。そこで本書では，「域学連携」を通じて地域が科学的なエビデンスを獲得し，それを独自の政策形成につなげていく可能性を検証していく。

2　証拠に基づく政策立案（EBPM）

近年，エビデンスに基づく政策展開がテーマとなっている。日本では2007年に統計法が全面改正されたことを受けて，総務省は2009年より「公的統計の整備に関する基本的な計画」を策定した（2018年から第Ⅲ期の基本計画期間に入っている）。新統計法では，大学や研究機関が「匿名データ」を二次利用することを認め，国家の管理する統計情報から広く一般に利用可能な統計情報とすることを図っている。「公的統計の整備に関する基本的な計画」の冒頭には，公的統計は，「証拠に基づく政策立案」を支える基礎であり，行政における政策評価，学術研究及び産業創造に積極的な貢献を果たすという役割が求められる，と規定されている。

2011年に閣議決定された第5次科学技術基本計画では，「国は，『科学技術イノベーション政策のための科学』を推進し，客観的根拠（エビデンス）に基づく政策の企画立案，その評価及び検証結果の政策への反映を進めるとともに，政策の前提条件を評価し，それを政策の企画立案等に反映するプロセスを確立する」と謳われた。これを受けて，文部科学省は科学技術イノベーション政策における「政策のための科学」プログラムを展開しており，政策形成や調査・分析・研究に活用しうるデータの体系的な蓄積や，政策課題の設定手法，政策

シナリオとオプションの検討，政策形成プロセスのあり方などの調査研究を委託実施している。

こうした流れと並行して，内閣府のIT総合戦略本部の下で2012年には「電子行政オープンデータ戦略」が策定され，これに基づいて，公共データ活用のためのルール等の整備，データカタログの整理，データ形式・構造等の標準化の推進などが順次検討されている。オープンデータとは，政府の定義によれば，「機械判読に適したデータ形式で，二次利用が可能な利用ルールで公開されたデータ」であり，組織や業界内でのみ利用されているデータを社会で効果的に利用できる環境整備を目指し，分野横断型の「横軸」の取り組み強化につなげようとするものである。公共交通情報，自治体行政情報，社会資本情報，観光情報，防災情報などに関して，オープンデータ化の実証実験が進められてきた。ただし，住民の個人情報を含むデータについては，技術的に「匿名化」できたとしても住民の十分な理解を得ることは難しいとして，実際には自治体（市町村）の現場ではまだかなりの制約がかかっている。

2017年には，統計改革推進会議の最終とりまとめを受けて，首相官邸に「EBPM推進委員会」が設置された。EBPM（Evidence-Based Policy Making）とは，もともとはイギリスやアメリカを中心に，できるだけ客観的な疫学的観察や統計学による治療結果の比較に根拠を求めながら，患者と共に方針を決める「根拠に基づく医療（Evidence-based Medicine: EBM）」が進展し，これが他分野にも波及して社会科学や政策の分野でも取り入れられるようになったものである。イギリスではブレア政権・キャメロン政権で唱道され，アメリカでもオバマ大統領が積極的に取り入れたことで普及した。公共事業の妥当性を問う費用便益分析（Cost-Benefit Analysis：CBA）や，企業経営の手法を公共サービスに取り入れようとするNPM（New Public Management）型政策評価と比べると，客観的な判断材料の共有というところにより力点がある。

ある課題を解決するに際して，考えうる複数のアプローチの中から最適な選択をするために必要となるのがエビデンスである。イギリスでは，政府経済サービス（Government Economic Service）と呼ばれる政策コンサルタントが発達しており，専門性と独立性の高い外部機関が，政策形成のためのエビデンスに

基づいた分析，実施された政策の監視と評価，経済効果や効率性の観点からの政策の優先順位づけ等を実施する体制になっている。よくある誤解として「データ＝エビデンス」ではなく，エビデンスとは，政策がアウトカム（成果）に影響を及ぼした因果関係をデータ分析で示すことにある（伊藤 2017）。このためにランダム化比較実験（Randomized Controlled Trial: RCT）と呼ばれる科学的統計手法が開発されてきた。エビデンスは1つではなく，ポートフォリオとしてとらえられ，質の高い複数のエビデンスをバランスよくメタ解析することが重視される。

　2014年から始まった日本政府の「地方創生」政策においても，こうした文脈から「エビデンスを基にして政策を立案する体制をつくる」ことが重視されている。内閣府によって RESAS（Regional Economy and Society Analyzing System：地域経済分析システム）が整備されたのも同様の問題意識による。RESASは，産業構造や人口動態，人の流れなどに関する官民ビッグデータを集約して可視化を試みるシステムであり，自治体職員だけでなく，地域の活性化に関心をもつ多様な人々によって，効果的な施策の立案・実行・検証のためなどに広く利用されることを想定して整備されてきた（日経ビッグデータ編集部 2016）。

　地方版総合戦略の中では，PDCA（Plan：計画，Do：実行，Check：評価，Action：改善）サイクルのもと，KPI（Key Performance Indicator：重要業績評価指標）と呼ばれる数値目標を置いて，効果検証と改善を実施することとされている。政府は地方創生を推進するために2016年に新型交付金制度を作り，内閣府地方創生推進室（当時）は地方創生推進交付金の評価方法を公表している。それによれば，事業の仕組みとして，(1)RESASの活用などにより客観的なデータやこれまでの類似事業の実績評価に基づき事業設計がなされていること，(2)事業の企画や実施に当たり，地域における関係者との連携体制が整備されていること，(3)KPIが，原則として成果目標（アウトカム）で設定され，基本目標と整合的であり，その検証と事業の見直しのための仕組み（PDCA）が，外部有識者や議会の関与等がある形で整備されていること，(4)効果検証と事業の見直しの結果を公表するとともに，国に報告すること等が条件となっている。

　地方創生政策においては，このようにエビデンスに基づく評価スキームが用

意されているが，しかし残念ながら有効に機能しているとは言い難い。KPIは，住民にもたらされた便益（アウトカム）を引き出すために実施された行政サービスの効果（アウトプット）という関係性を踏まえて設定・評価されることが望ましいとされている。しかし，実際には，単純に事業の実施数といった行政サービスの供給量や，事業への参加者数といった公共サービスに対する需要の大きさを指標としているケースが多く，目標に対する効果的な評価指標になっていない[2]，あるいは，施策の前提となる社会実態の把握のために使われるべき指標が，行政施策によるコントロールが可能な数値かどうかを吟味せず，そのままKPIとして設定されているなど[3]，KPIの目的が理解されていない実態があるという（林 2015）。

　そもそも今回の地方創生政策は，地域の潜在的成長力の向上を目指すものであるが，必ずしも地方自治体の自発的な動機によって始まっているわけではなく，国による上からの働きかけによって地域間競争を促されている面がある。そのため，地方自治体の対応としては，短期的な予算確保のために受動的にKPIを設定したりRESASを使用したりする姿勢になりがちである。これは垂直統合型の統治システムの根本的な問題点であり，国が主導すればするほど現場は形式的対応を強めていく。国からの評価を得るためにKPIを設定し，国への説明のためにKPIの数字合わせをしている。肝心の住民目線のサービス改善や地域再生は後回しとなり，形を整える書類作成の労力ばかりが増えて，仕事に疲弊している現場の実態がある。しかも今回は，2015年の2月に方針が示され，10月には自治体が計画を作り，国によって評価される，という極めて急な短期間のスケジュールで実施されたために，地域サイドがじっくりと議論を深めたり合意形成をしたりする時間的猶予は与えられなかった。

　地域再生には本来，現場の意欲や危機感に基づいた学習と協働が不可欠であり，それは時間のかかる社会運動を要する。これに対して，政府の立場からは，日本全体の人口問題・財政問題・社会保障問題の危機がもはや一刻の猶予もないほど深刻であり，放っていても地方自治体から自発的にEBPMが進む見通しがないので，国主導で自治体のやる気を煽るような政策を開発してきたことは理解できる。しかし，垂直的統治のもとでの数値目標は，管理主義，形式主

義の弊害（実質性の乏しい書類仕事）を増やすだけで，本来の能動的なEBPMとは程遠いものになっている。国の主導する政策目標と地域の実態との間には大きな乖離が存在している。

　それでは，地域政策のEBPMを機能させて，実質的に地域の課題解決に結びつけていくためにはどうしたらよいであろうか。上からの管理主義的な政策誘導に対して，本書が提起するのは，地域の多様な関係者によるボトムアップ型の政策連携である。共創的な学習過程なしに，単なる分析ツールや評価項目が与えられるだけでは，EBPMは有効化しない。地域的なネットワークによる連携体制の中に地方大学や研究機関を取り込んで，自治体や政策関係者がEBPMの考え方を研究者らと共に実践し，次第にノウハウを習熟していく過程が重要である。ある程度学習に時間がかかったとしても，地域の現場で試行錯誤するプロセスこそが，効果的なEBPMを実現するために必要であると主張したい。

3　超高齢社会の地域政策デザイン

　上記のような仮説に基づいて，本書では「超高齢社会の地域政策デザイン」を検討していく。現代社会の地域再生には，環境共生，社会的包摂，防災・減災，子育て，農林水産業や地場産業の活性化など多岐にわたるテーマがあるが，とりわけ世界の中で最も先行して高齢化の進む日本においては，超高齢社会に対応したあらゆる社会システムとストックの再構築が，全ての地域で課題になってくる。

　65歳以上の人口が総人口の7％を超えると「高齢化社会」，14％を超えると「高齢社会」，21％を超えると「超高齢社会」という定義があるが，日本は2016年時点ですでに27％を超える高齢化率に達しており，世界に先駆けて「超高齢社会」に突入した国である。国立社会保障・人口問題研究所によれば，この数字は2025年には30％を超え，2060年には40％に達すると予測される。図序－1に見られるように，日本は高齢者人口比率で突出しているだけでなく，高齢化率上位20カ国の中で最も総人口規模が大きく，大規模な超高齢社会という特異

序章　エビデンスベースの地域政策デザインに向けて

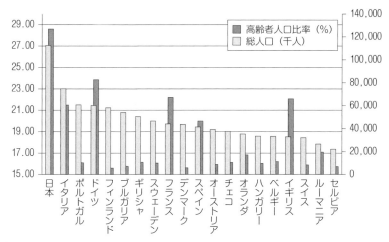

図序-1　高齢者人口比率の上位20カ国（総人口500万人以上の国，2017年）
出典：World Bank より作成。

な国である。超高齢社会では，高齢者はもはや社会的少数者ではなく，社会の仕組みのすべては多数の高齢者を前提として設計されなければならない。

　従来経験科学的なアプローチが主流で，ときに権威が重んじられてきた医療現場において，「根拠に基づく医療（EBM）」によって治療法を選択する潮流が展開していることはすでに述べたが，地域社会のレベルでも，エビデンスに基づく看護，介護，地域医療が課題となっている。要介護者や認知症患者がそれぞれ数百万人に達する時代になり，例えば認知症の発症を予測し，予防的対策によってできるだけ進行を遅らせるといった取り組みを，エビデンスに基づいて検証しながら，科学的な対策をとっていく必要がある。

　超高齢社会の地域政策デザインの軸となるのは，医療システム，介護システム，在宅ケアシステム等を連携させた，いわゆる「地域包括ケア」システムである。厚生労働省は「住み慣れた地域で自分らしい暮らしを人生の最後まで続けることができるよう，住まい・医療・介護・予防・生活支援が一体的に提供される地域包括ケアシステムの構築」を推進しており，それは「保険者である市町村や都道府県が，地域の自主性や主体性に基づき，地域の特性に応じて作り上げていくことが必要」[4]だとされている。

9

高齢者多数の社会を想定するならば，交通システムや都市計画のあり方も従来とは考え方を変えていかねばならない。個々人が自動車を駆使して自由に移動することを前提とするシステムでは成り立たなくなる。医療と同じく，対症療法型から予測に基づく予防的アプローチへとシフトし，健康に暮らせる都市デザインを実現することが課題となる。例えば，社会的弱者，交通弱者の分布を予測し，公共交通を軸にした移動時間の少なくて済む都市空間を設計すること，世代構成や福祉需要の将来予測に基づいて適切に施設配置を進め，高齢者の暮らしやすい地域コミュニティの機能を効果的に支援していくこと，災害時の弱者となる可能性のある人々の数や状態を把握し，物理的な災害発生確率と照らして地域防災計画に反映させることなどが求められる。

　つまり，地域包括ケアシステムと地域の諸計画（都市計画，交通計画，防災計画，エネルギー計画等）を連動させていく「政策間連携」が課題となる。国土交通省は，2014年に「健康・医療・福祉のまちづくりの推進ガイドライン」を示している。これによれば，地域の現状・将来の把握と「見える化」を推奨し，① 運動習慣，② コミュニティ活動，③ 都市機能の計画的配置，④ 歩行空間，⑤ 公共交通の5つを「必要な取り組み」として，それぞれの「診断」を踏まえて，まちづくりの取組みパッケージを作ることを求めている。狭い健康福祉行政の枠組みを越えて，総合的な「健康まちづくり」を実現するためには，各部局に分かれている施策や情報の統合活用が課題となる。

　超高齢社会の到来によって医療・福祉部門が経済循環に占める比重はますます大きくなっている。厚生労働省の推計によれば，国民医療費は2015年度に約42兆3,644億円，国内総生産の7.96％に達する（厚生労働省）。国立社会保障・人口問題研究所によると，年金・医療・介護などの社会保障給付費は2015年度に114.8兆円で，国内総生産に占める割合は22.4％である。経済活動別国内総生産で見ると，2015年に「保健衛生・社会事業」は36兆1,200億円を生産し，国内総生産に占める割合は1994年の4.2％から2015年には6.8％に増えている。これに加えて，家族や地域社会において担われるケアのように，病院などの事業者への支払いの形を取らない「見えないコスト」が存在する。介護のために仕事を離職するケースが増え，社会問題となっている。例えば，慶應義塾大学

の佐渡充洋グループによる「認知症の社会的費用の推計」によれば，2014年の日本における認知症の社会的費用は，年間約14.5兆円と推計されるが，その内訳は，① 医療費1.9兆円，② 介護費6.4兆円に加えて，③ 家族等が無償で実施する介護であるインフォーマルケアのコストが6.2兆円に上っている（佐渡ほか 2015）。

　巨額の財政赤字を抱える日本では，財政の負担になる社会保障費の抑制が至上命題となっている。ところが一方では，これまで国内の雇用を支えてきた製造業・建設業・卸小売業が総じて縮小する中で，いまや医療・福祉部門は地域経済における唯一の雇用拡大部門である。経済センサスによれば，首都圏と中部・関西7府県を除いた地方圏の事業所従業者数は2009年から2014年にかけて約83万5,000人純減しているが，医療・福祉部門だけが約68万人の純増であり，地方の雇用増のほとんど唯一の受け皿になっている。医療・福祉から他部門へのトリックル・ダウン効果も無視できない規模である。医療・福祉の産業連関に関しては宮沢（1992）の先駆的業績があるが，比較的新しい調査でも，医療サービス活動および介護サービス活動の生産波及効果と雇用創出効果は全産業部門の平均や公共事業の効果よりも大きいことが示されている（塚原 2011）。

　さらに医療・生命科学分野を含むライフサイエンス領域は，日本で最もイノベーションに力を入れられているテーマである。総務省の科学技術研究調査によれば，企業・大学・公的機関等の科学技術研究費のうちライフサイエンス分野は3兆336億円（研究費全体に占める割合16.7％）であり，分野別研究費の1位である。医療・福祉部門には，産業連関効果，雇用創出効果だけでなく，イノベーション効果までもが高く期待されている。

　しかしその一方で，医療・福祉分野の1人当たり平均月間現金給与総額は減少傾向にある。この分野の従事者数が大きく増加しているにもかかわらず給与費が下がっているために，全産業平均の給与費を押し下げていると分析されている（前田・佐藤 2016）。「社会保険・社会福祉・介護事業」の就業者は，2003年から2015年にかけて約200万人増えて倍増したのに対して，社会保険・福祉分野の賃金は2000年から10年間で20％も大幅に下落した。この原因はパートタイム労働者や，ホームヘルパーなど比較的賃金の低い職種が増えたことにも起

因するが，国が運営する介護報酬制度による賃金抑制が影響しているという（近藤 2017）。

　厚生労働省は医療費適正化計画を策定し（第3期計画期間は2018～2023年），医療費の地域差縮減を目標として，医療保険データベースの1つとして「医療費の地域差分析」を公表している。しかし，社会保障費の総額抑制の側面ばかりではなく，介護離職などインフォーマルケアコストへの圧迫や，医療・看護・介護労働者の労働条件，医療・福祉部門の経済波及効果など，経済循環の多局面に目を向けなければならない。今後の地域経済は医療・福祉部門を1つの軸として回っていく可能性が高く，医療・介護経済のかじ取りは地域経済政策としても重要になってくる。

　このように超高齢社会になれば，否応なく比重を高める医療・福祉部門を無視して地域経済の計画は立てにくい。地域包括ケアと都市計画，さらに産業・雇用政策との連動性をも見据えて地域福祉政策を立案せねばならない。これらがすべて，バラバラに機能するのではなく，制度的に補完しあうように，諸政策をすり合わせ，一体的に整備されていかねばならない。しかし，地域包括ケアの計画づくりを担う地方自治体の政策現場の多くは，これまで健診率の向上や保険会計の管理などの実務的な業務に終始してきた。新しい総合的な政策課題に対応した独自の地域福祉政策を考案するノウハウを形成できてはいない。しかも，地域ごとに課題は多様である。ガイドラインやモデルをそのまま当てはめるのでなく，自分たちの地域の実情に応じた独自の地域福祉政策として，何を判断材料や評価基準として何をすればよいのか，困惑している実態がある。

4　地域包括ケアのEBPM

　医療技術が高度に進歩したとしても，超高齢社会の社会経済システムは，最終的には地域からデザインされる必要がある。なぜならば，医療・介護サービスは暮らしと密接に関わる地域的なサービスであり，地域の各種事業者や専門家が連携してサービスを提供し，地域住民が共同で利用する性格のものであるためである。

超高齢社会に求められる予防型の地域福祉政策には，全国一律の解はない。共通のマニュアルを適用すれば済むわけではなく，地域ごとに課題や住民ニーズ，あるいは地域の事業者等のシーズは多様であり，それぞれの地域の特性を適切にとらえた施策が必要とされる。大都市圏と地方圏では人口分布も医療介護機能も大きく異なるのみならず，同じ県内でも中核都市と郊外都市と農村部では異なる対応が求められるし，同じ市町村内でさえ地区ごとに要介護者や支援者の分布や能力に違いがあり，それぞれの地域の特性に応じた健康まちづくりをデザインしていかねばならない。そこで，自治体が地域特性をデータで的確にとらえて，予防効果を発揮できるような地域政策を立案し，エビデンスに基づいて効果を検証しながら政策を進めていくための支援ツールを開発することが課題となってきた。

　アベノミクスの"第3の矢"として政府が2013年に発表した「日本再興戦略」では，「国民の健康寿命の延伸」を重要な柱として掲げたが，「保険者は，健康管理や予防の必要性を認識しつつも，個人に対する動機付けの方策を十分に講じていない」ことを問題点として指摘し，「全ての健康保険組合に対し，レセプト等のデータの分析，それに基づく加入者の健康保持増進のための事業計画として"データヘルス計画"の作成・公表，事業実施，評価等の取組を求めるとともに，市町村国保が同様の取組を行うことを推進する」ことを求めた。「データヘルス計画」とは，レセプト・健診情報等のデータの分析に基づく，効率的・効果的な保健事業をPDCAサイクルで実施するための事業計画のことであり，電子化された健康・医療情報を分析し，被保険者等の健康課題を明確にした上で，事業の企画を行うものとされている。

　これを受けて，厚生労働省はレセプト情報・特定健診等情報データベース（NDB）を整備して，レセプト情報の第三者提供を2013年度から本格実施している。また，国民健康保険中央会は2014年より，保険者の効率的な保健事業の実施をサポートする目的で国民健康保険データベース（KDB）システムの開発・提供を行っている。さらに厚生労働省は，介護保険事業計画等の策定・実行を総合的に支援するために「地域包括ケア『見える化』システム」を開発・提供して，これを利用した地域分析の手引きを公表している（2017年）。同2017

年には，個人情報保護法が改正され，個人情報を誰の情報だかわからなくする「匿名加工情報」にすれば，本人同意を得なくても第三者に提供することが可能になった（ただし安全管理，第三者提供時の公表・明示，識別行為の禁止義務を負う）[6]。

　このようにして「エビデンスに基づく地域福祉政策」を進めるための情報基盤は着々と整えられてきているように見えるが，それを地域の現場で活用するには実はまだまだ課題が多い。まず，KDBの個票データは市町村国保が管理するため，その活用範囲は実質的に市町村の判断に委ねられている。KDBは個人情報を含み，たとえ匿名化されたとしても，狭い地域の実態からは，属性情報を通じて個人が特定されてしまう可能性がないとは言えず，情報管理の担当部局から利用に制約がかかっているのが現状である。

　市町村が地域包括ケアのプランづくりに活用するために，独自にレセプト・健診等のデータベースを利用しようとしても，日本の保険制度は分立型であるため[7]，市町村の管轄するKDBと後期高齢者医療制度だけだと地域住民の一部をカバーしているに過ぎない。主に中小企業の従業員を対象とする協会けんぽ（全国健康保険協会），大企業に多い組合健保（組合管掌健康保険，全国で約1400の数が存在する），主に公務員の加入する共済組合（国家公務員，地方公務員，省庁単位別）が，別個にデータベースを管理しており，それぞれの判断で個人情報管理のルールが異なる。しかも，被保険者が所属する組織を越えて異動したり退職したりすると，そのつど保険制度も切り替わる仕組みになっているため，個人の情報さえつながっていない。マイナンバー（社会保障・税番号）制度が導入されたにも関わらず，これらの保険者データを個票レベルで突合したデータベースはいまのところ存在しない。もし個人データを突合したデータベースを構築しようとするならば，それは自治体等の担当者の仕事量の負担や情報管理リスクとして跳ね返ってきて，既存の縦割り体制で対応することは実質的に難しい。

　NDBに関しては，実際に第三者が利用しようとすると申請から情報提供まで最短でも6ヶ月以上かかる上に，高度なセキュリティ要件をクリアせねばならず，NDBを使いやすくするために整備されたNDBオンサイトリサーチセ

ンターはほとんど利用されていない状況にあるという[8]。しかも医学関係者からは，外来レセプト情報は書式が不統一であるなどデータの精度が低いことが指摘されており，そのままでは厳密な科学的エビデンスとして使いづらい問題がある[9]。

つまり，健康データを利用した政策立案という課題は，日本ではまだようやくデータの初期条件が整い始めた段階で，まだ実質的には作動していない状況にある。それは規範的なルールや技術によって解決可能というよりは，諸々の障害を1つずつ明らかにして，組織横断的に対応していくべきガバナンスの問題である。そこで現実的な取組みとしては，自治体が研究機関と連携して，一歩一歩実績を積み上げていく共同学習の過程が重要である。この現場のプロセスがあってこそ，どういう基準でどのデータベースをどの機関とどのように使えばよいか，それによって実際のEBPMをPDCAサイクルでどのように回していけばよいのか，初めて地域政策のノウハウとして「社会実装」されていく。こうした地域の実験的な経験を国の制度に反映させていく仕組みが必要である。

5　地域包括ケアとエリアマネジメント研究会

金沢大学では，文部科学省の「地（知）の拠点整備事業（COC: Center of Community）」の採択を受けて（2013～17年度），地域関係者のニーズと学内外の研究シーズのマッチングにより，「多 対 多」の研究プロジェクトを推進してきた[10]。自治体の特定部局と大学の教員間で個別的に連携する「1対1」の域学連携は従来にも多数実績があったが，今日の地域再生のためには，複合的な地域の課題解決のために異分野の専門性を組み合わせて，総合的な域学連携プロジェクトを展開しなければならない，という理念の下，金沢大学のCOC事業では，大学の窓口を一元化し，複数教員による地域との共同研究をコーディネートする体制を築いてきた。

この取組みを進める中で，地域の課題の1つとして，2013年に石川県小松市よりデータヘルス計画の相談があった。これをきっかけに，KDBを中心に高齢者健康データの地域特性を把握し，それをエビデンスベースの健康まちづく

り政策につなげていくという研究課題の着想を得て，翌2014年「地域包括ケアとエリアマネジメント研究会」（通称：ケアエリア研）が組織された。

　ケアエリア研は，自治体から地域ニーズを拾い上げ，それを学内研究者とマッチングさせる中で発見された研究テーマに対応して，領域横断的な研究者が連携・分担し，自治体の政策現場ともすり合わせを行いながら進める，異分野融合で社会実装型の研究プロジェクトである。地域と大学研究者をつなぐ専門の域学連携コーディネーターが軸になっているところに特徴があり，一般的な個別専門分野の枠に収まらない「共創」型研究である。看護学，公衆衛生学，神経内科（認知症専門）などの医学・保健学領域と，情報工学，都市計画などの工学領域と，経済学，財政学，社会保障論などの社会科学領域という，学際的な専門家が連携し，普段とは違う研究的刺激から次々と研究課題を派生させていく，一種の研究プラットフォーム的組織でもある。

　地域政策的な実装性を重視する研究スタイルは，理論先行の実験室型研究とは一線を画す。研究の過程もまた EBPM の一部であり，それ自体が社会実験のプロセスでもある。研究者は傍観者的なポジションから分析するのではなく，地域社会の課題解決に貢献することを意識して，その過程で自身の研究テーマを進化させつつ，現場で仮説を検証する[11]。個々の研究者の元々持っている研究テーマと地域の課題は常に一致するわけではなく，異分野の視点と政策現場に教えられる形で，新しい分析視角，知見，理論化可能性が次々と提起されてくることが，共創型研究のダイナミズムである。

　さて，2015年に日本学術振興会「課題設定による先導的人文学・社会科学研究推進事業」の採択を受けたことで，ケアエリア研の活動は軌道に乗り，順次自治体との連携を増やしてきた。本研究のフィールドは主に北陸・石川県内の複数市町村で，一部に比較対象として大都市圏内の中小都市が含まれている。これらの地域と連携する形で，ケアエリア研は，具体的には以下のような大きく3つのテーマで，地域特性データの解析と政策的展開を研究課題としてきた。

（1）健康の地域特性データの「見える化」システムの開発と地域福祉政策への利用

　国民健康保険データベース（健康診断，医療保険，介護福祉）や後期高齢者

データベースを活用し，地理情報システム（GIS）やエクセルシートを使って高齢者福祉の地域特性を解析するためのツールを開発する。地域の保健医療の実態に通じた医療関係者・保健師・行政担当者らと医学・保健学の専門家とのフィードバックを繰り返しながら，要介護度・健康度と諸要素の相関関係を解析し，パフォーマンスの低い地区に対しては，保健指導重点地区として医学的見地から可能な対策を検討する。

（2）高齢者データのまちづくりへの展開

「見える化」された地域の高齢者・健康データを，狭い健康福祉行政の枠を越えて共有・展開し，超高齢社会を想定した施設配置計画，地域交通計画，防災・避難計画など都市計画領域への政策統合を図る。工学的なデータ解析にとどまらず，適切な情報管理を行いつつ部局横断的に政策をすり合わせいく政策間コーディネートの過程を考察する。

（3）地域の医療・介護経済の「見える化」

地域経済への影響力を高めている医療・介護経済を評価するのに，単純に社会保障費の総額抑制で見るのではなく，①支出面（医療・介護保険，個人負担，家内ケア労働），②サービス面（医療機関，介護施設，薬局・薬店，地域福祉協議会等），③分配面（産業連関と粗付加価値）の3側面から「見える化」し，医療・介護経済を定量的に把握することを試みる。医療・介護の経済循環を「見える化」することで，どこに負荷がかかっているのかを明らかにして，ケアすべき経済過程を明らかにする。

以上のような研究課題は，社会的な過程を含む研究であるため，政策現場の事情もあり，計画通り簡単に進むわけではない。中には現在進行形の構想も含まれており，全てが完了している段階ではないが，本書はその進行途上の研究成果を取りまとめるものである。（1）の研究課題が最も進んでおり，地域とのフィードバックを通じて一部社会実装化されている。（2）に関しては，分析は進んでおり，その成果は行政にも還元されているが，社会実装はまだ本格化していない。（3）のうち①と③の調査分析は進んでいるが②は未完了で，全体の指標はまだ体系化できていない。

6 社会実装への道のり

　本書取りまとめ段階での社会実装の状況を，このプロジェクトのきっかけにもなった小松市での事例で概観しておこう。金沢大学と小松市は2012年に包括連携協定を締結しているが，ケアエリア研と小松市との連携は，2013年に政府の「日本再興戦略」の下でデータヘルス計画が提起され，これを受けて小松市より金沢大学に相談があったのが始まりである。2014年に個人情報管理の手続きを詰めた上で，2015年から小松市より国民健康保険データ（KDB）の提供が実現した。KDBの個票データそのものではなく，郵便番号ベースで地区統合化されたデータが大学に提供されている。さらに2016年には，石川県後期高齢者医療広域連合と調整した上で，後期高齢者医療保険のデータベースを個票レベルで突合し，これをやはり郵便番号ベースに地区統合化したデータが大学に提供された。

　地区単位に統合されて完全に匿名化されているとはいえ，自治体としては生々しい地域の数値を曝け出すことには慎重にならざるを得ない。そこで，解析された分析結果を完全にオープンにするのではなく，情報公開の範囲を限定したのも1つの工夫である。基本的に開示されるのは，関係する行政内部，地域の保健関係者，地区別保健指導や健康推進講座などの機会（対象となる住民）に限り，大学側が論文や報告で使う際には事前に一報を入れることとした。狭い部局単体に閉じるのではなく，庁内横断的に交通政策や防災政策など他部局の分析でも「見える化」された健康データを分析・活用する道筋が開かれている。自治体の現場では個人情報の取り扱いに過度に慎重になって，せっかくの情報も部局内で死蔵化されることがよくあるが，小松市では，「関係者に問題を共有してもらうために積極的に活用を図る一方，アクセスフリーとはしない」という原則で，「見える化」データの「情報展開」に努めている。この点は，自治体それぞれに事情があるため，画一的なルールではなく，むしろ個別に自治体と大学研究者の間で情報管理ルールを調整しておくことが必要である。

　ただし当初は，レセプト・健診データの「見える化」に関して，大学研究者

が研究したいことと，市が協力を依頼したいこととがなかなか一致せず，双方にもどかしさがあった。そこで2016年に小松市予防先進政策会議を設置し，ここで定期的に研究成果を報告するとともに，自治体や保健の現場の意見を反映させつつ，研究者と一緒になって「見える化」されたデータの分析と施策への反映可能性を検討する体制を整えた。問題共有の場を設けたことで調整が進みやすくなり，現場のヒントで研究課題も進展するようになってきた。

　大学研究室でのデータ解析をもとにして，小松市予防先進部では「地域の健康状態の見える化」プロジェクトを展開している。2017年度には，国保加入者の特定健診結果（2016年度）を地区（小学校区）ごとに比較し，地区特性を踏まえて健康状態改善のために優先して介入すべき地区を把握し，介入プロジェクトにつなげる取組みを行った。具体的には，血圧保健指導の該当者割合と血糖値（ヘモグロビンA1c）保健指導該当者割合の高い地区を抜き出し，地区ごとにそれぞれ生活習慣改善を促す健康推進プロジェクトを実施した。生活習慣の改善が効果を上げるかどうかを検証するためには長期間データを取り続けなければならないが，政策としては短期的な評価も必要であるため，プロジェクトによってどれだけ生活習慣を改善する意識がついたかどうかを答えるアンケート調査を実施した。このプロジェクトには，金沢大学の保健学系の研究者が地区特性データの読み解きと，評価項目の作成，および結果の分析に関わっている。

　当該ケースでは，現場と研究のフィードバックを通じて，エビデンスに基づいて施策メニューを決め，当該施策の効果を検証しながら施策の精度を上げていくサイクルが動き始めていると評価できる。地区の健康数値が「見える化」されると，地区間の競争意識が働いて，町内会単位の取り組みの「やる気」が増すと報告されている。今後は，例えば糖尿病対策による認知症予防効果（このテーマも予防先進政策会議の議論を通じて浮かび上がってきた）など具体的検証テーマに順次展開していく予定である。エビデンスに基づく地域福祉政策的な介入によって，予測される地区ごとの将来の要介護者等をどれだけ緩和することができたか等を数値化して示していくことができれば，より EBPM は進むであろう。

さらに，同じく石川県の羽咋市との連携事例では，もう一歩進んで行政データの部局横断的な統合化を検討している。羽咋市とは，2015年度より「がんばる羽咋創生総合戦略」（地方版総合戦略）の策定と推進に金沢大学が協力してきた（代表：高山純一教授）。他自治体でケアエリア研の成果が上がってきたことを受けて，羽咋市でも，「がんばる羽咋創生総合戦略」の推進に向けて，国保データベースをはじめとするビッグデータを活用した地域政策の可能性を検討することとなった。2017年9月26日には，羽咋市・NEC・金沢大学の3者で連携協定を結び（代表：寒河江雅彦教授），ビッグデータやAIを活用した人口減少社会における羽咋市グランドデザインの共同研究を開始することになった。このプロジェクトでは，行政データの部局横断的活用の可能性を，自治体の現場と企業，研究機関のフィードバックを通じて，より具体的に検証していく予定である。

7　本書の構成

　本書は上記で述べてきたような問題意識や取組み経過に基づいて，ケアエリア研の今までの成果を中間的に総括・報告するものである。序章の最後に，本書の構成を述べておこう。本書は以下4つの部で構成される。
　第Ⅰ部では，健康まちづくり政策の課題について整理する。第1章では，まずQOL（生活の質）と財政抑制を前提として，①「病院完結型から地域完結型へ」，②「包括・統合（integration）」概念，③互助・コミュニティの規範理論という地域包括ケアの3つの理論的背景を論じる。次いで，地域包括ケアが政策として登場し具体化されていく過程を跡づけ，医療制度改革および地域共生社会づくりと一体化していく特有な展開と政策の課題を論じる。
　第2章では，健康まちづくりを進めるうえで基本となる都市計画マスタープランと立地適正化計画，地域公共交通網形成計画ならびにその実現化のためのエリアマネジメント活動について紹介する。その上で，超高齢社会における健康まちづくりの最近の動向を整理し，高齢者の都市活動分析にKDB等のデータベースが活用できることを論じる。

第Ⅱ部では，高齢者データの地域特性を「見える化」する手法を，事例に基づいて紹介する。第3章では，国民健康保険データベース（KDB）の基本的なデータ構造や把握可能なデータの内容，取り扱いについて整理を行い，健康分野におけるKDBデータの「見える化」の手法と解釈について述べる。

第4章では，KDBシステムからCSVデータをダウンロードしエクセルを使って解析する方法について，実例を交えながら解説する。

第5章では，石川県七尾市中島町における地域基盤型認知症研究（なかじまプロジェクト）の成果等より，認知症の地区特性について考察する。

第Ⅲ部では，データ解析を健康まちづくりに展開する可能性について研究成果を報告する。第6章では，健康格差とその要因，健康の社会格差の現状・是正策に関するこれまでの議論を概観した上で，ケアエリア研究会，金沢大学大学院先進予防医学研究科が自治体において試験的に進めている取り組みを紹介する。

第7章では，KDBを単体で用いるのではなく，KDBデータと既存の統計を組み合わせることによるKDBデータの有効活用の方法について述べ，具体的事例として，地域の脆弱性を考慮した被災評価の分析を示す。

第8章では，高齢者の生活圏域に関するエビデンスをまとめた後，高齢者施設配置の適正化に向けた地理的展開を試みる。

第Ⅳ部では，地域の医療・介護経済の評価を試みる。第9章では，国民健康保険・介護保険の保険者サイドからみた保険財政の現況やその地域差を分析し，保険の広域化をも踏まえつつ保険者が採りうる施策を考察する。

第10章では，要介護者の増加に伴う介護ケアに従事する家族の介護労働実態を取り上げる。全国における介護家族の実態を概観し，石川県H市において実施した家族介護者の介護実態調査に基づいて，介護離職・転職，無職・専業主婦の介護実態をまとめ，介護労働に伴う経済損失がどのくらいの規模となるか推計する。

続く補章では，同じく石川県H市での介護実態調査に基づいて，介護負担を受け止めたり緩和したりする家族の「レジリエンス」（回復力）に焦点を当てた分析を行う。H市の家族レジリエンスは，信念としては辛抱強さや諦観

の入った前向きさであり，介護は家族・親族内での主介護者引き受け型，内向き型が特徴であることを示す。

第11章では，医療費と介護費に基づく医療・介護産業の地域経済効果を推計する。医療・介護分野の経済規模と産業としての位置づけを簡単に説明した上で，石川県H市における国民医療費総額（保険，個人負担分を含む）及び介護保険給付費に基づいて，経済波及効果（直接効果，第一次，第二次間接波及効果，総合効果，雇用誘発数）の推計を行い，後期高齢者数が急増すると見込まれる2025年の経済波及効果を予測する。

最後に終章では，複雑化する社会課題に対して，自治体と大学等双方にとって新たな可能性となる「域学共創研究」について，テーマ設定・自治体大学双方での体制構築・共創研究実施時の注意点等を，実践に基づいて整理して示す。

注
(1) セバスチャン・ルシュバリエ（2015）『日本資本主義の大転換』岩波書店，参照。レギュラシオン学派のフランス人研究者が，なぜ日本資本主義が凋落したのかという問いに対して，経済のグローバル化に対応する改革対応が日本では遅れていたという通説とは異なり，むしろ改革が危機に先行し，断片的で一貫性のない新自由主義的改革によって諸制度の不整合性が生じたことを論じている。
(2) 例えば，出生数の増加を目的に「若い世代の結婚応援」として婚活イベントを展開する際に，「婚活イベントの数」や「婚活イベントの参加者数」がKPIになっているケースが見られるが，これではイベントの数を増やすのが目的となり，それがアウトプットやアウトカムにつながっているか検証されないままでは，単なる自治体の自己満足に過ぎない，といった事例が挙げられる。
(3) 上記（注2）の例で言えば，逆に「合計特殊出生率」をKPIにするケースもあるが，出生数自体は，特定の施策，事業の成果だけでなく様々な要因の影響が合成された結果を含むものであり，それらの要因は行政によって直接コントロールできるものは少ないという問題がある。
(4) 厚生労働省「地域包括ケアシステム」https://www.mhlw.go.jp/stf/seisakunitsuite/bunya/hukushi_kaigo/kaigo_koureisha/chiiki-houkatsu/ 最終閲覧日2018年7月10日
(5) レセプトとは，保険診療を行った医療機関が，患者一人一人について，診療報酬点数表に基づいて診療報酬（医療費）を集計し，保険者（市町村や健康保険組合

等）に請求する明細書のことである。レセプトの主な記載項目は，診療日数，医療機関情報，初診・再診，傷病名，診療行為内容，医薬品内容，診療報酬金額等を含む。
(6) 同じく2017年には「医療分野の研究開発に資するための匿名加工医療情報に関する法律」（略称「次世代医療基盤法」）が制定され，2018年5月に施行された。これによってレセプト情報だけでなく診療行為の実施結果に関する情報を含めて，医療機関等は，本人が提供を拒否しない場合に限り，第三者の認定事業者に対して医療情報を提供し，認定事業者は収集情報を匿名加工した上で医療分野の研究開発に利用できることとなった。
(7) 日本の社会保険制度は，国民皆保険をベースにしながら，職域保険と地域保険に大きく分かれ，さらに職域ごとに細かく分立する制度になっている。かつて階層的な分業で社会全体が経済成長していた時代には，この分立型社会保険制度が機能していたが，雇用構造が流動化した現在では，各保険制度間の不公平感や財政的な持続可能性への不安感が高まっている。
(8) 黒田知宏「みんなが使いやすいNDBを目指して——AMED臨床研究等ICT基盤構築研究事業『新たなエビデンス創出のための次世代NDBデータ研究基盤構築に関する研究』のご報告」NTTデータテクノロジーカンファレンス2017（2017年10月30日）。
(9) 例えば，東京保険医協会（2017年7月7日）を参照。https://www.hokeni.org/docs/2017070700219/　最終閲覧日2018年7月10日
(10) 金沢大学のCOCの取組みについては，「COC Reports」が各年版発行されているので参照されたい。http://www.coc.adm.kanazawa-u.ac.jp/coc.html
(11) 菊地（2015）は，地域社会の中に入り込んで，地域社会の課題に貢献することを目的とした領域融合的（トランスディシプリナリー）な研究を「レジデント型研究」と呼んでいる。課題解決と社会実装を志向する研究が求められるにつれ，今後の政策科学のあり方として，EBPMの政策過程に入り込んだ研究手法を発展させていく必要があろう。
(12) なお自治体との取り決めに基づき，本書では小松市の具体的データは取り上げていない。公開されているものについては巻末の成果一覧を参照されたい。

参考文献

赤池伸一（2014）「エビデンスベースの政策形成に向けた取組の課題と展望——Sci-REXと科学技術イノベーション政策　第5期科学技術基本計画策定に向けた政策分析」研究・イノベーション学会『年次・学術大会講演要旨集』29：171-176。
伊藤公一郎（2017）『データ分析の力　因果関係に迫る思考法』光文社新書。

菊地直樹（2015）「方法としてのレジデント型研究」『質的心理学研究』(14)：75-88。
近藤絢子（2017）「人手不足なのに賃金が上がらない三つの理由」玄田有史編『人手不足なのになぜ賃金が上がらないのか』慶應義塾大学出版会。
駒村康平編著（2016）『2025年の日本 破綻か復活か』勁草書房。
佐渡充洋他（2015）「わが国における認知症の経済的影響に関する研究」厚生労働科学研究費補助金（認知症対策総合研究事業）平成26年度総括・分担研究報告書。
塚原康博（2011）「医療サービス活動における産業・雇用連関分析の展開」『季刊社会保障研究』47(2)：104-118。
日経ビッグデータ編集部（2016）『RESASの教科書』日経BP社。
林健一（2015）「地方自治体における重要業績評価指標の活用状況について：若干の「まち・ひと・しごと創生総合戦略」を事例として」『中央学院大学社会システム研究所紀要』16(1)：30-46。
前田由美子・佐藤敏信（2016）「地域創生に向けて医療・福祉による経済・雇用面での効果」日医総研ワーキングペーパー，No. 362，日本医師会総合政策研究機構。
宮沢健一（1992）『医療と福祉の産業連関』東洋経済新報社。

第Ⅰ部

健康まちづくり政策の課題

第1章

地域包括ケアの現状と課題

横山壽一／村上慎司

　本章は，地域包括ケアの現状と課題について，前半（1～4節）では抽象的な理論的背景を確認・検討し，後半（5～10節）では具体的な導入経緯と現状の位置づけ・動向を踏まえたうえで，主要な課題を論じる。前半の理論編は，地域包括ケアに関する3つの理論的背景となりうる議論を取り上げるが，宮本編（2014：233-244）や隅田・藤井・黒田編（2018：4-5）等を参考にして，これらを貫く2つの共通する政策理念に着目している。

　一つの政策理念は人々のQOL（Quality of Life，生活の質）維持・向上である。ただし，ここで想定しているQOL概念は，かつての障害者福祉政策における施設から地域社会への動向で強調されていた当人の自己決定能力（自律）を理論的射程に入れている。同時に，この概念は，ある地域コミュニティにおいて他者たちと共に支え合って暮らすことから享受される生活の豊かさを含みうる。この両義性は個人の自由と共同体の相互扶助という異なる価値観の間で時に鋭く対立する構図を内包しており，各理論的背景を検討する際にも留意する必要がある。

　もう一つの政策理念は財政の抑制・持続可能性である。現在，日本政府は巨額の財政赤字を抱えている。そのため十分な財源的裏付けがある旧来型福祉国家のもとでの社会保障ではなく，地域特性を生かした創意工夫を通じた効率的・効果的な福祉施策を地方自治体のレベルにおいて実施すること，さらに地方自治体においてもボランティア活動等のインフォーマル・セクターを有効に利活用する福祉社会の実現といった公的な財政を抑制する傾向が看取される。

　こうした2つの政策理念を念頭に置きつつ，本章が取り上げる理論的背景は，第一に猪飼ら（2010）の議論を代表的な見解とする「病院完結型から地域完結

型へ」という動向であり，QOL 概念を巡る論点が中心となる。

　第二の理論的背景は，財政抑制・持続可能性と関連する「地域包括ケア (community-based integrated care)」における「包括・統合 (integration)」概念である。筒井 (2014) とそこで言及されている海外文献における「包括・統合ケア」の議論を中心に整理・検討する。

　第一と第二の理論的背景は直接的に地域包括ケアと関連するが，第三の理論的背景は地域コミュニティに関する抽象度の高いレベルに照準している。それらは，近年になって台頭してきた互助やコミュニティの規範理論であるソーシャル・キャピタル論であり，地域包括ケアと呼応する理論的関係性がある。

　以上の理論的作業を踏まえた上で，後半の具体的議論へと接続させる。

1　地域包括ケアの理論的背景（1）——病院完結型から地域完結型へ

　後半で言及する社会保障制度改革国民会議 (2013：21) において，救命・延命，治癒，社会復帰を前提とした「病院完結型」の医療から，病気と共存しながら QOL の維持・向上を目指して患者が住み慣れた地域や自宅での生活のための医療，すなわち，地域全体で治し，支える「地域完結型」の医療への転換が主張されている。

　この転換の理論的背景を提供しうるものの一つが猪飼 (2010) である。同書は，「病院の世紀の理論」と呼ばれている独自の歴史理論に基づいている。その中心的議論は，効果的な治療システムであることを病院に要請させる形で，医療供給システムに強い規律が与えられた時代である20世紀を，「病院の世紀」と呼ぶものにある。

　「病院の世紀」は，疾病構造の転換と長寿化を背景として，終わりを告げるという。これについて，長谷川 (1994) と広井 (2003) における健康転換の区分を援用して補足説明しよう。広井 (2003：15-16) によれば，健康転換とは，公衆衛生や国際保健の分野で提唱された概念であり，疾病構造転換を人口構造や産業構造といった社会経済システムの転換と一体的に把握する考え方であり，基本的に以下の3つの段階に区別される。

健康転換第1相は、飢餓・疫病から感染症への段階であり、予防接種や衛生水準などの公衆衛生施策が鍵となる。健康転換第2相は、感染症から慢性疾患への段階であり、生活習慣病という形で個人レベルでの病気に備える医療保険と医療供給システムとしての病院が中心となる。健康転換第3相は慢性疾患から老人退行性疾患への転換である。そこでは、高齢者ケアの比重が高まり、狭義の意味での病院における医療的介入を特徴とする医学モデルだけにとどまらずに、介護や社会関係など生活全体にわたるQOLの維持・向上を目指す生活モデルの発想が重要となる。同第3相の制度面では、① 医療から福祉（介護）へのシフト、② 施設から在宅（地域）へのシフトという2つの方向が課題となり、同時に医療と福祉（介護）、そして、施設と在宅（地域）という各種のケアをいかにして統合・連携するのかが重要な論点となるという。

猪飼（2010）は、「病院の世紀」は健康転換第2相に該当し、現在の日本は「病院の世紀」が終了した健康転換第3相に突入していると診断する。先述したように、この第3相では生活モデルの概念が中核的な役割を果たすが、猪飼（2010：214-217）は障害者パラダイムの発展の意義に着眼している。これは、障害者福祉領域で考案された「自立生活」、「コミュニティケア」、「エンパワーメント」などの概念が高齢者福祉に流用されて生活モデルが発達したという見解であって、高齢化や健康（疾病構造）転換から直接的に生活モデル・QOL概念重視が導出されないという主張である。つまり、猪飼（2010）は、生活モデルないしQOL概念は健康転換論とは異なる独自の意義をもつパラダイムであることを強調している。

こうした地域社会での生活モデルに立脚した地域包括ケアは移行費用や各種サービス連携のために、医療・介護費用が低下して財政的に安上がりなものとはなりえないという見解もある（二木 2015：15-16）。しかし、地域包括ケアの側面には効率的なマネジメントを通じたコスト削減の可能性や持続可能性の改善の兆しがあり、この点を次節で扱う。

2 地域包括ケアの理論的背景（2）
―「包括・統合ケア（integrated care）」の理論

　隅田・藤井・黒田編（2018：5）は，地域包括ケアが必要となる背景の一つとして，社会保障の財源と効率的な制度運営の必要性を指摘している。それでは，地域包括ケアに関する効率的運用とはいかなるものであるのか。本章は地域包括ケアに関するマネジメントの理論研究として解される筒井（2014）とそこで言及されている海外文献の議論を整理・検討することによって，この問いに取り組みたい。

　筒井（2014：36）は，多くの国が改革を進めている保健・医療・介護サービスの提供体制において「包括・統合ケア（integrated care）[1]」は組み込まれているものの，海外の先行研究において定義が統一されていない多義的な概念であることを確認したうえで，「統合（integration）」概念に関する幾つかのタイプ・強度・幅（範囲）のバリエーションを説明している。以下では，主にShaw, Rosen and Rumbold（2011）と筒井（2014：34-55）を参考として，そこでの説明順を入れ替えつつ，本章の理論的検討に重要だと考える統合概念の幅・強度・タイプに絞って取り上げる。

2.1 「統合（integration）」の幅
　まず統合の幅あるいは範囲を意味する垂直的統合と水平的統合について言及する。ここでの垂直的統合は一つの組織のもとで多様なケア（一次医療・二次医療・三次医療など）を統合する，いわば統合の縦の連なりを意味する。これに対して，水平的統合は同程度のサービス提供者間の共同作業やコミュニケーションを促進するための統合であり，いわば統合における横の広がりを意味する。

2.2 「統合（integration）」の強度
　こうした幅に加えて，統合の「強度（intensity）」がある。これは，統合の程

度の強弱を問うものであり，Leutz（1999）は強度に関する3段階を導入している。最も統合の強度が弱い第1段階である「連携（linkage）」の段階は，複数の組織間で，ケアの継続性向上を意図する適時に適所へとサービス利用者紹介，また，関係する専門職間でのコミュニケーションの簡易化などが該当する。この段階では，責任は各組織が負い，組織間で費用移転はない。

第2段階である「協調（coordination）」は，複数の組織を横断して運営することである。この段階では，多様なヘルス・ケアサービスの協調，臨床情報の共有，異なる組織間で移動するサービス利用者の管理を行うことが可能となる。これは，「ケア・チェーン（chain of care）」や「ケア・ネットワーク（care networks）」に該当するという。

最後の段階である「完全な統合（full integration）」は，本格的に資金を合同化し，特定サービス利用者集団の抱えるニーズ，例えば，慢性疾患の高齢者向けニーズに合致した包括的なサービス提供体制の形成である。この段階の目指すものは，多職種からなるチームアプローチを可能とすることにある。

2.3 「統合（integration）」のタイプ

統合概念のタイプについて，Shaw, Rosen and Rumbold（2011：8）は5つに分類している。第一に「システム的統合（systemic integration）」である。これは，政策・ルール・規制の枠組みにおける協調・連携を意味するものである。例えば，国レベルにおけるケアの質・アウトカムに関するインセンティブ措置や財政的インセンティブ設計が該当する。

第二に「組織的統合（organizational integration）」である。これは組織間における制度構造，ガバナンス・システム，契約関係などの協調を意味する。これらはプライマリーケアの組織連合や地方での各機関間での臨床的パートナーシップ締結などが該当する。

第三に「管理的統合（administrative integration）」である。これは統合対象単位間における事務業務管理，予算，財政システムの連携である。例えば，説明責任機構，資金提供プロセス，情報システムの共有化を推進することである。

第四に「臨床的統合（clinical integration）」である。これは臨床場面において

情報とサービスを協調し，そして，患者のケアを統合する単一のプロセスにまとめることである。例えば，ケアに関する一本化されたガイドラインを通じた臨床場面での専門職間のケア提供の連携がある。

最後に「規範的統合（normative integration）」である。これは，組織・専門家集団・個人間での価値観・文化・視点の共有であり，統合される組織間のコミュニケーション・ギャップの解消や信頼構築に寄与すると考えられる。つまり，理念・考え方の共有化が組織的な統合を推進するために重要であるという発想がある。

2.4　「統合（integration）」の概念の検討

以上のように統合概念のバリエーションを確認したが，ここからそれらを検討していく。まず，統合の幅を表現する垂直的統合と水平的統合を論じると，筒井（2014：139）によれば，多くの先進諸国や日本では，高齢者福祉に関する社会サービスは，ケア提供主体やその属性（営利／非営利，医療・介護・福祉）が異なるために，十分な統合関係を構築することが難しいという。その結果として，医療・介護・福祉の各種領域内の個別組織が垂直的統合を推進する傾向になりがちであるという。

だが，本章は，各種領域内の個別組織での垂直的統合だけでは，多様な高齢者福祉ニーズに応じることに限界があるのではないかと考え，水平的統合を重視し，当該地域にすでにある組織間での統合を目指す方向性を探求する。

これは統合の強度に関連する。Leutz（1999）や筒井（2014：52）の統合の強度に関する指摘によれば，医療と介護におけるすべての患者に対して「完全な統合」は必要ではなく，ほとんどの患者は「協調」と「連携」の段階でサービス供給が望まれる状況であるという。また，「完全な統合」を，「日常的な関係者によって利用されている共通の情報システムがすでにある」（筒井 2014：55）と解釈すれば，非常に大きな組織再編を要するという。この筒井（2014）の見解を踏まえれば，本章は，「協調」または「連携」の強度を備えた水平的統合の幅を目指すのが望ましいと考える。

最後に，統合のタイプについて，本章は日本の社会的文脈に照らした場合に

臨床的統合と規範的統合の意義を強調する。前者の臨床的統合について，より正確に述べると，「協調」または「連携」の強度を備えた水平的統合の幅での臨床的統合のタイプである。これに該当する例として，筒井（2014：88）では小規模多機能型居宅介護のような介護保険における地域密着型サービスを挙げている。これは，地域を基盤とした介護と看護の臨床的統合の仕組みを導入したものであり，水平的統合を目指した方向性であるという（筒井 2014：88）。こうした具体的な実践も本章で紹介した統合に関する考え方に基づいて評価するためには，適切な統合のアウトカムの指標を作成し，関連するエビデンス活用が重要になる。

そして，こうした統合の実践を成功させるために，Fulop, Mowlem and Edwards（2005）や筒井（2014：42）は，スタッフの価値観の共有が協働的なケア提供を行ううえで最重要であるとし，規範的統合の役割を強調する。さらに，この規範的統合は地域住民の間で深まることにも及び，これは地域包括ケアを実現させるために重要であるいう（筒井 2014：110）。

しかしながら，本章は，ここに一つの重要な問題があると考える。それは，規範的統合に過度に依拠した効率的な運用が，岡崎（2017：216-217）で指摘されているように公的な制度後退を，互助，つまり，住民の生活支援活動によって埋め合わせる懸念である。このことはQOL維持・向上の観点から警戒するべきである。しかしながら，他方で，岡崎（2017：217-219）で記述されているような住民自治の望ましい地域包括ケアの活動形態もありうる。そこで，次節は，より抽象度の高い互助・コミュニティの規範理論を取り上げ，これを論じる。

3 地域包括ケアの理論的背景（3）――互助・コミュニティの規範理論

後半で再び論じる地域包括ケア研究会（2017：50-51）による「自助・互助・共助・公助」の解説に従うと，これらの区分は費用負担の観点から特徴づけられる。第一に，自助は，「自らの健康管理（セルフケア）」や「市場サービスの購入」である。第二に，互助は，費用負担が制度的に裏付けられていない中で，

相互に支え合っているという意味であり，地域住民組織の活動やボランティア活動という形での支援が該当する。第三に，共助は，社会保険制度であり，介護保険や医療保険にみられるようにリスクを共有する被保険者の社会保険料負担によって基本的に賄われる。第四に，公助は，公の負担，つまり，税財源による高齢者福祉事業や生活保護等が当てはまる。

　これらは，起源である補完性の原則に従って，① 自助，② 互助，③ 共助，④ 公助の優先順位で役割を果たすという見解が主流である。だが，自助を基本とするこの発想は，一定の低所得者対策が盛り込まれているものの，不十分であり，高橋（2013：104-107）は，社会制度化された共助と公助のみでは対応できないニーズを課題としている。

　自助・互助・共助・公助に関する別の構想として，宮本（2017：212-215）は「線引き型」と「連携型」という2つを提示している。「線引き型」とは，自助・互助・共助・公助を切り離し，この境界線までは自助，それを超えて次の境界線までは互助というようにそれぞれの間に明快な線を引くものである。この構想も，先述したように4つの間の優先順位を明確にし自助を基本とするもので，自己責任の発想に陥りやすいと懸念される。

　これに対して，「連携型」とは，それぞれを支え合うものと捉えて，自助を可能にするために互助・共助・公助で支えるという関係を重視するものである。宮本（2017）において提唱される共生保障のコンセプトは，この「連携型」に基づくものであり，例えば，互助・共助・公助の支援を受けた自助の試みとして支援付き就労や地域型居住を挙げている。また，先の高橋（2013：108）はソーシャル・キャピタルを互助の理論的背景とみなし，互助機能を拡充強化するソーシャル・キャピタル醸成のための社会的投資が必要であると主張している。

　本章も互助・コミュニティの規範理論であるソーシャル・キャピタルの議論に着目し，自助・互助・共助・公助の再編を論じたい。以下では主に村上（2014）に基づき，このことを検討していく。

　まずソーシャル・キャピタルには様々な定義があるが，本章は政治学者ロバート・パットナムのソーシャル・キャピタル概念に注目する。南北イタリアの差異を実証的に解明したPutnam（1993）におけるソーシャル・キャピタルの

定義は,「調整された諸活動を活発にすることによって社会の効率性を改善できる,信頼,規範,ネットワークといった社会組織の特徴」であり,「効率性の改善」という順機能面から行っていた。これに対して,アメリカのソーシャル・キャピタルの衰退を論じた Putnam（2000）でのソーシャル・キャピタルの定義は,「個人間のつながり,すなわち社会的ネットワーク,およびそこから生じる互酬性と信頼性の規範」という望ましい機能の観点からではない中立的なものに変化している。

これはソーシャル・キャピタルの負の側面と関わる。例えば,密な社会ネットワークが内輪主義や依怙贔屓とも関連し,必ずしも望ましい効果をもたらさないことは先行研究で指摘されている。Putnam（2000）もソーシャル・キャピタルのダークサイドを懸念し,一章分をさいて論じている。

本章は,ソーシャル・キャピタルの負の側面のうちで,同調圧力問題と当社会的ネットワーク間の調整問題の二つを考察する。まずソーシャル・キャピタルの同調圧力問題とは,特定規範から他者を規制し,その犠牲の上に作用することを意味する。これに関連する議論を提供する Aida et al.（2009）は,ボランティア・グループや趣味の会などの参加者間の関係が水平的な組織の参加が自治会や業界団体など垂直的な組織の参加よりも健康との関連が強いことを示している。そのため本章はこのことを保障する個人の権利とその実質化を図る個人へのエンパワーメントを行うために国家・自治体がその役割を担うべきだと考える。

次にソーシャル・キャピタルの社会的ネットワーク間の調整問題とは,ある社会的ネットワークと互酬性規範は,ネットワークの内部にいる人にとっては一般に有益であるが,そのネットワークに所属しない人々に対してソーシャル・キャピタルの外部効果がマイナスになりうることを意味する。これに対しても,社会的ネットワーク間で発生する格差を是正するために脆弱な負の影響を受けやすい人々や共同体自体への再分配政策を実施する国家・自治体の役割が鍵となる。

まとめれば,国家の責任よって各個人と各共同体への実質的選択能力の向上がソーシャル・キャピタルを利活用したディーセントな水準の QOL を実現す

るために不可欠である。

4 理論的背景の小括

　以上のように地域包括ケアに関する理論的背景を確認・検討してきた。本章は，地域包括ケアの実現によって第一に目指すべきは人々のディーセントな水準のQOLの達成であると考える。他方で，エビデンスに基づく効率的・効果的なマネジメント戦略も必要となってくるが，その評価もQOLの観点から下すべきであり，財政的抑制を主要な目的にするべきではない。
　しかしながら，日本の地域包括ケアの経緯では必ずしもQOLを最重視されてきたわけでないと考えられる。5節以降の後半ではこのことを確認したうえで，今日の地域包括ケアの現状・課題を論じる。

5 地域包括ケアをめぐる経緯

5.1 先行事例としての広島県・御調町の地域包括医療・ケア連携

　現在，国が各自治体に構築を求めている「地域包括ケアシステム」は，「医療介護総合確保法」で定義された内容であり，「地域包括ケア」も政策として位置づけられた特有の性格をもっている。したがって，それは「地域包括ケア」の普遍的な内容を示すものではない。とはいえ，そこで謳われている医療・介護等の「包括的」な確保という点は，「地域包括ケア」を論じる際の「共通点」として位置づけることができる。
　現下の「地域包括ケアシステム」が登場する以前に，「地域包括ケア」をめざした取り組みが存在した。そうした取り組みの先駆的事例として位置づけられるのが広島県御調郡御調町（現在は尾道市御調町）の活動である。御調町では，御調国保病院を1984年に公立みつぎ総合病院と改称し，病院内に町の保健福祉部を配置して，保健・医療・福祉の統合・連携を図り，これらの体制のもとで保健・医療・福祉の包括的なケアを提供してきた。退院後も「医療の出前」でフォローし，リハビリ・介護等にも力を入れ，寝たきりゼロ実現をめざ

して保健・医療・福祉の切れ目のない提供を，住民参加型で推進してきた[(2)]。これらの取り組みが「地域包括ケア」のモデルといわれている。

しかし，1980年代は医療費抑制が政策の中心に据えられたことから，いくつか同様の取り組みが見られたものの，御調町モデルが全国化するには至らなかった。とりわけ，医師養成数の抑制と地域医療計画による病床規制が地域医療に抑制的な作用を及ぼし，福祉・介護の分野でも，臨調行革による国庫補助の削減等，1989年のゴールドプランの登場までは抑制基調が続いたことが，御調町モデルの全国化を困難にした。

5.2　介護保険のもとでの地域包括ケア

現下の「地域包括ケア」は，したがって，御調町モデルの延長に位置づけることはできない。現在の動きに連なるのは，2005年の介護保険改正へ向けて高齢者介護研究会（老健局長の私的研究会）がまとめた「2015年の高齢者介護」である。この文書は，「生活の継続性を維持するための新しい介護サービス体系」を提起し，切れ目ない在宅サービス，自宅，施設以外の多様な住まい方の実現とあわせて，「介護サービスを中核に，医療サービスをはじめとする様々な支援が継続的かつ包括的に提供される仕組み」として「地域包括ケア」の実現をめざすべきとした（高齢者介護研究会 2000）。「住まい」と「多様な在宅サービス」を組み合わせるスタイルを示し，それを「地域包括ケア」として位置づけたという意味で，現在の動きに直接連なる提起として位置づけることができる。

2005年の介護保険制度の改正は，この議論を受けて，新予防給付の創設，地域包括支援センターの制度化，24時間介護等の盛り込み，地域包括ケアの考え方を示した。地域包括ケアの実質的なスタートをここに求めることができる。

5.3　地域包括ケア研究会の創設と制度設計

2005年の介護保険制度改正は，地域包括ケアにとって一つの画期といえるが，それで直ちに地域が動き始めたわけではない。地域包括支援センターの設置は始まったが緩やかなペースであったし，24時間介護も進展がほとんどみられな

かった。そもそも地域包括ケアをどうとらえるかについても，考え方は示されたものの具体的な内容はなお明確ではなかった。

　地域包括ケアの制度設計へ向けて動き始めたのは，地域包括ケア研究会の設置とそこでの議論からである。地域包括ケア研究会は，2008（平成20）年度老人保健健康増進等事業として有識者をメンバーに開催され，「2025年を目標として，あるべき地域包括ケアの方向性と，その姿を実現するために解決すべき課題を検討」，2008年度は論点整理を行い，以後，2009年度，2012年度，2013年度，2015年度，2016年度にそれぞれ報告書を公刊し地域包括ケアについて主導的な役割を果たしてきた。特に，2012年度の報告書（2013年3月提出）は，地域包括ケアの理念，構成要素，自助・互助・共助・公助との関連，自治体における取り組み方などを具体的に示し，国が進める「地域包括ケアシステム」の具体化の役割を担った（地域包括ケア研究会 2013）。

　地域包括ケア研究会は，三菱UFJファイナンシャル・グループの総合シンクタンクである三菱UFJリサーチ＆コンサルティング株式会社が事務局を担当する研究会である。国の正式な組織・審議会等ではなく，いわば民間団体によって事実上制度設計が図られていくという特異な経緯をたどってきたことは，地域包括ケア具体化における重要な特徴である。

5.4　社会保障・税一体改革による医療・介護の見直しと地域包括ケア

　地域包括ケアが，国の政策として本格的に取り組まれるのは，社会保障・税一体改革以降である。社会保障・税一体改革は，2012年8月に成立した社会保障・税一体改革関連法，社会保障制度改革推進法に沿って動き始めるが，とりわけ社会保障制度改革推進法にもとづき設置された社会保障制度改革国民会議が，2013年8月報告書で改革の具体的内容を示し，その内容と実施時期を盛り込んだ社会保障改革プログラム法が成立して以降，本格化する。国民会議の報告書は，詳細は後述するが，「医療から介護へ」「病院・施設から地域・在宅へ」という流れを進めるために，「川上」に位置する病床の機能分化と退院患者の受け入れ態勢の整備という「川下」とを一体的に改革しなければならないとしたうえで，「川下」改革として「地域包括ケアシステム」の構築を求めた。

以後，地域包括ケアは，医療・介護一体改革という枠組みのもとで，病床再編と連動するかたちで議論され具体化されていくことになる。

6　地域包括ケアシステムの制度設計と位置づけ

6.1　厚生労働省の基本的考え方

　地域包括ケアは，以上のような経緯を経て，高齢者介護の領域で具体化が始まった。上述したように，その考え方が最初に登場するのは2005年介護保険制度改正においてである。2005年改正では，「予防重視型システムの確立」「施設給付の見直し」と並んで「新たなサービス体系の確立」が打ち出され，「住み慣れた地域での生活の継続」を実現するため「地域密着型サービスの創設」などとともに「地域包括ケア体制の整備」が課題として挙げられた。そこでは，「高齢者が住み慣れた地域で尊厳のある生活を継続することができるよう，要介護状態になっても高齢者のニーズや状態の変化に応じて必要なサービスが切れ目なく提供される『包括的かつ継続的なサービス体制』を目指す」とし，「こうした体制を支える地域の中核機関として，新たに『地域包括支援センター』の設置」を定めた（厚生労働省 2006a：17）。

　その後，上述したように，2005年改正を受けて地域包括ケア研究会が設置され具体的な制度設計に係る検討を始めていくが，厚生労働省としても，その議論を踏まえながら，地域包括ケアシステムの具体的内容について提示していく。そのうち，比較的まとまったかたちで示されたのが，2011年6月に社会保障審議会介護給付費分科会に提出した資料である。この資料は，2012年改正に向けた「介護サービスの基盤強化のための介護保険法等の一部を改正する法律の概要」の説明資料として分科会に提出されたものである。ここでは，「医療，介護，予防，住まい，生活支援サービスが連携した要介護者等への包括的な支援」を地域包括ケアと呼び，以下の「地域包括ケアにおける5つの視点での取り組み」が示され，これらの取り組みが「包括的（利用者のニーズによる①～⑤の適切な組み合わせによるサービス提供），継続的（入院，退院，在宅復帰を通じて切れ目ないサービス提供）に行われることが必須」された（社会保障

審議会介護給付費分科会 2011：1）。①から⑤は，具体的には以下を指す。① 医療と介護の連携，② 介護サービスの充実強化，③ 予防の推進，④ 見守り，配食，買い物など，多様なサービスの確保や権利擁護等，⑤ 高齢期になっても住み続けることのできる高齢者住まいの整備。

　その後，同法案は原案通り可決成立した。厚生労働省は，介護保険法改正で国及び自治体の責務として地域包括ケアシステムの推進を図る旨の条文（第5条第3項）が盛り込まれたことを受け，自治体に2012年度から始まる第5期の「介護保険事業計画」を「地域包括ケア計画」として策定することを求め，全国的な具体化が始まった。

　現在，厚生労働省はホームページに，「地域包括ケアシステム」の説明として，以下の文章を掲載している。厚労省の基本的な考え方がここに示されている。

　　団塊の世代が75歳以上となる2025年を目途に，重度な要介護状態となっても住み慣れた地域で自分らしい暮らしを人生の最後まで続けることができるよう，住まい・医療・介護・予防・生活支援が一体的に提供される地域包括ケアシステムの構築を実現していきます。
　　今後，認知症高齢者の増加が見込まれることから，認知症高齢者の地域での生活を支えるためにも，地域包括ケアシステムの構築が重要です。
　　人口が横ばいで75歳以上人口が急増する大都市部，75歳以上人口の増加は緩やかだが人口は減少する町村部等，高齢化の進展状況には大きな地域差が生じています。
　　地域包括ケアシステムは，保険者である市町村や都道府県が，地域の自主性や主体性に基づき，地域の特性に応じて作り上げていくことが必要です。[3]

　じつは，これらの内容は，いずれも地域包括ケア研究会で議論され提案されたものをベースにしている。では，その地域包括ケア研究会は，どのような提案を行ってきたのか。制度設計にかかわる内容を中心に，あらためてポイント

を確認しておきたい。

6.2　地域包括ケア研究会による制度設計

　地域包括ケア研究会は，すでに触れたように，何度かにわたって報告書をまとめ具体的な提案を行っているが，制度設計にかかわるものとして重要なのは，2012年度報告書の提案である。ここでは，地域包括ケアシステムの基本的な枠組みを決定づけた「地域包括ケアにおける5つの構成要素」および「自助・互助・共助・公助から見た地域包括ケアシステム」をあらためて整理し提案している。

　研究会は，「地域包括ケアシステムの理念」の第一に地域包括ケアシステムの「5つの構成要素」を挙げ，その要素として「介護・リハビリテーション」「医療・看護」「保健・予防」「福祉・生活支援」「住まいと住まい方」に再整理した（以前は「介護」「医療」「予防」「生活支援サービス」「住まい」）。それらの関係を以下のように説明している。

　　「住まいと住まい方」を地域での生活の基盤をなす『植木鉢』に例えると，それぞれの「住まい」で生活を構築するための「生活支援・福祉サービス」は植木鉢に満たされる養分を含んだ「土」と考えることができるだろう。「生活（生活支援・福祉サービス）」という「土」がないところに，専門職が提供する「介護」や「医療」「予防」を植えても，それらは十分な役割を発揮することなく，枯れてしまうだろう。（地域包括ケア研究会 2013：2）

　また，5つの構成要素を実際に支える方法として，地域を支える負担を誰が支えるのかという視点から，「自助・互助・共助・公助」の区分を提案し，以下の整理を行った[4]。

　　自助：自分のことを自分でする。自らの健康管理（セルフケア），市場サービスの購入

互助：当事者団体による取組み，有償ボランティア，ボランティア活動，
　　　　　住民組織の活動
　　共助：介護保険に代表される社会保険制度及びサービス
　　公助：一般財源による高齢者福祉事業等，生活保護

　報告書は，これらの役割分担について，時代や地域によっても変化していくため，「共助」や「公助」の範囲やあり方についての再検討が重要であるとしたうえで，以下のように指摘した。

　　「共助」「公助」を求める声は小さくないが，少子高齢化や財政状況を考慮すれば，大幅な拡充を期待することは難しいだろう。その意味でも，今後は，「自助」「互助」の果たす役割が大きくなっていくことを意識して，それぞれの主体が取組を進めていくことが必要である。
　　　　　　　　　　　　　　　　　　　　（地域包括ケア研究会 2013：5）

　時代や地域によって変化するとはしているが，地域包括ケアという構想自体が，当初から自助・互助中心で検討されてきたことが，ここには示されている。

7　地域包括ケアシステムの構築の具体化

7.1　社会保障制度改革国民会議による川上・川下一体改革
　地域包括ケアシステムが構想段階から実施段階へと移行していくうえで，重要な役割を果たしたのが先に触れた社会保障制度改革国民会議である。国民会議は，社会保障・税一体改革関連法と同時に成立した社会保障制度改革推進法に，同法の具体化のために設置が謳われた。国民会議は，約1年の議論を経て報告書をまとめ，そのなかで「医療・介護分野の改革」のひとつとして地域包括ケアシステムの構築を提起した。報告書は，医療と介護の連携の中で次のようにその位置づけを示している。

「医療から介護へ」,「病院・施設から地域・在宅へ」という流れを本気で進めようとすれば,医療の見直しと介護の見直しは,文字通り一体となって行わなければならない。高度急性期から在宅介護までの一連の流れにおいて,川上に位置する病床の機能分化という政策の展開は,<u>退院患者の受け入れ体制の整備という川下の政策と同時に行われるべきものであり</u>,また,川下に位置する在宅ケアの普及という政策の展開は,急性憎悪時に必須となる短期的な入院病床の確保という川上の政策と同時に行われるべきものである。　　　（社会保障制度改革国民会議 2013：28）（下線は筆者）

　医療から介護へのシフトを進め,病床の機能分化という「川上」の改革と一体的に,その受け皿として在宅ケアを位置づけ整備を進める方向がここには描かれている。そして,この在宅ケアの整備を「地域ごとの医療・介護・予防・生活支援・住まいの継続的で包括的なネットワーク,すなわち地域包括ケアシステムづくり」とし,「いずれにせよ,地域包括ケアシステムの確立は医療介護サービスの一体改革によって実現するという認識が基本となる」とした（社会保障制度改革国民会議 2013：30）。

7.2　医療介護総合確保法のなかでの位置づけ

　地域包括ケアシステムの具体化は,以上の国民会議による整理に沿って進められた。医療と介護の一体的改革の推進を目的に制定された「医療介護総合確保法」（「地域における医療及び介護の総合的な確保を推進するための関係法律の整備等に関する法律」2014年6月施行）は,第1条で「地域において効率的かつ質の高い医療提供体制を構築するとともに地域包括ケアシステムを構築することを通じ,地域における医療及び介護の総合的な確保を促進する措置を講じ」るとして,医療提供体制の再編と地域包括ケアの構築を一体的に取り組むことをこの法律の目的として明示したうえで,第2条で地域包括ケアの定義を次のように行った。すなわち,この法律において「『地域包括システム』とは,地域の実情に応じて,高齢者が,可能な限り,住み慣れた地域でその有する能力に応じ自立した日常生活を営むことができるよう,医療,介護,介護予防（要介護状

態若しくは要支援状態になることの予防又は要介護状態若しくは要支援状態の軽減若しくは悪化の防止をいう），住まい及び自立した日常生活の支援が包括的に確保される体制をいう。」

　また，「医療介護総合促進会議」で議論され決定・告示された「総合確保方針」では，「効率的かつ質の高い医療提供体制の構築」と「地域包括ケアシステムの構築」を「車の両輪」として進めていくこと，その際には，地域の医療及び介護に係る情報を可視化し，客観的データに基づく地域の将来的な医療・介護ニーズの見通しを踏まえてうえで提供体制を構築していくことが謳われた（医療介護総合確保促進会議 2014：4）。では，「医療介護総合確保法」は，地域包括ケアシステムの構築をどのように進めることを定めているか。

8　地域包括ケアシステムの構築と「見える化」

8.1　地域包括ケア計画

　第一は，「区域の設定」である。都道府県は，「二次医療圏」と「老人福祉圏域」を念頭に置きつつ，地域の実情を踏まえて新たに「医療介護総合確保区域」を設定する，市町村は，住民が日常生活を営んでいる地域として日常生活圏域を念頭に置いて，「市町村医療介護総合福祉確保区域」を設定するとしている。

　第二は，「計画内容」であるが，介護保険事業計画を地域包括ケア計画として策定するとしたうえで，以下の内容を盛り込むことを求めている。

①　在宅医療・介護の連携を推進する事業が地域支援事業に位置づけられたことを踏まえ，市町村介護保険事業計画の中で在宅医療・介護の連携について具体的に定める，都道府県においても，広域的な立場から，その支援策を計画の中で定める
②　認知症への早期対応をはじめとした取り組みの具体的計画を定める
③　地域ケア会議等に対する支援と地域の課題に対応した社会資源の開発及びネットワークづくりを進める

④ 都道府県介護保険事業支援計画において定める人材確保については，地域包括ケアシステムを支える人材を確保するという視点を盛り込む
⑤ 地域医療構想のなかで示す在宅医療の課題や目指すべき姿については，市町村が進める地域包括ケアシステムの構築に資するよう，市町村介護保険事業計画との整合性にも留意しつつ定める

第三は，「計画策定と決定・実行のプロセス」について，以下のように定めている。

① 地域課題の把握と社会資源の発掘（日常生活圏域ニーズ調査，地域ケア会議，医療・介護情報の「見える化」）
② 計画策定（関連計画との調整，住民参加，関連施設との調整，地域課題の共有）
③ 対応策の決定・実行（基盤整備，医療・介護連携，住まい，生活支援・予防，人材育成）

第四は，「地域ケア会議の位置付けと役割」について，次のように定めている。

① 地域包括支援センターが主催，多職種が連携して個別課題の解決を図るとともに，ケアマネジメントの実践力を高める。
② 地域課題を明確化する。
③ 政策形成につなげる。

このうち第二と第三は地域包括ケアネットワークのレベルで対応し，第四の具体化は，関連計画策定委員会等で対応する課題である。つまり，「地域ケア会議」は，現場の問題に対応しながら，そこでの課題を明確化し，政策形成へつなげる役割を持つものと位置付けられている。具体的には，「個別課題解決機能」「ネットワーク構築機能」「地域課題発見機能」「地域づくり・資源開発

機能」「政策形成機能」を担うことになる。

8.2 地域包括ケアセンターの機能強化

地域包括ケアシステムの構築にあたって,地域でセンター機能を担う存在が地域包括支援センターである。地域包括支援センターは,すでに2005年の介護保険法改正で制度化され整備が進められてきたが,地域包括ケアシステムの構築に向けて,あらためてその役割の明確化と機能の強化が必要とされた。そして,人員体制及び業務内容の見直しが行われるとともに,効率的な運営の推進が求められた。業務内容については,地域ケア会議,在宅医療を担う医療機関,認知症初期集中支援チームなどとの連携を進めることとされた。

8.3 在宅医療の推進

病床の機能分化という「川上」の改革は,入院患者の介護・地域へのシフトを前提としている。したがって,医療ニーズの高い人たちが在宅で療養するケースの増大が必至である。これに対応するために在宅医療を推進し,介護との連携を進める。具体的には,在宅医療のために新たに制度化されてきた在宅療養支援診療所,在宅医療連携拠点および地域包括ケア病棟の整備を進める。とはいえ,在宅医療の整備は必ずしも進んでおらず,地域包括ケアシステムの構築と一体的かつ意識的に取り組まれているわけではない。この点は後述する。

8.4 在宅介護の推進と介護予防・日常生活支援総合事業

「川上」の改革は,在宅医療とともに在宅介護へのニーズも高める。同時に,介護予防が地域包括支援システムの直接的な課題として位置づけられたことから,その強化が求められる。介護保険制度は,これらの課題を介護予防と日常生活支援とを総合化し,自治体の独自事業としての地域支援事業とするとともに,要支援者の訪問介護と通所介護を介護保険からこの事業へ移し,多様なサービスを可能とする仕組みに転換した。具体的には,これまでと同様の従来型サービスに加えて,基準緩和型サービスや住民参加型サービスなどの提供も可能とした。地域包括ケアシステムの理念で謳われた「互助」推進の具体化であ

る。

　在宅介護及び介護予防を介護保険の拡充ではなく，介護保険の外に移して自治体及び住民の側に委ねる方式は，厚生労働省が掲げる地域包括支援システムの理念に即した対応ではあるが，「川下」の役割とされた入院患者の「受け皿」を強化する方法とは言えない。

8.5　地域包括ケアの「見える化」システムの構築

　地域包括ケアシステムの構築における特徴は，以上の課題を具体化するにあたってデータを活用した「見える化」を求めていることである。具体的には，NDB（レセプト情報・特定健診等情報データベース），KDB（国民健康保険データベース），DPCデータ，介護保険総合データベースなどの活用である。加えて，現在，医療介護総合データベースが構築中であり，その活用も進められる予定である。

　これらのデータを活用することによって，日常生活圏域ごとに「見える化」を図り，地域課題の把握と社会資源の発掘，計画作成，対応策の決定を行うよう求めている。

9　地域包括ケアシステムの「深化・推進」と医療・介護の再編

9.1　地域包括ケアシステム強化法

　2017年に行われた介護保険法改正は，「地域包括ケアシステム強化法」（地域包括ケアシステムの強化のための介護保険法等の一部を改正する法律，以下「強化法」）という関連法の一括改正のかたちで行われ，地域包括ケアシステムを「深化・推進」するものとされた。そして，「深化・推進」の方策として，① 自立支援・重度化防止に向けた保険者機能の強化，② 医療・介護の連携：介護医療院の制度化，③ 地域共生社会の実現に向けた取り組みの推進等の三点が盛り込まれた。①は自立支援・重度化予防のための財政的インセンティブの付与の規定整備等，②は介護療養病床の廃止に対応した新たな介護保険施設の制度化，そして③は市町村による地域住民と行政との協働による包括的支援

体制づくりが主な内容である。

　このうち，どのように地域包括支援システムを「深化・推進」させようとしているかが端的に示されているのが③の内容である。ここでは，政府が新たな互助として推進している「我が事・丸ごと地域共生社会」を地域福祉推進の理念として規定するために「社会福祉法」を改正し，第4条の2に新たに次の条文が追加された。

　　　地域住民等は，地域福祉の推進に当たって，福祉サービスを必要とする地域住民及びその世帯が抱える福祉，介護，介護予防，保健医療，住まい，就労及び教育に関する課題，福祉サービスを必要とする地域住民の地域福祉からの孤立その他の福祉サービスを必要とする地域住民が日常生活を営み，あらゆる分野の活動に参加する機会が確保されるうえでの各般の課題（以下「地域課題」）を把握し，地域生活課題の解決に資する支援を行う関係機関（以下「支援関係機関」）との連携等によりその解決を図るよう特に留意するものとする。

　ここには，地域生活の課題把握と解決への対応を住民が担うことが謳われており，住民が一義的責任をもつものとされている。反面，自治体は「支援関係団体」とされ直接の責任を負う立場としては位置づけられていない。
　住民が自分たちの住む地域課題や困難を抱えた住民に関心を持ち対応していくことは重要だが，それはあくまで自主的・自発的な活動として位置づけられなければならず，地域課題の解決の一義的責任は自治体が負わねばならない。なぜなら，すべての住民の生活に最終的な責任をもつことができるのは，自治体において他にないからである。
　政府が進める地域包括ケアシステムの「深化・推進」とは，住民と自治体の責任と役割を逆転させ，住民による助け合いを軸とした仕組みに仕上げていくことにあることが，ここから見えてくる。それは確かに，「自助・互助・共助・公助」がめざす方向ではあるが，「医療介護総合確保法」で提起された地域包括ケアシステムの「深化・推進」と言えるだろうか。地域包括ケアシステ

ムをめぐる分岐点は、いよいよこの点にあることが浮き彫りになってきた。では、地域包括ケアシステム強化法は、上述した三つの柱にどのように取り組むことを求めているか。やや具体的に見ておきたい。

9.2　自立支援・重度化予防

　予防は、制度の持続可能性を維持するための重要な課題として位置づけられており、「認定率の低下」や「保険料の上昇抑制」等の支出削減を成果として求める動きが強まっている。

　厚生労働省は、市町村が「保険者機能」を発揮して予防に取り組むよう強調してきたが、その具体策として、「強化法」によって、① データに基づく課題分析と取り組み内容・目標の介護保険事業への記載、② 適切な指標による実績評価（要介護状態の維持・改善の度合い、地域ケア会議の開催状況等）、③ インセンティブ付与（結果の公表、財政的インセンティブ付与）を制度化した。

　また、自立概念についても変化がみられる。介護保険法は、「その有する能力に応じ自立した日常生活を営むことができるよう、必要な保健医療サービス及び福祉サービスの給付を行う」とされ（第1条）、介護サービスを利用ながら自分の持てる力を活用して生活することを「自立」と捉えているが、厚生労働省は、「介護卒業」を進めている和光市などの取組を全国に広げるとして、「介護状態からの卒業」をめざす、つまり、介護サービスを使わないことを自立とする考え方を示している。[5]

9.3　医療・介護の連携と介護医療院

　病床の機能分化・再編によって、これまで病院や介護施設にいた医療ニーズの高い人たちが地域へ移ってくることになる。とはいえ、在宅での生活は条件がそろわなければ難しい。これまでは受け皿として「介護療養型医療施設」が、介護保険適用と医療保険適用のそれぞれで設けられていたが、介護保険適用（介護療養病床）は全廃、医療保険適用も大幅削減が決まった。そのあとの新たな受け皿として創設されたのが「介護医療院」である。「強化法」では、「主として長期にわたり療養が必要である要介護者に対し、療養上の管理、看護、

医学的管理の下における介護及び機能訓練その他必要な医療並びに日常生活上の世話を行うことを目的とする施設」とされ，厚生労働省は，重介護者の「看取り・ターミナル」等の機能と「生活施設」を兼ね備えた新たな介護保険施設と説明している。

その後の具体化によって，「重篤な身体疾患を有する者及び身体合併症を有する認知症高齢者」等を対象とするタイプ（介護療養病床相当）と，それらと比べて容態が安定した者を対象とするタイプ（老人保健施設相当）に分け，それぞれに対応した施設・人員基準が定められた。多くは，介護療養病床と老人保健施設からの転換による設置とみられるが，介護療養病床の廃止が2017年度末とされていたが6年間延長されたことから，開設はしばらく先になる見込みである。2018年9月時点で63施設にとどまっている（厚生労働省 2018：1）。

9.4 地域共生社会に向けた取り組み

市町村による地域住民と行政との協働による包括的支援体制づくりが，住民による互助を中心とした地域課題の解決に委ねられる方向に向かっていることはすでにみたとおりである。「強化法」は，市町村に対して「地域住民等及び地域生活課題の解決に資する支援を行う関係機関の地域福祉の推進のための相互の協力が円滑に行われ，地域生活課題の解決に資する支援が包括的に提供される体制を整備するよう努める」こと，地域福祉計画の策定に努めるとともに，計画に福祉の各分野の共通事項を追加して記載することを求めている。市町村は，あくまで地域生活課題の支援関係機関であり，問題解決の主体は地域住民に置かれている。

政府は，すでに2016年6月に閣議決定を行った「ニッポン一億総活躍プラン」の中で，「地域包括支援センター，社会福祉協議会，地域に根ざした活動を行うNPOなどが中心となって，小中学校区等の住民に身近な圏域で，住民が主体的に地域課題を把握して解決を試みる体制づくりを支援し，2020年〜2025年を目途に全国展開を図る」との方策を提起し具体化を進めている(6)（下線は筆者）。また，厚生労働省・「我が事・丸ごと」地域共生社会本部は，2017年2月に「『地域共生社会』の実現に向けて（当面の改革工程）」（厚生労働省・

「我が事・丸ごと」地域共生社会本部 2017）を示し，住民相互の支え合いの強化，多様な担い手の育成等の取り組みを進めている。

すでに各地域で，生活支援コーディネーター（地域支え合い推進員）の配置と地域での支援体制づくり，町内会での互助の具体化，互助組織の掘り起こし等が行われている（社会福祉法人全国社会福祉協議会 2018）。

10　地域包括ケアの課題

地域包括ケアは，これまで見てきたように，医療・介護・予防・生活支援・住まいの整備を課題に安心して住み続けられる地域づくりを掲げて動き出した。そして，その具体化は「川上・川下一体改革」という枠組みで進められることで病床の機能分化・再編の受け皿としての役割を担わされ，同時に「地域共生社会づくり」の具体化として自助・互助の比重を高める方向での「深化・推進」が進められてきた。こうした現下の政策的課題への対応も担いながら進められている地域包括ケアは，本来のめざすべき方向からみて，どのような問題と課題を抱えているか。

10.1　医療・介護制度の拡充

高齢になっても，障害があっても安心して住み続けることができる地域を支える地域包括ケアには，その要素として挙げられている医療・介護・予防・生活支援・住まいのいずれについても必要で十分な量と質の確保が求められる。そのことを踏まえて地域包括ケアの現状をみると，何よりも懸念されるのは医療・介護水準の不十分さである。医療・介護ニーズをもつ人たちにとって，最大の安心はやはり医療・介護の保障であるが，病床削減による入院医療の縮小に加えて，受け皿とされる在宅医療についても整備は立ち遅れている。そのうえ介護についても，介護保険制度の縮小が進み，施設介護も在宅介護も制約が増すばかりである。医療と介護の連携へ向けて動き出しているが，それぞれが不足しているもとでは，安心できる仕組みにはならない。生活課題の解決を住民主体に取り組む自助・互助も，医療・介護ニーズへの対応に限界があること

は明らかである。医療・介護ニーズを見極め，それを充足するために必要な量と質を，医療保険制度・介護保険制度によって確保することこそ地域包括ケアの基本に据えられなければならない。医療・介護ニーズの見極めには，利用可能な医療・介護データの積極的な活用が重要となる。

そのためにも，医療費抑制を至上目的に進められている病床削減をはじめとする地域医療の再編・縮小，その具体化を求める地域医療構想，地域医療計画，医療費適正化計画を見直し，地域の実情を踏まえた自主的な取り組みへ切り替える必要がある。

医療については，必要な入院医療のための病床の確保に加えて，夜間・緊急時にも対応しうる在宅医療体制の整備が欠かせない。介護についても，必要な施設介護の確保と，在宅介護の拡充，とりわけ24時間介護の整備が重要である。

10.2　予防・健康づくりと保健事業の強化

予防・健康づくりは，自立度の高い生活を可能にするために欠かせない。ただし，地域包括ケアの対象となる人たちにとって予防や自立とは，介護状態から卒業することや制度を使わない状態になることではない。介護状態にあって重度化を防ぐことも予防であるし，制度を活用することで自己決定による生活を送ることも自立である。「介護卒業」が真に介護を要する状態からの回復であれば問題ないが，制度利用をさせないための半ば強制的な「卒業」であれば人権侵害である。身体状況を考えれば，ケア抜きの自立は考えにくい。制度の活用を積極的に進めながら自立度の高い生活を送ることをめざす取り組みこそ求められる。

予防・健康づくりは，個人の努力・自覚を抜きには考えにくいが，けっして自己責任に委ねるべき課題ではない。というのは，健康は自分の努力だけでは対応できない社会的な要素をいくつも含んでいるからである。したがって，地域包括ケアにおける予防・健康づくりも，個人的な取り組みや地域での自主的な活動だけでなく，自治体による専門的な予防事業・予防サービスの提供，健診制度と健康相談の拡充等が欠かせない。

予防・健康づくりにあたって，各種データベースの活用がより効果的な取り

組みを可能にしている。ただし，データ活用は医療・介護費用抑制のために制度の利用を抑制する手段にもなれば，制度の効果的な利用を促し生活の質を高める手段にもなり得る。地域包括ケアがめざすのは後者であることは言うまでもない。

10.3　生活支援と住まいの保障

　ケアを必要とする人たちの生活の質を維持するうえで，生活支援は特別な意味を持っている。医療・介護ニーズをもつ人は，同時に生活ニーズも併せ持つ。なぜなら，医療・介護が必要な状態は，そのことで生活上の何らかの制約をもたざるを得ないからである。したがって，生活が支えられてはじめて在宅・地域での生活が可能になる。

　生活支援の内容は多様でかつ範囲が広い。それらは，家族やボランティア，市場型サービスで対応可能なものもあれば，専門職での対応が必要なものもある。それらを本人の生活状態に合わせて適切に組み合わせ，生活の継続を可能にすることが地域包括ケアの課題となる。生活のことは自助・互助でカバーする方向が全体として強まっているが，病気や障害を抱えながら生活している人，一人暮らしの人，認知症のある人等は，家族や友人等とうまくコミュニケーションがとれず，自らが抱える生活のしづらさを上手く伝えられない人が少なくない。そうした場合，本人が語らない生活問題も含めて総合的に生活ニーズを把握し，何が生活支援として必要なのかを見極めて適切に対応する必要があり，そのためにも専門職の役割と制度化されたサービスの活用が求められる。地域包括ケアにおける生活支援は，このことも踏まえた整備が必要である。

　地域包括ケアには住まいの確保も欠かせない。なぜなら，住まいは生活の土台だからである。しかも，例外なくすべての人にとって共通する課題である。ところが，地域包括ケアにおける政策的対応は，高齢者の持ち家率の高さを前提に，ケア付きの住宅への住み替えを自助努力に委ねる方向へ向かっている。その典型がサービス付き高齢者向け住宅の整備である。しかし，サービス付き高齢者向け住宅は，負担額も高く平均的な年金額でも利用は容易ではないし，サービス付きとはいってもケアはなく，介護保険や市場型サービスで自ら調達

する他なく，住まいの対策としては限界がある。また，持ち家といっても老朽化し改修もできないまま住み続け，居住水準が低いケースも少なくない。家賃の安い老朽化した借家に住んでいる場合も同様である。

　安全・安心の住まいの保障は，人権保障の一環である。自助努力に委ねるのではなく，公営住宅の整備や住宅手当・家賃補助の制度化など，ここでも，国や自治体による制度的対応が不可欠である。

注
(1) 筒井（2014：36）は，「integrated care（統合ケア）」と「integrated care」という言葉を併用している。だが，本章は「地域包括ケア」の訳語である「community-based integrated care」との対応を意識して「integrated care」の訳語に「包括・統合ケア」という用語を採用する。ただし，「integration」の場合は，慣習的に「統合」と訳す。
(2) 公立みつぎ病院の取り組みについては，小林・市川（2015）を参照。
(3) 厚生労働省ホームページ「地域包括ケアシステム」
　https://www.mhlw.go.jp/stf/seisakunitsuite/bunya/hukushi_kaigo/kaigo_koureisha/chiiki-houkatsu/（最終アクセス日　2018年11月26日）
(4) それぞれの内容については，後に改めて整理しまとめられた地域包括ケア研究会（2017：50-51）の表記を用いた。
(5) 例えば，厚生労働省（2006b）。和光市では，要介護状態の人，その恐れのある高齢者を健康な状態に引き戻すプログラムを実施し，多くの「介護卒業」を生み出してきた。詳細は，東内監修・宮下（2015）を参照。
(6) 「ニッポン一億総活躍プラン」（2016年6月2日閣議決定）
　https://www.kantei.go.jp/jp/singi/ichiokusoukatsuyaku/pdf/plan1.pdf
　（最終アクセス日　2018年11月26日）

参考文献
猪飼周平（2010）『病院の世紀の理論』有斐閣。
医療介護総合確保促進会議（2014）「地域における医療及び介護を総合的に確保するための基本的な方針」（2014年9月12日公表）。
　https://www.mhlw.go.jp/file/05-Shingikai-12401000-Hokenkyoku-Soumuka/0000057828.pdf
　（最終アクセス日　2018年11月26日）

岡崎祐司（2017）「第5章　生活と自治と権利の地域包括ケアをつくる」岡崎祐司・福祉国家構想研究会編『新福祉国家構想⑥　老後不安社会からの転換──介護保険から高齢者ケア保障へ』大月書店.

厚生労働省（2006a）『介護保険制度改革の概要──介護保険法改正と介護報酬改定』（2006年3月公表）.

https://www.mhlw.go.jp/topics/kaigo/topics/0603/dl/data.pdf

（最終アクセス日　2018年11月26日）

厚生労働省（2006b）『平成28年度地域づくりによる介護予防推進支援事業　第1回都道府県介護予防担当者・アドバイザー合同会議　資料1　介護予防と自立支援の取組強化について』（2006年5月27日資料）.

https://www.mhlw.go.jp/file/05-Shingikai-12301000-Roukenkyoku-Soumuka/0000126549.pdf

（最終アクセス日　2018年11月26日）

厚生労働省（2018）『介護医療院の開設状況について』（2018年11月1日公表）.

https://www.mhlw.go.jp/content/12300000/000377360.pdf

（最終アクセス日　2018年11月26日）

厚生労働省・「我が事・丸ごと」地域共生社会本部（2017）『「地域共生社会」の実現に向けて（当面の改革工程）』（2017年2月7日公表）.

https://www.mhlw.go.jp/file/04-Houdouhappyou-12601000-Seisakutoukatsukan-Sanjikanshitsu_Shakaihoshoutantou/0000150632.pdf

（最終アクセス日　2018年11月26日）

高齢者介護研究会（2000）『2015年の高齢者介護──高齢者の尊厳を支えるケアの確立に向けて』（2000年6月26日公表）.

https://www.mhlw.go.jp/topics/kaigo/kentou/15kourei/3.html#1

（最終アクセス日　2018年11月26日）

小林甲一・市川勝（2015）「地域包括ケアシステムの理念と仕組み──公立みつぎ総合病院を訪ねて」『名古屋学院大学論集・社会科学編』52(2)：89-107.

社会福祉法人全国社会福祉協議会（2018）『平成29年度厚生労働省委託事業「『我が事・丸ごと』の地域づくりの推進に関する調査・研究等」報告書　「地域共生社会」の実現に向けた取り組みに関する実践事例集』（2018年3月公表）.

社会保障審議会介護給付費分科会（2011）『第76回　資料3　介護サービスの基盤強化のための介護保険法等の一部を改正する法律の概要』（2011年6日16日資料）.

https://www.mhlw.go.jp/stf/shingi/2r9852000001ft9d-att/2r9852000001ftg2.pdf

（最終アクセス日　2018年11月26日）

社会保障制度改革国民会議（2013）『社会保障制度国民会議報告書——確かな社会保障を将来世代に伝えるための道筋』（2013年8月6日公表）。
https://www.kantei.go.jp/jp/singi/kokuminkaigi/pdf/houkokusyo.pdf
（最終アクセス日　2018年11月26日）
隅田好美・藤井博志・黒田研二編（2018）『よくわかる地域包括ケア』ミネルヴァ書房。
高橋紘士（2013）「第5章　地域包括ケアにおける自助，互助，共助，公助の関係」西村周三監修・国立社会保障・人口問題研究所編『地域包括ケアシステム——「住み慣れた地域で老いる」社会をめざして』慶應義塾大学出版会。
地域包括ケア研究会（2013）『地域包括ケアシステムの構築における今後の検討のための論点』三菱UFJリサーチ＆コンサルティング。
http://www.murc.jp/uploads/2013/04/koukai130423_01.pdf
（最終アクセス日　2018年11月26日）
地域包括ケア研究会（2017）『地域包括ケア研究会報告書——2040年に向けた挑戦』三菱UFJリサーチ＆コンサルティング。
http://www.murc.jp/sp/1509/houkatsu/houkatsu_01/h28_01.pdf
（最終アクセス日　2018年11月26日）
筒井孝子（2014）『地域包括ケアシステム構築のためのマネジメント戦略——integrated careの理論とその応用』中央法規。
東内京一監修・宮下公美子（2015）『埼玉・和光市の高齢者が介護保険を"卒業"できるわけ』メディカル出版。
長谷川敏彦（1994）「新しい医療需要と病院の整備——健康転換概念による分析」『病院』53(1)：25-31。
広井良典（2003）「第1章　アジアの社会保障の概観——「アジア型福祉国家」はあるのか」広井良典・駒村康平編『アジアの社会保障』東京大学出版会。
二木立（2015）『地域包括ケアと地域医療連携』勁草書房。
宮本太郎編（2014）『地域包括ケアと生活保障の再編——新しい「支え合い」システムを創る』明石出版。
宮本太郎（2017）『共生保障——〈支え合い〉の戦略』岩波書店。
村上慎司（2014）「健康の社会的決定要因としてのソーシャル・キャピタルの規範理論——リベラル・コミュニタリアン論争の含意から」『倫理学研究』44：150-159。
Aida, J., T. Hanibuchi, M. Nakade, H. Hirai, K. Osaka and K. Kondo (2009) "The different effects of vertical social capital and horizontal social capital on dental status: A multilevel analysis," *Social Science and Medicine*, 69(4): 512-518.

Fulop, N., A. Mowlem and N. Edwards (2005) *Building Integrated Care : Lessons from the UK and Elsewhere.* London: The NHS Confederation

Leutz, Walter. N. (1999) "Five laws for integrating medical and social services: lessons from the United Stated and United Kingdom," *Milbank Quarterly,* 77 (1): 77-110.

Putnam, Robert (1993) *Making Democracy Work : Civic Traditions in Modern Italy,* Princeton: Princeton University Press.（＝河田潤一訳，2001年，『哲学する民主主義――伝統と改革の市民的構造』NTT出版。）

Putnam, Robert (2000) *Bowling Alone : The Collapse and Revival of American Community,* New York: Simon and Schuster.（＝柴内康文訳，2006年，『孤独なボウリング―米国コミュニティの崩壊と再生』柏書房。）

Shaw, S., R. Rosen and B. Rumbold (2011) *What is Integrated Care ? Research report,* London: Nuffield Trust.

第 2 章

エリアマネジメントと健康まちづくり

髙山純一

1　暮らしやすいまちづくりの必要性とその背景

　2014年5月に発表された通称「増田レポート」は，非常に衝撃的で，「消滅可能性都市」というキーワードのインパクトが非常に大きく，多くの自治体の首長が大きな衝撃を受けたものと想像する。これは，「日本創成会議」人口減少問題検討分科会が，2040年までに全国約1800ある市町村のうち，約半数（896市町村）の自治体が消滅する恐れがある，と発表したものであり，2010年の国勢調査を基に，2040年時点において，20〜39歳の女性人口が半減する自治体を「消滅可能性都市」と見なしたものである。この試算により，この時点までに人口1万人を切る523の自治体は，とりわけ消滅の危険性が高いといわれており，大きな反響を呼んだ。

　もちろん，都市そのものが消滅するというわけではなく，20〜39歳の女性人口が半減すれば，人口減少が続く負のスパイラルに入り，いずれ人口が半減することとなる。その結果，その自治体の運営（経営）が立ち行かなくなって，破綻してしまう可能性が高くなる，という警鐘を鳴らしたものである。つまり，人口減少が高齢化の進行と生産人口（労働力人口）の低下を招き，税収の減少が財政力の低下となって，自治体の経営破綻につながるためである。

　一方，自動車社会の進展により拡大してきた市街地の維持には，一定の行政コストが必要であり，社会基盤施設（インフラストラクチャー）の老朽化が今以上に財政を圧迫することとなる。また，高齢（老齢）人口の増大が社会保障費の拡大につながり，社会基盤施設の老朽化と合わせて，財政の悪化を招くこととなる。ただし，この傾向は全国一律に起こるものではなく，現在，高齢化

率が高い地方の自治体（消滅可能性都市）に，その危険性が高くなると指摘している。特に，合併市町村においては旧の市町村における同種の公共施設の有効活用が課題であり，公共施設等総合管理計画の策定を進め，その維持管理が喫緊の課題となっている。

このようなことから，第2次安倍政権では人口の東京一極集中を是正し，地方の人口減少に歯止めをかけると同時に，日本全体の活力を上げることを目的に，地方人口ビジョンの作成と地方創生計画（創生総合戦略）を策定した自治体への支援を進めてきている。

この創生戦略は，「まち・ひと・しごと創生法」の施行により進められているものであり，地方における働く場の確保（しごと）による若者の定住，移住の促進，若い世帯の子育て環境の向上による出生率（合計特殊出生率）の向上（ひと），また暮らしやすいまちづくりの推進（まち）等を進めるものである。

2　エリアマネジメントと都市計画マスタープラン

都市におけるまちづくりは，基本的には都市計画マスタープランの策定とその計画に基づく都市計画行政により行われるが，将来人口が減少する局面では，拡大してきた市街地をいかにしてコンパクトなまちになるように，居住と都市機能を誘導するかにかかっている。一般的に，都市計画マスタープランではおおむね20年後のまちづくりの計画（都市計画に関する基本的な方針：都市全体のまちづくりの構想とそれぞれの地域における地域別の構想）を示すとともに，その計画の実現のための方策を示している。ここでは，金沢市を例として，都市計画マスタープランの概要を示す。

2.1　金沢市都市計画マスタープラン（金沢市ホームページからの引用）

金沢市では，平成10年3月に「金沢市都市計画マスタープラン」を策定し，これまで「世界都市金沢」の実現に向けて，まちづくりを推進してきたが，おおむね10年経過した平成19年度と平成20年度の2か年をかけて「金沢市都市計画マスタープラン」の見直しを行っている。一般的に，都市計画マスタープラ

ンは，おおむね20年後のまちづくりの計画（基本方針）を示すものであるが，基本的には中間の10年後に見直しをかけて，常にPDCAサイクルを回すようにしている。今回の見直しのポイントは，重点地区（旧城下町区域）のまちづくり方針を明確にした点にあり，次のような構成となっている。

「金沢市都市計画マスタープランの構成」
表紙・あいさつ・目次
序　章　計画策定にあたって
第1章　都市づくりの視点と課題
第2章　都市の将来像
第3章　都市づくりの方針
第4章　重点地区（旧城下町区域）のまちづくり方針
第5章　地域別のまちづくり方針
第6章　都市計画マスタープランの今後の展開とまちづくり
参考資料

　上記は，金沢市における都市計画マスタープランの構成を示したものであるが，他都市においても，その構成はほぼ同様であり，基本的には，都市全体のまちづくり方針を示す「全体構想」と地域の特性を考慮した「地域別構想」から構成されている。
　金沢市都市計画マスタープランにおける全体構想では，まず，(1)土地利用の配置の方針，(2)都市基盤整備の方針（市街地整備の方針，交通施設等整備の方針，公園緑地整備の方針，農地と森林の整備・保全・活用の方針），(3)都市環境整備の方針（都市環境形成の方針，安全安心な都市づくりの方針，主な供給処理施設整備の方針，公共公益施設整備の方針），(4)市民参加・協働のまちづくり方針を策定している。また，地域別構想では，金沢市を14の地域に分割し，それぞれの地域特性を活かした地域別構想を策定している。
　それぞれの地域別構想では，まず，まちづくりのテーマを設定し，そのテーマの実現を目指すために必要となる主なまちづくりの方針を設定している。例

えば，中央地域におけるまちづくりのテーマは「歴史的文化と近代的文化が調和した活力ある城下町金沢の都心」であり，主なまちづくりの方針として，次の4つの方針を示している。

「中央地域における主なまちづくりの方針」
① 城下町金沢の近世，近代の文化遺産群の保全整備を行います。
② まちなか居住の推進や商業，業務機能の充実を図ることにより，住・遊・職のバランスのとれた，にぎわいのある中心市街地の再生を図ります。
③ 公共交通，歩行者優先のまちづくりや防災基盤の整備等により，利便性に富み，安全・安心して暮らせる快適なまちなか居住環境の創出を図ります。
④ 用水と緑に彩られたうるおいのある都心空間の形成を図ります。

上記のように，主なまちづくりの方針を示したうえで，それぞれ，土地利用の方針や地域基盤整備の方針などを具体的に示している。

2.2 都市計画マスタープランの見直しについて

都市計画マスタープランは，1992（平成4）年の都市計画法の改正により規定された「市町村の都市計画に関する基本的な方針」のことであり，どこの都市においても，都市計画マスタープランの策定から，おおむね10年，あるいは20年経過したことにより，都市計画マスタープランの見直しを行う自治体が多くなっている。そこで，国土交通省は，都市計画マスタープランの見直しに合わせて，コンパクトシティ（コンパクト＋ネットワーク）の実現を進めるように「立地適正化計画」と「地域公共交通網形成計画」の策定を推進するよう，各自治体への支援を行っている。

金沢市においても，前回の見直しから約10年が経過し，現在（平成29年度と平成30年度の2か年をかけて）第2回目の見直し作業を行っている最中である。

3　立地適正化計画と地域公共交通網形成計画によるまちづくり

3．1　立地適正化計画とエリアマネジメント

　将来における人口減少社会を見据え，どこの都市においても都市計画マスタープランに，コンパクトシティを位置づける都市が増加しているが，具体的な施策の作成まで至っている都市は少ない状況にある。このコンパクトシティの形成に向けた取り組みについては，都市全体の観点から，都市内の居住機能や都市機能の立地，公共交通のサービスレベルの充実，公共施設や医療・福祉施設の再編，中心市街地の活性化と空き家対策の推進など，ハード対策，ソフト対策（エリアマネジメント等）を含めた総合的な検討が不可欠といえる。しかし，ほとんどの都市では，コンパクトシティという目標のみが示されているにすぎず，具体的な取り組みが示された都市は少ない。このようなことから，従来の都市計画マスタープランの中で示される土地利用計画に加え，都市機能や居住機能を誘導する区域の設定を行う立地適正化計画（都市機能誘導区域の設定，居住誘導区域の設定）が制度化（平成26年8月）され，具体的にコンパクトシティの形成に向けた取り組みがスタートしてきている。

　都市機能誘導区域の設定には，各種都市機能の最適配置計画（都市施設の最適配置）の検討が不可欠といえる。そして，その設定には，その地域ごとの現状分析と将来人口予測が必要であり，各種都市機能を誘導するための施策とそれを支えるエリアマネジメントが不可欠である。もちろん，地域間の移動を担う公共交通ネットワークの充実やその検討も必要であることから，立地適正化計画の設定と地域公共交通網形成計画の策定は同時（セットで）に行われるのが効果的であるが，現状では両計画が策定されている都市は少ない状況にある。

　国土交通省がまとめた情報によると近年（2018年3月31日現在）多くの都市（全国407都市）において，立地適正化計画の策定が行われており，具体的な取り組みが進められている。2018年5月1日時点では，407都市の内，161の都市において，計画が策定され，公表されている。ただし，都市機能誘導区域と居住誘導区域の両方を策定している都市は124都市であり，残りの37都市は都市

第Ⅰ部 健康まちづくり政策の課題

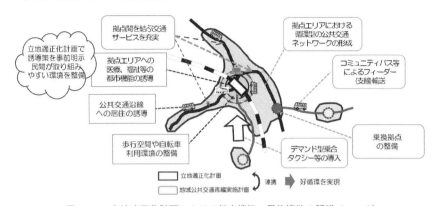

図2-1 立地適正化計画における都市機能・居住機能の誘導イメージ
出典：国土交通省「（都市計画）立地適正化計画の意義と役割～コンパクトシティ・プラス・ネットワークの推進～」。

機能誘導区域のみの設定である（居住誘導区域の設定は行われていない）。また，地域公共交通網形成計画の策定については，319件（2017年8月末）の計画が策定されており，このうち18件の地域公共交通再編実施計画が国土交通大臣により認定されているという状況にある。

以上のように，現状では立地適正化計画の策定，地域公共交通網形成計画の策定を進めている自治体等がそれほど多いとは言えないが，今後高齢化と人口減少が進めば，必然的に両者の策定が不可欠となり，現在策定を検討していない自治体においても，今後策定が進むものと予想される。

3.2 都市機能誘導区域の設定とエリアマネジメント

都市機能には，商業，業務，行政，金融，芸術文化，教育，医療，福祉，娯楽等があり，それぞれの機能が居住地域との関係から適切に立地，配置されることが重要である。また，それぞれの機能は関連をもっており，有機的に連携して，都市全体として最適に配置されていることが理想である。ただし，都市内の人口分布（年齢構成別人口分布）が変われば，それぞれの世代（年齢層）によって必要とする都市機能が異なるため，都市機能（各種施設）の最適な配置も変化するといえる。

以上のことから，各都市における立地適正化計画では，都市の中心となる「都心地区」（広域拠点）と地域生活拠点（連携拠点）等を定め，それぞれの拠点に必要となる都市機能を誘導する計画としている。もちろん，以上の考え方は標準的な立地適正化計画における都市機能誘導区域の設定方針であるが，都市の成り立ちや合併の有無，人口分布等の違いにより，様々な形の立地適正化計画が存在する。

いずれにしても，今後のまちづくりにおいては，これらの立地適正化計画の策定，地域公共交通網形成計画の策定に合わせて見直されるべき都市計画マスタープランの改訂が重要となる。特に，地域別に策定される地域別構想の策定とその具現化には，地域（地域住民，地域の企業，エリアマネジメント団体等）の協力が不可欠であり，地域全体（エリア）を考慮することが重要であると考えている。即ち，官民協働によるまちづくり，そのための合意形成が重要となる。

官民協働によるまちづくりの形態はさまざまであるが，例えば遊休公共施設の統合，廃止の検討への積極的な関与とPPP・PFI等による有効活用の実現，公共施設の総合的維持管理への協力など，住民，民間企業等の協力が重要となる。

3.3　エリアマネジメントの役割と課題

エリアマネジメントを行う団体を大きく分けると「法人格のない団体」と「法人格のある団体」に分類することができる。前者には，自治会や町内会，条例に基づくまちづくり協議会などがあり，後者には団地管理組合法人，一般社団法人，NPO法人，商店街進行組合，株式会社などがある。また，エリアマネジメント団体が行う活動も多岐にわたっており，(1)地区計画の作成や街並み保存，景観計画の作成等のまちづくりルールの検討，(2)指定管理や任意管理などの公共施設の維持管理，(3)地域活力の回復，増進のための各種イベントの開催，(4)各種防災対策，防犯活動，地域の環境保全，美化活動等の地域活動，(5)各種サイン，地域の案内板，地図等の作成や広告事業，賑わい創出等のための情報発信，(6)民間施設の公的利活用や公共施設の官民共同活用（PPP/PFI）

など，様々な活動が行われている。しかし，これらのエリアマネジメント活動の活性化や維持には，いくつかの課題があり，継続性を確保するためには，行政との協働や支援も必要となる。

3.4 官民協働（共創）によるまちづくり

　都市計画マスタープランに基づくまちづくりの推進には，地域住民や民間企業，金融機関，大学等の協力が不可欠である。地域住民も個人としての役割と地域（町会等）としての役割があり，個人としては地域で作成した地区計画（土地利用や景観形成方針等）や建築協定等に沿った建築活動・都市開発活動（まちづくり協定）への協力が必要である。また，まちづくり団体（NPO等）活動への積極的な参加や各種住民説明会，パブリックコメントへの積極的な意見提案も必要である。地域（町会等）としてはまちづくりのための場の提供やまちづくりのための各種ルールの作成，地域内でのまちづくりに対する意識啓発なども重要である。さらに，まちづくりを進めるNPO等のエリアマネジメント団体の役割としては，清掃活動や美化活動等の団体活動を活性化させるための努力，他の地域や他のまちづくり団体との交流，ネットワークづくりも重要である。身近な公共施設の維持管理を分担するアダプト制度への積極的な協力も重要である。

　一方，行政以外の民間企業（民間事業所，金融機関），大学等の役割としては，企業活動を通じたまちづくりへの協力と取り組み，地域貢献型の企業活動によるまちづくりへの協力，PPP・PFI事業への積極的な参加と取り組みもこれからのまちづくり（都市計画マスタープランに基づく健康まちづくり）には必要となる。大学等の役割としては，まちづくり計画への新たな提案や各種まちづくり活動への参画，学生のまちづくりへの参加推進も重要である。

　いずれにしても，行政は地域に住む住民や地域の民間企業と連携して，健康まちづくりの実現に向けた検討が必要であり，これから蓄積される様々なビッグデータの活用法が重要となる。

4 超高齢社会における健康まちづくり

4．1 健康・医療・福祉のまちづくり

　厚生労働省の発表によると2016年における日本人の平均寿命は，男性が80.98歳，女性が87.14歳であり，いずれも世界２位の長寿国となっている。このように我が国は，世界に先駆けてすでに高齢社会となっているが，今後益々高齢化が進み，超高齢社会になると予想されている。超高齢社会における課題は，さまざまであるが，高齢者の単独世帯が増加すれば，社会参加の場が減少し，地域交流，地域活動が停滞すると予想される。また，高齢者の増加により，社会保障費（公費負担）が増大し，耐用年数に近づきつつある社会資本施設（道路，橋，トンネル等のインフラストラクチャー）の維持管理・更新に必要な経費等への配分が少なくなり，都市（自治体）経営が厳しくなると予想される。

　一方，高齢者の医療・福祉政策（医療・介護体制）における見直しも必要であり，「地域包括ケアシステム」の実現，医療費の適正化，若いころからの健康づくりが重要であるといわれている。これらの対策を実現するためには，日常生活の中で無理なく実行できることが必要であり，そのための街づくり，すなわち「健康まちづくり」が重要となる。

　つまり，健康まちづくり（健康・医療・福祉のまちづくり）には，次に示す５つの基本的な取り組みが重要になるといわれている。

① 住民の健康意識を高め，運動習慣を身につけること。
　これは，健康に対する意識の高い人は，そうでない人に比べて，１日の平均歩行数が多く，１日8000歩〜10000歩を達成している人は，足腰の衰えや体力の低下が抑えられているという知見から，運動習慣を身につけることが重要と考えられている。
② コミュニティ活動への参加を高め，地域を支えるコミュニティ活動の活性化を図ること。

これは，人とのコミュニケーションが多い人や地域での助け合い活動に参加している人は，1日当たりの平均歩行数が多く，友人・仲間がたくさんいる高齢者や自主的な活動に参加している高齢者は，生きがいを感じている人の割合が高いという知見から，コミュニティ活動への参加を促すことが重要であると考えられている。

③ 日常生活圏域・徒歩圏域に都市機能を計画的に確保すること。

これは，交流施設が「徒歩圏域」に多くある地区の高齢者は，地域活動やサークル活動等への参加率が高く，外出頻度が高い。また，運動頻度も高いという知見から，日常生活圏域・徒歩圏域に都市機能を計画的に配置することが重要であると考えられている。

④ 街歩きを促す歩行空間を形成し，歩けるまちづくりを進めること。

これは，高齢者が「徒歩」で外出する場合，「沿道景観」や「休憩施設」を重視すること，また，歩行経路の決定に，「道路横断の安全性」，「歩道の凹凸，段差」を重視しているという知見から，歩きやすく安全・安心な歩行空間，歩行ネットワークの形成が重要であると考えられている。

⑤ 公共交通の利用環境を高め，公共交通利用を促進すること。

これは，バス停までの距離が離れるほど，高齢者の外出機会が減少すること，特に免許を保有していない高齢者ほど顕著であることが明らかであるという知見から，公共交通の利用環境の向上が重要であると考えられている。

以上のように，上記5つの取り組みを進めるには，立地適正化計画（都市機能誘導区域，居住誘導区域の決定），地域公共交通網形成計画の作成とその実行がベースになるが，特に歩けるまちづくりの形成が不可欠といえよう。

その一方，地域包括ケアシステムでは，おおむね徒歩30分以内の日常生活圏の中で，医療・福祉・介護に必要なサービスが受けられて，普通に生活できる（徒歩圏内に生鮮食料品店がある）環境を実現することを目指している。健康まちづくりは，それを支援するものであり，従来のまちづくりを担ってきた部局（都市政策，都市計画等の部局）のみでは十分とはいえず，健康まちづくり

を推進するためには，健康・医療・福祉に関連する健康部局，医療部局，福祉部局，住宅部局，都市部局等の部局横断的組織による推進体制づくりが重要となる。もちろん，まちづくりを支える道路管理者，交通管理者，交通事業者，NPO，新たなコミュニティ等との連携も必要となる。特に，地域におけるコミュニティの維持や地域支援のためには，エリアマネジメント活動が重要であり，それを推進するためには，地域における高齢者の日常生活を把握することが必要となる。しかし，高齢者の日常生活を把握するには，高齢者を対象としたパーソントリップ調査やアクティビティ・ダイアリー調査などのアンケート調査が必要となるが，後期高齢者ともなると高齢者自らの記載が難しいこと，調査に労力と経費が掛かり，高齢者全体を調査することが不可能であることなどを考慮すると現実的には，高齢者の日常生活を的確に把握することは非常に難しいといえる。

4.2 土木学会における健康まちづくり研究

　少子高齢化・人口減少社会のまちづくりを研究することを目的に，平成27年6月（活動期間3年）に土木学会土木計画学研究委員会のもとに，「健康まちづくり研究小委員会」（代表：秋山孝正関西大学教授）が設立され，「生涯を通して健康を実感できるまちづくり」をテーマとして，研究活動がスタートした。具体的には，まちづくりと健康の関係に関わる実データの収集，そのデータの分析・提示・目標設定による人々の行動への影響，まちづくり手法としてのエリアマネジメントのあり方などを総合的に研究するものであり，年に2回程度の研究会の開催と関連シンポジウム，ならびに講演会の開催を行ってきている。メンバーは34名であり，それほど多くはないが，それぞれ個別に健康まちづくり研究を進めてきた。この研究小委員会では，健康まちづくりにおける実践的な課題を取り上げ，(1)都市の構造と土地利用・インフラ施設の構成，(2)健康まちづくり実現のためのシステム構成と社会制度のあり方，(3)住民の参画と住民自らが健康意識を醸成するための方策，(4)都市のアクテビティと健康コミュニティの形成など，健康まちづくりをテーマに調査研究を進めてきた。それらの研究成果については，土木学会の論文集や関連シンポジウム，講演会等で報告

している。

4.3 スマートウエルネスシティの構想

　最近,「ウエルネス(健幸:個々人が健康かつ生きがいを持ち,安心安全で豊かな生活を営むこと)」をまちづくりの中核に位置づけ,住民が健康で元気に幸せに暮らせる新しい都市モデル「Smart Wellness City (SWC:スマートウエルネスシティ)」構想の推進に取り組んでいる都市(自治体)が全国に,74自治体(SWC首長研究会加盟自治体:区市町)あるようである。これは,筑波大学体育系久野譜也教授が提唱し,取り組みを始めたものであり,次に示す4つの要素が重要であるとして,これからのまちづくりの基本に据えるものである。

　　その1:公共交通インフラの整備
　　　公共交通インフラの充実と緑道・歩道・自転車道など,ハード整備を進めるまちづくりを基本とする。
　　その2:健康医療データの分析と総合的エビデンス(データ的根拠)に基づく客観的評価
　　　自治体(住民)の健康(健幸)状態を科学的に分析し,見える化するシステムにより,客観的に評価する。
　　その3:健康増進インセンティブ等による住民の行動変容促進
　　　地域住民全体の日常生活における身体活動量を増加させるようなまちづくりを進める。また,そのためには「歩きたくなる,つい歩いてしまう,歩き続けてしまう」ようなまちづくりが重要となる。
　　その4:ソーシャルキャピタルの醸成
　　　地域社会とのつながりを醸成し,地域全体で支えあうまちづくりを進める。

　上記によるまちづくりは,すでにSWC首長研究会に加盟する7市(伊達市,新潟市,三条市,見附市,岐阜市,高石市,豊岡市)と筑波大学,株式会社つ

くばウエルネスリサーチが地域活性化総合特区申請し，平成23年12月に国からの指定を受けて，具体的なまちづくりを進めている。この総合特区におけるまちづくりの特徴は，「まちの再構築」「健幸クラウド」「条例化」の3つを具体的に実施している点にあり，過度な自動車依存からの脱却を目指したまちの改造（代表例：ライジングボラードの設置による住宅地への自動車侵入の制限）と各種施策の実施。また，自治体の健幸度を見える化する自治体共用型健幸クラウドの導入。そして，これらの政策を継続的に実施していくことを保証するための条例化がポイントとなっている。

4.4　KDBの活用によるまちづくり

「国民健康保険データベース」（KDB），「後期高齢者健康保険データベース」（後期高齢者KDB）には，国民健康保険加入者（前期高齢者を含む），後期高齢者の健康診断のデータ，医療費のデータ，介護保険のデータが集計されており，地域における医療・介護・福祉の実態を把握することが可能である。つまり，地域に住む高齢者（すべての高齢者ではないが，国民健康保険に加入している前期高齢者とほとんどの後期高齢者）の通院，介護サービスの状況を把握（見える化）することが可能である。したがって，これらのKDBならびに後期高齢者KDBを活用すれば，地域の健康度を把握することができるようになる。

　具体的には，地区（最小単位は，町字単位，小学校区単位，中学校区単位）ごとの高齢者一人当たりの年間医療費や年間介護費の支出額，あるいは介護度別高齢者数（高齢者比率）や認知証患者数（認知症比率）など，地区別の集計や比較が可能となる。また，災害時の要援護者数（要配慮者数）なども明らかとなるため，地域防災計画の策定にも役立てることが可能である。

　そして，将来的には，健康まちづくりの様々な施策が地域住民の健康度にどのように影響し，健康で快適なまちづくり環境を整備することができたのか，検証することも可能になる。

　いずれにしても，健康まちづくりを進めるうえでは，現状における都市活動（各種経済活動，住民の生活行動等）を的確に把握・分析し，住民の居住分布に合わせた最適な都市機能の誘導を進める必要があるといえる。また，この現

第Ⅰ部　健康まちづくり政策の課題

状分析に KDB，後期高齢者 KDB，ならびに協会健保のデータが有効になると考えている。

参考資料

国土交通省「（都市計画）立地適正化計画の意義と役割～コンパクトシティ・プラス・ネットワークの推進～」
http://www.mlit.go.jp/en/toshi/city_plan/compactcity_network2.html

国土交通省「（都市再生）健康・医療・福祉のまちづくりの推進ガイドラインの策定について」（平成26年8月1日）
http://www.mlit.go.jp/toshi/toshi_machi_tk_000055.html

金沢市「金沢市都市計画マスタープランの見直しについて」
http://www4.city.kanazawa.lg.jp/29001/plan/minaoshi.html

国土交通省「エリアマネジメント推進マニュアル」
http://www.mlit.go.jp/totikensangyo/totikensangyo_tk2_000068.html

土木学会土木計画学研究委員会，健康まちづくり研究小委員会
http://www.jsce-ip.com/about/subcommittee/index.html?cat=study&id=40

スマートウエルネスシティとは
http://www.swc.jp/about/

第Ⅱ部

地区高齢者データの見える化

第3章

国保データベース・後期高齢者データベースの「見える化」

藤生　慎／森崎裕磨

　第3章では，国保データベース・後期高齢者データベースのデータ取得・管理やデータの詳細について解説を行う。

　さらに，国保データベース・後期高齢者データベースのデータを用いた「見える化」を通じた地域の健康課題の分析方法についても述べる。

1　国民健康保険データベース（KDB）

1.1　国保データベース（KDB）システムについて

　地域の現状や健康課題を把握するためのデータ作成は，これまで保健師等が手作業で行うことが多く，非効率であった。また，データが膨大なため十分なデータ分析ができず，地域全体の現状や健康課題を十分に把握することが困難であった。

　国保データベース（KDB）システムは，国保連合会が保険者の委託を受けて行う各種制度の審査支払業務及び保険者事務共同電算業務を通じて管理する「特定健診・特定保健指導」「医療（後期高齢者医療含む）」「介護保険」等に係る情報を利活用し，統計情報等を保険者向けに情報提供することで，保険者の効率的かつ効果的な保健事業の実施をサポートすることを目的として構築された。

　平成25（2013）年6月に閣議決定された「日本再興戦略」や「経済財政運営と改革の基本方針」等において保健情報の分析や分析結果に基づく保健事業の促進について方向性が示されたが，国民健康保険はこれらに先駆けて取り組みを行ってきた。

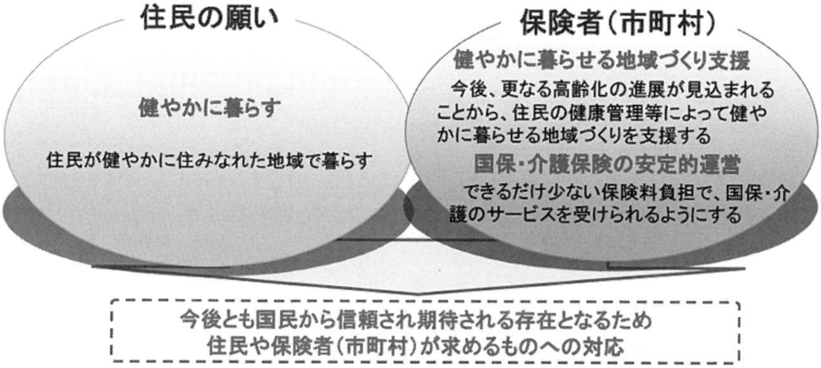

第3章　国保データベース・後期高齢者データベースの「見える化」

住民の願い
健やかに暮らす
住民が健やかに住みなれた地域で暮らす

保険者（市町村）
健やかに暮らせる地域づくり支援
今後、更なる高齢化の進展が見込まれることから、住民の健康管理等によって健やかに暮らせる地域づくりを支援する
国保・介護保険の安定的運営
できるだけ少ない保険料負担で、国保・介護のサービスを受けられるようにする

今後とも国民から信頼され期待される存在となるため
住民や保険者（市町村）が求めるものへの対応

図3-1　国保データベース（KDB）システム構築の目的
出典：国保データベース（KDB）システム活用マニュアル（Ver. 1.2）。

国保データベース（KDB）システムを活用することにより、これらの作業の多くを自動的に行うことができ、地域の現状把握や健康課題を明確にすることが容易となるといった、より効率的で効果的な保健事業を実施することが可能となる。

本システムを活用することは、情報共有だけではなく、地域の健康課題について住民や健康づくりに関わる者がデータに基づき認識を共有し、問題意識を持つ一助となる可能性がある。

住民の健康の維持・増進（地域の健康水準の向上）し、国保や介護保険の安定的な運営を実現することは、国が取り組む「社会保障と税の一体改革」の趣旨にもかなうものであり、国保データベース（KDB）システムを全保険者において活用されることが期待される。

1.2　国保データベース（KDB）システム構築の経緯・目的

国保連合会、国保中央会では平成22年に「国保連合会将来構想検討会」を設置し、保険者支援の観点から保健事業や健康づくりに関する検討を行った。国保連合会、国保中央会は、検討の結果、国保連合会が業務を通じて管理する「特定健診・特定保健指導」、「医療（後期高齢者医療含む）」、「介護保険」等に係る情報を利活用し、統計情報等を保険者向けに情報提供することで、保険者

表 3-1　健康・医療分野における主な施策・重点化項目

	健康・医療分野における主な施策・重点化項目（抜粋）	
日本再興戦略 （平成25年6月14日閣議決定）	○予防・健康管理の推進に関する新たな仕組みづくり	●保険者によるレセプト等のデータ分析 ●分析に基づく健康保持増進のための事業計画・評価等
	○医療・介護情報の電子化の促進	●ICTを活用したレセプト等データの分析と健康づくりの推進
健康・医療戦略 （平成25年6月14日関係9閣僚申合せ）	○保健情報の分析の促進	●市町村によるレセプト等のデータ分析に基づく保健事業の実施を推進 ●市町村におけるKDBシステムの利活用による医療介護情報の統合的利活用を推進
	○分析結果に基づく保健事業の促進	
経済財政運営と改革の基本方針（骨太の方針） （平成25年6月14日閣議決定）	○健康管理・疾病予防に向けた医療関連情報の電子化・利活用の推進 ○医療保険者による疾病予防の促進	
「国民の健康寿命が延伸する社会」に向けた予防・健康管理に係る取組の推進について （平成25年8月30日厚生労働大臣公表）	○医療・介護情報の「見える化」等を通じた介護予防等の更なる推進	●市町村は，後期高齢者医療広域連合におけるKDBシステム等を活用し，介護予防等の視点を踏まえた保健事業の推進

出典：国保データベース（KDB）システム活用マニュアル（Ver. 1.2）。

の効率的かつ効果的な保健事業の実施をサポートすることを目的として国保データベース（KDB）システムを構築することとした。図3-1に国保データベース（KDB）システム構築の目的を示す。

1.3　保健事業におけるデータ活用の必要性

　平成25年6月，政府では規制改革や民間投資を促す成長戦略「日本再興戦略」，経済財政運営の指針「経済財政運営と改革の基本方針（骨太の方針）」，健康・医療分野における成長戦略「健康・医療戦略」を決定するとともに，保健情報の分析や分析結果に基づく保健事業の促進について健康・医療分野における主な施策として示された。国の政策においてもデータを活用した効率的，効果的な保健事業の展開が求められている。表3-1に健康・医療分野におけ

第3章　国保データベース・後期高齢者データベースの「見える化」

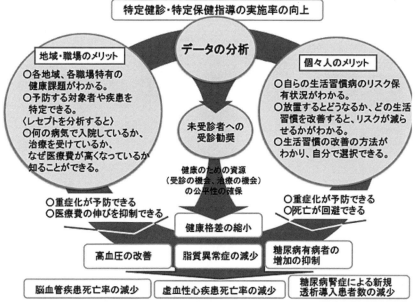

図3-2　特定健診・特定保健指導と健康日本21（第二次）との関連性
出典：国保データベース（KDB）システム活用マニュアル（Ver. 1.2）。

る主な施策・重点化項目を示す。

　健康日本21（第二次）の着実な推進のためにも，データの分析を行い，個々人や各地域において，解決すべき課題や取組を明確にし，それぞれに生じたメリットを活かした具体的取組を実施することで，高血圧の改善，糖尿病有病者の増加の抑制や脂質異常症の減少，さらに虚血性心疾患・脳血管疾患死亡率の減少，糖尿病腎症による新規透析導入の減少に結びつけていくことが可能となる。さらには，未受診者への受診勧奨などを通じ，健康格差の縮小に寄与することも可能となる。

　図3-2に特定健診・特定保健指導と健康日本21（第二次）との関連性を示す。
　平成25（2013）年4月に厚生労働省より『標準的な健診・保健指導プログラム』（健康局），『特定健康診査・特定保健指導の円滑な実施に向けた手引き』（保険局）の改訂版が発行され，「健康日本21（第二次）」や「第二期医療費適

第Ⅱ部　地区高齢者データの見える化

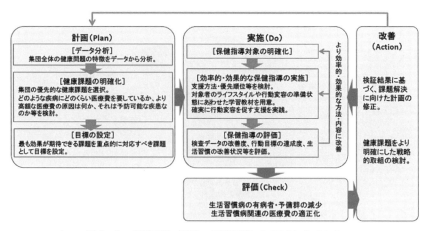

図3-3　保健事業（健診・保健指導）のPDCAサイクル
出典：国保データベース（KDB）システム活用マニュアル（Ver. 1.2）

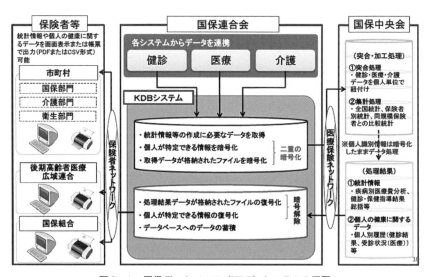

図3-4　国保データベース（KDB）システムの概要
出典：国保データベース（KDB）システム活用マニュアル（Ver. 1.2）。

第3章　国保データベース・後期高齢者データベースの「見える化」

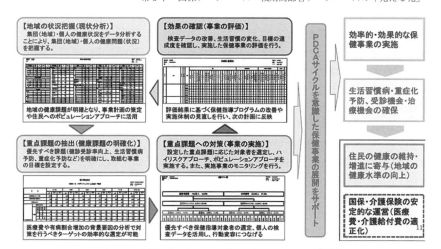

図3-5　国保データベース（KDB）システムの活用例
出典：国保データベース（KDB）システム活用マニュアル（Ver. 1.2）。

表3-2　国保データベース（KDB）システムより出力される帳票 No. 1-20

出典：国保データベース（KDB）システム活用マニュアル（Ver. 1.2）。

第Ⅱ部 地区高齢者データの見える化

表3-3 国保データベース (KDB) システムより出力される帳票 No. 21-39

No.	帳票No.	帳票名	帳票ID※1	保険者単位 個人単位	比較情報※3 地区※2	比較情報※3 保険者	比較情報※3 県	比較情報※3 同規模④4	比較情報※3 国	使用データ 健診 国保	使用データ 健診 後期	使用データ 医療 国保	使用データ 医療 後期	使用データ 介護	使用データ 統計	作成単位 年次	作成単位 単月	作成単位 累計	掲載頁
21	21	厚生労働省様式（様式4-2）（都道府県別一人当たりの後期高齢者（老人）医療費の推移）	P21_022	−	−	−	−	○	−	○	−	−	○	−	−	○	−	−	33
22	22	厚生労働省様式（様式4-3）（生活習慣病における死亡と医療費の状況）	P21_023	−	−	−	−	○	−	○	○	○	○	−	−	○	−	−	34
23	23	厚生労働省様式（様式6-2〜7）（健診有所見者状況（男女別・年代別））	P21_024	−	○	○	○	○	○	○	○	−	−	−	−	○	−	−	41, 69
24	24	厚生労働省様式（様式6-8）（メタボリックシンドローム該当者・予備群）	P21_025	−	○	○	○	○	○	○	○	−	−	−	−	○	−	−	38
25	25	厚生労働省様式（様式6-9）（健診受診状況）	P21_026	−	○	○	○	○	○	○	○	−	−	−	−	○	−	−	28
26	26	厚生労働省様式（様式6-10）（糖尿病等生活習慣病予防のための健診・保健指導）	P21_027	−	○	○	○	○	○	○	○	−	−	−	−	○	−	−	57, 78
27	27	厚生労働省様式（様式6-11）（性・年齢階級別保健指導実施率）	P21_028	−	○	○	○	○	○	○	○	−	−	−	−	○	−	−	28
28	28	特定健診リスクパターン別集計表	P22_001	−	−	−	○※6	−	−	○	−	−	−	−	−	○	−	−	39
29	29	質問票項目別集計表	P22_002	−	−	−	○※6	−	−	○	−	−	−	−	−	○	−	−	30
30	30	特定健診結果総括表	P22_003	−	−	−	○※6	−	−	○	−	−	−	−	−	○	−	−	76
31	31	特定保健指導結果総括表	P22_004	−	−	−	○※6	−	−	−	−	−	−	−	−	○	−	−	
32	32	特定健診・特定保健指導実施結果総括表	P22_005	−	−	−	○※6	−	−	○	−	−	−	−	−	○	−	−	67, 77, 86, 89
33	33	特定健診・特定保健指導受診・実施管理票	P22_006	−	−	−	○※6	−	−	○	−	−	−	−	−	○	−	−	
34	34	特定健診・特定保健指導実施結果総括表（都道府県別）	P22_007	−	−	−	−	○※6	−	○	−	−	−	−	−	○	−	−	
35	35	質問票項目別集計表（都道府県別）	P22_008	−	−	−	○※6	○※6	−	○	−	−	−	−	−	○	−	−	
36	36	特定健診リスクパターン別集計表（都道府県別①）	P22_009	−	−	−	○※6	○※6	−	○	−	−	−	−	−	○	−	−	
37	37	特定健診リスクパターン別集計表（都道府県別②）	P22_010	−	−	−	○※6	○※6	−	○	−	−	−	−	−	○	−	−	
38	38	特定健診結果総括表（都道府県別）	P22_011	−	−	−	○※6	○※6	−	○	−	−	−	−	−	○	−	−	
39	39	特定保健指導結果総括表（都道府県別）	P22_012	−	−	−	○※6	○※6	−	−	−	−	−	−	−	○	−	−	

出典：国保データベース (KDB) システム活用マニュアル (Ver. 1.2)。

正化計画」を着実に推進していくために必要なポイントが示された。

両書において，PDCAサイクルを意識した保健事業の展開の重要性や，データ分析に基づき，地域住民の健康課題を明確化し，効率的・効果的な保健指導を実施し，その評価を行うことにより，次の事業展開につなげていくことの必要性が示されている。

図3-3に保健事業（健診・保健指導）のPDCAサイクルを示す。

1.4 国保データベース (KDB) システムの概要

国保データベース (KDB) システムは，国保連合会が各種業務を通じて管理する給付情報（健診・医療・介護）等から「統計情報」を作成するとともに，保険者からの委託を受けて「個人の健康に関するデータ」を作成し，提供する。

図3-4に国保データベース (KDB) システムの概要を示す。

第3章 国保データベース・後期高齢者データベースの「見える化」

表3-4 国保データベース（KDB）システムより出力される帳票 No. 40-56

No.	帳票No.	帳票名	帳票ID ※1	個人単位	保険者単位 地区 ※2	保険者単位 保険者	比較情報 ※3 県	比較情報 同規模 ※4	比較情報 国	使用データ 健診 国保	使用データ 健診 後期	使用データ 医療 国保	使用データ 医療 後期	使用データ 介護	使用データ 統計	作成単位 年次	作成単位 単月	作成単位 累計	掲載頁
40	40	医療費分析(1)細小分類	P23_001	-	○	○	○	○	-	○	○	-	-	-	○	○	46
41	41	医療費分析(2)大、中、細小分類	P23_002	-	○	○	-	-	-	○	○	-	-	-	○	○	45, 62
42	42	疾病別医療費分析（大分類）	P23_003	-	○	○	-	-	-	○	○	-	-	-	○	○	
43	43	疾病別医療費分析（中分類）	P23_004	-	○	○	-	-	-	○	○	-	-	-	○	○	
44	44	疾病別医療費分析（細小(82)分類）	P23_005	-	○	○	-	-	-	○	○	-	-	-	○	○	
45	45	疾病別医療費分析（生活習慣病）	P23_006	-	○	○	-	-	-	○	○	-	-	-	○	○	47
46	46	医療費分析（健診有無別）	P23_007	-	○	○	-	-	-	○	○	-	-	-	○	○	48, 67
47	47	要介護(支援)者認定状況	P24_001	-	○	○	○	○	-	-	-	-	○	-	-	○	51
48	48	要介護(支援)者有病状況	P24_002	-	○	○	-	-	-	-	-	○	○	○	-	○	52
49	49	要介護(支援)者突合状況	P24_003	○	○	○	-	-	-	-	-	○	○	○	-	○	53
50	50	質問票調査の経年比較	P25_001	-	○	○	○	○	-	○	○	-	-	-	○	-	40, 68, 72
51	51	保健指導群と非保健指導群の経年比較	P25_002	-	○	○	-	-	-	○	○	-	-	-	○	-	73
52	52	医療費分析の経年比較	P25_003	-	○	○	-	-	-	○	○	-	-	-	○	-	74
53	53-1	医療・介護の突合の経年比較（要介護度別1件当たり給付費）―経年変化	P25_004	-	○	○	-	-	-	-	-	○	○	-	○	-	
54	53-2	医療・介護の突合（要介護認定率）	P25_005	-	○	○	-	-	-	-	-	○	○	-	○	-	75
55	53-3	医療・介護の突合（有病状況）	P25_006	-	○	○	-	-	-	-	-	○	○	-	○	-	50
56	53-4	医療・介護の突合（居宅サービス・施設サービス）	P25_007	-	○	○	-	-	-	-	-	○	○	-	○	-	

出典：国保データベース（KDB）システム活用マニュアル（Ver. 1.2）。

1.5 国保データベース（KDB）システムの活用

「健康日本21（第二次）」等の着実な推進には，PDCAサイクルを意識した保健事業を展開していく必要がある。国保データベース（KDB）システムから提供されるデータを分析することにより，地域住民の健康課題を明確化し，事業計画を策定した上で，それに沿った効率的・効果的な保健事業を実施することやその評価を行い，次の課題解決に向けた計画の見直しが可能となる。
国保データベース（KDB）システムは，医療・介護関連情報の「見える化」を推進し，それぞれの地域の特性にあった地域包括ケアシステムの構築にも活用が可能である。

図3-5に国保データベース（KDB）システムの活用例を示す。

1.6 国保データベース（KDB）システムの出力帳票

国保データベース（KDB）システムでは，健診，医療，介護の各種データを

第Ⅱ部　地区高齢者データの見える化

表3-5　国保データベース（KDB）システムより出力される帳票 No. 57-66

No.	帳票No.	帳票名	帳票ID※1	個人単位	保険者単位			比較情報 ※3		使用データ						作成単位			掲載頁
					地区※2	保険者	県	同規模※4	国	健診		医療		介護	統計	年次	単月	累計	
										国保	後期	国保	後期						
57	54	健診ツリー図	P26_001	─	○	○	─	─	─	○	○	─	─	─	─	─	─	○	56、58、94
58	55	保健指導対象者一覧（保健指導判定値の者）	P26_004	○	─	─	─	─	─	○	○	─	─	─	─	─	─	─	60
59	56	保健指導対象者一覧（受診勧奨判定値の者）	P26_005	○	─	─	─	─	─	○	○	─	─	─	─	─	─	─	96
60	57	被保険者管理台帳	P26_006	○	─	─	─	─	─	○	○	○	○	○	─	─	─	─	62、88
61	58	疾病管理一覧（糖尿病）	P26_007	○	─	─	─	─	─	○	○	○	○	─	─	─	─	─	61、71、97、99
62	59	疾病管理一覧（脳卒中）	P26_008	○	─	─	─	─	─	○	○	○	○	─	─	─	─	─	
63	60	疾病管理一覧（虚血性心疾患）	P26_009	○	─	─	─	─	─	○	○	○	○	─	─	─	─	─	
64	61	個人別履歴	P26_010	○	─	─	─	─	─	○	○	○	○	○	─	─	─	─	64
65	62	5年間の履歴	P26_011	○	─	─	─	─	─	○	○	○	○	─	─	─	─	─	65、98
66	63	レセプト表示		○	─	─	─	─	─	─	─	○	○	─	─	─	─	─	

※1：帳票IDは国保データベース（KDB）システムの管理上のIDである。
※2：被保険者マスタの「地区統計用コード」または「住所」から保険者（市区町村等）内を複数地区に分割することで、地区単位に集計したもの。
※3：比較情報が出力される帳票は、予め比較先の県・同規模・国と比較して地域の値が2倍以上の場合は"赤"、20％以上の場合は"緑"で表示される。
※4：同規模保険者の定義についてはP113「同規模保険者比較の区分（基準）について」を参照。
※5：国保連合会システムより取得できない外部（厚生労働省、総務省、国民健康保険中央会等）で公表する統計情報。
※6：法定報告データを市区町村/組合別に集計。保険者の集計については特定健診等データ管理システムなどを参照。

出典：国保データベース（KDB）システム活用マニュアル（Ver. 1.2）。

個人，保険者，比較情報（県・同規模保険者・全国）単位に突合・集計し，帳票として出力する。また，帳票はCSV形式でも出力が可能である。

表3-2から表3-5までは，国保データベース（KDB）システムより出力される帳票のリストを示している。表3-2から表3-5における個人単位の列に○のついた帳票は個人単位のデータになっており，表3-6に厚生労働省様式（様式1-1）（基準額以上となったレセプト一覧）の例を示す。KDBデータより出力される帳票（表3-6）の中に，「被保険者管理台帳」「厚生労働省様式（様式1-1）」「受診勧奨判定値の者・保健指導判定値の者」があり，これらを用いて分析を行った。「被保険者管理台帳」には，国民健康保険に加入している者全員が記載されているデータであり医科受診状況，健診状況，介護認定状況がわかる。また，国保加入日や喪失日といった情報も記載されている。「厚生労働省様式（様式1-1）」には，入院外来区分，費用額，糖尿病，高血圧症，虚血性心疾患，脳血管疾患といった主要疾患の有無が月ごとに記載されている。ま

第3章 国保データベース・後期高齢者データベースの「見える化」

表3-6 厚生労働省様式(様式1-1) 3-2)

① 被保険者管理台帳の一例 (出典:H町のKDBデータより作成)

氏名	氏名カナ	性別	年齢	生年月日(年)	生年月日(月)	生年月日(日)	住所	当該生(1年前)(健2年前)(健3年前)(44年前)(健4年前)	当該年(医科受1年前)(医科受2年前)(医科受3年前)(医科受4年前)	当該年(介1年前)(介2年前)(介3年前)(介4年前)	国保取得年月日	国保喪失年月日	個人番号
								●			4170809		4230325
								● ●	○		4170820		4221227
								● ●	○ ○		4170902		3
								● ●	○ ○		4191221		4
								● ●	○ ○	●		4210821	5
								● ●	○ ○				6
								● ●					7
								●					8
													9

個人情報 / 健診状況・医科受診状況・介護認定状況 / 国保取得・喪失日時 / 個人番号

② 厚生労働省様式(様式1-1) の一例 (出典:H町のKDBデータより作成)

氏名カナ	性別	生年月日(年)	住所	入院外来実費用	総療費	高血圧症	脂質異常症	糖尿病	動脈硬化性疾患	虚血性疾患	大動脈疾患	主病名 2番目・3番目・その他の併存疾患	主病名 4番目・5番目に高い医療費	個人番号
			入院	2,558,400				●				症状、徴候及び異常臨床所見・異常検査所見で他に分類されないもの	腸梗塞	1931
			入院	1,751,610		●						その他の高血圧性疾患		4150
			入院	1,506,110								高血圧性心疾患及び腎疾患		1675
			外来									主として原発性高血圧症		3
			外来							●		脳内出血		4
			扶助									脳梗塞及びその他の脳血管疾患の後遺症	2～6番目の傷病名	5

個人情報 / 費用額 / 疾患の有無

③ 受診勧奨判定値の者・保健指導判定値の者の一例 (出典:H町のKDBデータより作成)

氏名	氏名カナ	性別	年齢	生年月日(年月日)	住所	身長	体重	BMI	空腹時血糖	HbA1c	中性脂肪	HDL	LDL	収縮期血圧	拡張期血圧	痛風	尿酸	血清クレ	心電図	眼底検査	個人番号
						176.9	88.2	28.2	88	4.9	110	50	93	106	76	無	5.3			0	14
						64	156.3	47.8	19.6	88	4.9	42	54	77	116	73	無	2.3	0.8	0	0	15
						85	165.7	60.6	22.1	92	5	131	40	124	133	83	無	5.5	0	0	0	26
						88.5	162.8	71	26.8	92	4.9	123	43	103	120	72	無	6.4	0.9	0	0	4150
						71.2	161	50.5	19.5	86	5	46	63	125		70	無	5.4	0.8	0	0	13
						80.4	156.8	52.3	21.3	97	5.1	82	67	124	138	79	無	3.6	0.6	0	0	14
						88	166.8	67.3	24.2	108	5.5	72					無	4.7	1.09	0	0	19
						82.2	167.7	67	23.9	102	5.7		54	87	82	70	無	6.1		0	0	19
						90.5	151.7	59.6	25.9	105	5.2	88	88				無	4.9		0	0	2
						87	182.8	83.1	24.9	95		115	79	137		66	無	6.8	0.9	0	0	48

個人情報 / 各健診検査項目の値

た，「受診勧奨判定値の者・保健指導判定値の者」は，国民健康保険に加入する者の中で，厚生労働省が公開する保健指導判定値，受診勧奨判定値のどちらかの基準値を上回った者がピックアップされたデータである。健診検査項目の内容としては，「腹囲」「身長」「体重」「BMI」「空腹時血糖」「HbA1c」「中性脂肪」「HDL」「LDL」「収縮期血圧」「拡張期血圧」「喫煙」「既往歴」「GOT」「GPT」「γ-GTP」「尿酸」「尿糖」「血清クレアチニン」「eGFR」「尿蛋白」「心電図」「眼底検査」「ヘマトクリット」「血色素」がある。なお，「被保険者管理台帳」，「厚生労働省様式（様式1-1）」，「受診勧奨判定値の者・保健指導判定値の者」のデータにおいて，個人名，性別，年齢，生年月日，住所といった個人情報をはじめとして，他のデータとの紐づけが可能となる個人番号が記されている。①に被保険者管理台帳の一部を，②に厚生労働省様式（様式1-1）の一部を，③に受診勧奨判定値の者・保健指導判定値の者の一部を示す。なお，使用したKDBデータの例を示す①，②，③において，「性別」，「年齢」，「生年月日（年）」，「生年月日（月）」「住所」の項目については，個人を特定する可能性があるため，秘匿化処理システムを用いて処理を行っている。

2　KDBデータの見える化

2.1　健康状態の見える化の一例
①　健康状態の「見える化」項目
　健康状態の把握を行う際に，KDBデータより把握できる健診検査項目の中でどういった項目を用いて，それぞれの項目に対して，基準値をどこに定めるのかといった，活用する健診検査項目とその基準値を決定する。KDBデータ内において把握可能な健診検査項目は前述したとおり，25項目である。また，厚生労働省様式（様式1-1）からは，糖尿病，高血圧症，脳血管疾患，虚血性心疾患といった主要疾患の有無が把握できる。これらの情報と，厚生労働省の定める「保健指導基準」及び「受診勧奨基準」を援用するとともに，「標準的な健診・保健指導プログラム（改訂版）17)」を用いて，使用する健診検査項目とその基準値を決定した。また，表3-7に決定した各健診検査項目とその

表3-7 使用する健診検査項目とその基準値

生活習慣の悪化のサイン	1：たばこを吸っている	
	2：BMI（肥満度）25以上	
	3：腹囲・男性85 cm 以上	
	4：腹囲・女性90 cm 以上	
生活習慣の悪化から悪影響をもたらす項目	5：血中糖度（100 mg/dl 以上）	
	6：HbA1c（5.6%以上）	
	7：HbA1c（6.5%以上）⇒「高血糖」	
	8：尿酸（7.0 mg/dl 以上）	
	9：中性脂肪（150 mg/dl 以上）	
	10：最高血圧（130 mmHg 以上）	
	11：最高血圧（160 mmHg 以上）⇒「高血圧」	
	12：最低血圧（85 mmHg 以上）	
	13：最低血圧（100 mmHg 以上）⇒「高血圧」	
	14：LDL（120 mg/dl 以上）	
	15：LDL（160 mg/dl 以上）⇒「脂質異常」	
	16：HDL（40 mg/dl 未満・多い方が良い）	
怖い病気のサイン	17：腎臓・血清クレアチニン（1.3 mg/dl 以上）	
	18：心臓・心電図以上あり	
	19：細動脈・眼底検査以上あり	
その結果の疾病	20：糖尿病	
	21：脳血管疾患（脳梗塞，くも膜下出血，脳出血）	
	22：高血圧症	
	23：虚血性心疾患（狭心症・心筋梗塞）	

基準値を示す。表3-7から，喫煙の有無や，BMI，腹囲といった生活習慣に関する項目から，HbA1c，収縮期血圧，拡張期血圧，中性脂肪といった健診検査項目の悪化を経て，糖尿病，高血圧症，脳血管疾患，虚血性心疾患といった疾患を招くといった流れが確認できる。

② H町の各地区における健康状態の把握

H町を5区分に分けた際の健康状態の把握を行う。表3-7において定めた

全23項目の健診検査項目について，設定した基準値を越える者の割合，また，糖尿病，高血圧症などの疾患の場合は，その疾患に罹った者の割合（疾患発症率）を5地区ごとに算出した。また，分析対象期間が平成24年6月から平成28年3月の約4年間であることから，平成24年度（平成24年度のみ開始が6月）と平成25年度の2年間，平成26年度と平成27年度の2年間といった，2年間ごとで健診検査項目の基準値を越える者の割合と疾患発症率を算出する。2年間ごとの健康状態の把握を行うのは，平成24，25年度，26，27年度の2年間ごとの健康状態の比較を行うことができ，2年間での各健診検査項目，疾患発症の改善率，悪化率の把握を行うことができるためである。サンプル数は，鳩山町のKDBデータ内から把握できる国保加入者の4,701人とした。表3-8に平成24，25年度の2年間における5地区ごとの健康状態の把握を行った一覧，平成26，27年度の2年間における5地区ごとの健康状態の把握を行った一覧を示す。表3-8からわかるように，各健診検査項目の基準値を越える者の割合，疾患発症率は，地域によってばらつきがあることが確認できる。また，平成24・25年度，平成26・27年度の算出結果の比較を行うことによって2年間ごとの悪化率，改善率の把握が可能となった。表3-8中に示す改善率・悪化率は，正の数で示す（太字）値は改善率，負の数で示す値（斜体）は悪化率となっている。

③ 地区の健康状態把握から健康課題の抽出

H町を5区分に分けた際の，2年ごとの詳細な健康状態の把握を行った。表3-8に示す，平成24・25年度，平成26・27年度の2年間における5地区ごとの健康状態の把握の一覧表から，GIS（Geographic Information System）を活用して，各地区の健康状態の差，2年ごとの悪化率，改善率が視覚的に把握可能となるような処理（見える化）を施すことによって，地区の健康状態の差を浮き彫りにし，健康課題の抽出，明確化を行うことができる。

図3-6にHbA1c5.6％の基準値を越えた者の割合についての見える化（左：平成24・25年度　右：平成26・27年度）を示す。また図3-7に，糖尿病の発症率についての見える化（左：平成24・25年度　右：平成26・27年度）を示す。図3-8に，高血圧症の発症率についての見える化（左：平成24・25年

第3章 国保データベース・後期高齢者データベースの「見える化」

表3-8 平成24・25年度，平成26・27年度の各地区の健康状態の把握と改善率，悪化率

2年間ごとの各地区の健康状態（％）	亀井地区			今宿地区			松ヶ丘地区		
	24・25年(%)	26・27年(%)	改善率悪化率(%)	24・25年(%)	26・27年(%)	改善率悪化率(%)	24・25年(%)	26・27年(%)	改善率悪化率(%)
1：たばこを吸っている	10.2	9.0	1.2	12.6	12.9	-0.3	5.5	6.4	-0.9
2：BMI（肥満度）25以上	26.8	24.6	2.2	23.9	23.8	0.1	17.5	20.8	-3.3
3：腹囲・男性85cm以上	38.1	36.4	1.7	47.4	47.5	-0.1	40.9	46.6	-5.7
4：腹囲・女性90cm以上	20.3	20.9	-0.6	11.7	15.4	-3.7	11.9	10.1	1.8
5：血中糖度（100mg/dl以上）	22.8	24.6	-1.8	29.8	30.8	-1.0	23.6	33.9	-10.3
6：HbA1c（5.6％以上）	43.3	68.9	-25.6	45.4	65.4	-20.0	49.7	70.6	-20.9
7：HbA1c（6.5％以上）⇒「高血糖」	7.1	7.4	-0.3	6.5	8.0	-1.5	8.2	11.3	-3.1
8：尿酸（7.0mg/dl以上）	7.9	6.6	1.3	11.0	11.1	-0.1	10.6	9.5	1.1
9：中性脂肪（150mg/dl以上）	12.6	18.0	-5.4	22.3	19.8	2.5	15.8	17.4	-1.6
10：最高血圧（130mmHg以上）	37.8	50.0	-12.2	48.4	51.1	-2.7	40.1	52.3	-12.2
11：最高血圧（160mmHg以上）⇒「高血圧」	0.8	4.9	-4.1	2.7	9.2	-6.5	0.3	8.9	-8.6
12：最低血圧（85mmHg以上）	20.5	25.4	-4.9	21.2	27.8	-6.6	21.2	28.7	-7.5
13：最低血圧（100mmHg以上）⇒「高血圧」	0.8	3.3	-2.5	2.2	4.0	-1.8	0.3	1.8	-1.5
14：LDL（120mg/dl以上）	63.8	61.5	2.3	50.3	51.3	1.7	59.2	59.9	-0.7
15：LDL（160mg/dl以上）⇒「脂質異常」	14.2	13.1	1.1	14.8	9.4	5.4	14.0	15.3	-1.3
16：HDL（40mg/dl未満・多い方が良い）	6.3	6.6	-0.3	5.6	4.9	0.7	6.2	4.6	1.6
17：腎臓・血清クレアチニン（1.3mg/dl以上）	0.8	0.0	0.8	0.3	0.2	0.1	1.7	1.5	0.2
18：心臓・心電図異常あり	1.6	4.1	-2.5	1.1	4.0	-2.9	0.3	2.8	-2.5
19：細動脈・眼底検査異常あり	3.1	3.3	-0.2	1.9	4.2	-2.3	0.7	3.7	-3.0
20：糖尿病	14.2	12.3	1.9	9.7	11.3	-1.6	10.3	14.1	-3.8
21：脳血管疾患（脳梗塞，くも膜下出血，脳出血）	2.4	2.5	-0.1	2.4	2.1	1.9	1.7	2.1	-0.4
22：高血圧症	28.3	25.4	2.9	23.4	24.2	-0.8	22.9	26.9	-4.0
23：虚血性心疾患（狭心症・心筋梗塞）	2.4	3.3	-0.9	3.2	2.8	0.4	2.7	3.4	-0.7

2年間ごとの各地区の健康状態（％）	鳩ヶ丘地区			楓ヶ丘地区		
	24・25年(%)	26・27年(%)	改善率悪化率(%)	24・25年(%)	26・27年(%)	改善率悪化率(%)
1：たばこを吸っている	12.4	8.6	3.8	8.1	6.3	1.8
2：BMI（肥満度）25以上	23.8	24.6	-0.8	17.5	17.7	-0.2
3：腹囲・男性85cm以上	49.4	44.6	4.8	37.6	35.5	2.1
4：腹囲・女性90cm以上	12.4	16.0	-3.6	11.2	11.1	0.1
5：血中糖度（100mg/dl以上）	26.8	30.7	-3.9	27.5	27.8	-0.3
6：HbA1c（5.6％以上）	42.9	63.5	-20.6	44.3	67.8	-23.5
7：HbA1c（6.5％以上）⇒「高血糖」	8.2	8.8	-0.6	6.2	9.2	-3.0
8：尿酸（7.0mg/dl以上）	9.1	13.0	-3.9	8.5	9.9	-1.4
9：中性脂肪（150mg/dl以上）	20.6	18.5	2.1	17.8	15.0	2.8
10：最高血圧（130mmHg以上）	42.4	48.1	-5.7	41.9	52.1	-10.2
11：最高血圧（160mmHg以上）⇒「高血圧」	4.4	7.2	-2.8	2.4	6.1	-3.7
12：最低血圧（85mmHg以上）	20.6	25.7	-5.1	22.0	24.9	-2.9
13：最低血圧（100mmHg以上）⇒「高血圧」	1.5	3.6	-2.1	1.2	2.9	-1.7
14：LDL（120mg/dl以上）	62.9	61.0	1.9	59.5	58.4	1.1
15：LDL（160mg/dl以上）⇒「脂質異常」	17.9	16.0	1.9	15.6	15.5	0.1
16：HDL（40mg/dl未満・多い方が良い）	3.8	3.0	0.8	3.8	2.7	1.1
17：腎臓・血清クレアチニン（1.3mg/dl以上）	0.3	1.7	-1.4	1.4	1.0	0.4
18：心臓・心電図異常あり	0.6	1.7	-1.1	1.9	3.1	-1.2
19：細動脈・眼底検査異常あり	1.5	3.6	-2.1	1.9	3.1	-1.2
20：糖尿病	10.3	14.6	-4.3	8.5	11.6	-3.1
21：脳血管疾患（脳梗塞，くも膜下出血，脳出血）	3.5	3.3	0.2	4.3	5.1	-0.8
22：高血圧症	24.7	28.2	-3.5	22.5	26.9	-4.4
23：虚血性心疾患（狭心症・心筋梗塞）	4.7	5.5	-0.8	3.8	4.8	-1.0

第Ⅱ部　地区高齢者データの見える化

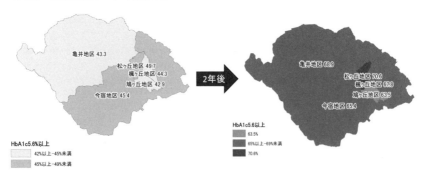

図3-6　HbA1c5.6%の基準値を越えた者の割合についての見える化（左：平成24・25年度　右：平成26・27年度）

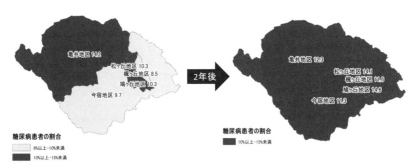

図3-7　糖尿病の発症率についての見える化（左：平成24・25年度　右：平成26・27年度）

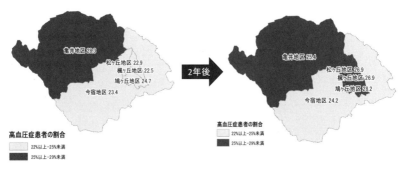

図3-8　高血圧症の発症率についての見える化（左：平成24・25年度　右：平成26・27年度）

度　右：平成26・27年度）を示す。図 3 - 6，図 3 - 7，図 3 - 8 より，5 地区における健診検査項目の基準値を越える者の割合，疾患発症率の見える化を行うことによって各地域の健康状態の差，また 2 年間の悪化，改善の様子を視覚的に把握することが可能となった。また，図 3 - 6 の「HbA1c5.6％」の見える化を見ると，平成24・25年度から，平成26・27年度の 2 年の変化で，どの地区においても著しく悪化していることが視覚的に把握でき，特に，平成26・27年度において，松ヶ丘地区が最も高い割合を示していることがわかる。また，図 3 - 7 の「糖尿病発症率」の見える化を見ると，健診検査項目と比べ，糖尿病の疾患発症率であるので小さな値ではあるものの，今宿地区，楓ヶ丘地区が 2 年間の推移によって10％を上回っていることが把握できる。また，図 3 - 8 の「高血圧症発症率」の見える化を見ると，2 年間の推移より，亀井地区は発症率が減少しているものの，依然として比較的高い値を示し，松ヶ丘地区，楓ヶ丘地区，鳩ヶ丘地区の密集している 3 地区で発症率が増加していることがわかる。

参考文献

国民健康保険中央会：国保データベース（KDB）システム活用マニュアル（Ver. 1.2）
　　https://www.kokuho.or.jp/hoken/public/hokenannouncement.html
　　2018年 6 月30日閲覧。
森崎裕磨・藤生慎・高山純一・中山晶一朗・柳原清子・西野辰哉・寒河江雅彦・平子紘平（2017）「国民健康保険データベースを用いた地域の健康課題に対する処方箋の提案──埼玉県比企郡鳩山町を対象として」『土木計画学論文集D3』73(5)。

第4章

エクセルによるCSVデータの解析方法
——レセプト・健診データからつくる保健事業

板谷智也

1 本章のねらい

　まちづくりは住民の健康があってこそ成り立つ。したがって保健事業はまちづくりの基盤となる。「日本再興戦略」（平成25年6月14日閣議決定）において，全ての健康保険組合は，レセプト等のデータの分析，及びそれに基づく加入者の健康保持増進のための事業計画として「データヘルス計画」の作成・公表，事業実施，評価等の取組が求められている。昨今，レセプトデータの電子化と特定健診制度によって保険者には電子データが蓄積されており，健康保険組合（以下，保険者）においては，データヘルス計画の策定に際し，レセプト情報から医療費等の状況を分析するなどしている。データの管理は通常，国保データベース（KDB）システム[1]を用いて行われているが，帳票を活用するだけでなくCSVデータ[2]を集計することにより，様々な分析が可能となる。

　データの解析を進める際には，外部の専門業者に委託することもある。データの整理や解析には時間と労力が必要であるため，その部分を専門業者に委ねるのは作業の効率化の面から有効である。しかし，通常このような処理を委託するには高額な費用が必要であり，その予算が確保できるとは限らない。また，データの解析には「目的」が必要である。闇雲に解析を外部に依頼しても，大量の図表とそれに付随するコメントが返ってくるだけで，保健事業につながるよう有効な示唆を得られなかったということになりかねない。また解析結果の背景を読み取ることは，専門業者よりも，その地域を良く知る保険者が行った方が望ましい。つまり，どんなデータをどのように解析するかを，保険者自身が理解していることが肝要ということである。言い換えると，専門業者へ分析

第4章　エクセルによる CSV データの解析方法

を委託するにしても，保険者自身が解析方法を理解していた方が良いし，できれば保険者自らの手で分析するに越したことはないということである。

　データの解析には専門的な技術が必要だと思われるかもしれない。だが実際には，普段の業務に使用している PC とそれにインストールされている表計算ソフトを操作すれば，基本的な解析は十分にできる。CSV の集計には，国立保健医療科学院の提供する「国保データベースの CSV 加工ツール」[3]を利用する方法がある。このツールには，あらかじめ数式やマクロが組み込まれており，保険者が保有するデータをコピーアンドペーストするだけで解析ができる。このツールに組み込まれていない方法で解析するには，専用の解析ソフトを利用することになるが，解析ソフトは高価なものが多く簡単は利用できず，それこそ専門的な知識を必要とする場合が多い。そこで本章ではエクセルを使い，ダウンロードした CSV データを解析する方法について紹介したい。エクセルは最も利用されるソフトであるが，様々な解析機能を実装しており基本的な統計解析を行うには十分な機能をもっている。だが，エクセルで解析を行う場合は，シートに不要なセルやデータがあるといった些細なことで解析が行き詰まることがある。本章では始めに，エクセルで CSV を分析するために必要なデータの準備や加工方法について解説し，次いで具体的な解析方法について，図で PC の画面を示しながら言及する。できるだけ実務に則した形にするために，X 市の KDB データに一部加工を加えたものを用いて説明をする。CSV の分析方法は多岐にわたるが，本章の最後では費用分析方法のひとつであるパレート分析を紹介する。パレート分析は対象となるものの構成要素と累積量を同時に示すことで，上位にある一部の要素が全体のどの程度の割合を構成しているかをみる分析方法であり，対策の優先順位を検討するうえで有効である。なお本章では「Excel 2016」を使用しているが，エクセルのバージョンによっては操作方法が異なる場合がある。

　保険者においては，豊富なデータを保持しながらも，それを日々の業務の中で解析することは容易ではない。解析を進めるにあたっては，大学等の研究機関との連携も重要である。一方，現場で執務する職員が，業務の中でもつ疑問について，自らの手で解析することができればそれに越したことはない。高度

な統計解析をせずとも，簡単な集計だけでも大きな発見が得られることもある。本章の解説がその一助となれば幸いである。

2 解析用 CSV データの準備

2.1 CSV データの加工

　CSV とは Comma-separated value の略称であり，カンマ「,」で区切ったテキストデータを指す。CSV で作られているデータファイルのことを CSV ファイルと呼ぶ。エクセル上では「カンマ区切り」と表されている。CSV は表計算ソフトで利用できるが，テキストデータなので，Windows の「メモ帳」等のワープロソフトで編集することもできる。ただ，あまり難しく考える必要はなく，「エクセルで扱うことのできるファイルの一種」程度の認識で問題はない。KDB システムからダウンロードした CSV ファイルをそのまま解析することはできない。解析に不要なデータや列，行，セル等が付随しているからである。または解析の際にエラーが発生する方法でデータが入力されている場合もある。解析の第一歩はデータを解析可能な状態に加工することである。言い換えると，データの加工がうまくいくかどうかが，その後の解析を左右するといっても過言ではない。

　図4-1はKDBシステムからダウンロードしたCSVファイルをエクセルで開いたところである。統計解析を行う場合は，1行目をデータの変数名とするのが良い。図4-1だと，7行名が変数名になっているので，1行目から6行目は削除する。またデータはなるべく不要なものが入っていない方が良い。A列からF列までは分析に不要であるので，これも削除する。以上を削除すると，7行目G列を先頭としたシートができあがり，変数名は一番左の列から，性別，年齢，生年月日（月），住所，入院外来区分，費用額，高血圧症……と続く。変数名やデータに使用されている文字にも注意する必要がある。例えば変数名に用いられている「生年月日（月）」であるが，この（ ）のような記号は解析を行う上でエラーになることがある。エクセルで解析を行う場合はおそらく問題ないが，他の統計ソフトを使う場合は「誕生月」等に変更した方が

第4章　エクセルによるCSVデータの解析方法

図 4-1　CSVファイルをエクセルで開き「検索と置換」を開いた画面

良いだろう。「費用額」の列には金額が入力されているが，この金額はカンマ「,」で区切られている。これもエラーになることがあるので，カンマは削除した方が無難である。この作業を一つ一つ手作業で行う必要はない。まず金額が入力されている列（図4-1だとM列）の一番上のアルファベットをクリックして，列全体を選択する。次にキーボードのCtrlとFのボタンを同時に押して「検索と置換」のウィンドウを開く。次に「置換」のボタンを押して，「検索する文字列」のところに「,」を入力し，「置換後の文字列」のところは空白のままにしておく。そして「全て置換」のボタンを押すとカンマがすべて削除される。「高血圧症」の列には「●」が入力されている。ここはこのままでも構わないが，数値の「1」に変換しておくと便利な場合がある。例えば，「高血圧症」の列について，エクセルのSUM関数[5]を使えば，高血圧症がある人の合計人数がわかる。変換の仕方は，先のカンマを変換した方法と同様に，「検索する文字列」のところに「●」を入力し，「置換後の文字列」のところに「1」を入力して置換すればよい。

　KDBシステムからダウンロードしたデータにある数値は半角になっているはずである。もしデータに全角の数値があれば，半角に変換する方が良い。データには『形式』があり，それは「数値」や「文字列」などである。エクセル上で視認できる数値が全角の場合は『形式』が文字列になっている。数値が

91

「文字列」の場合だと，関数で処理する際にエラーの原因となる。形式はセルを右クリックし「セルの書式設定」→「表示形式」で変換もできる。または，ASC 関数を使えば，全角を半角に変換することができる。方法は数値を入力したいセルを選択し，メニューバーから「数式」→「関数の挿入」で「ASC」を選択する。引数に引用元のセルを選択して OK とすれば半角に変換される。この関数は全角の数値を半角にするだけでなく，全角の文字列を半角にすることもできる。

　なお，加工を終えた CSV ファイルを保存する際は CSV ファイルのまま保存しなくても良い。後の解析を行う場合もエクセルファイルの方が都合がよいので，保存の際は「名前をつけて保存」を選択し，「ファイルの種類」のプルダウンメニューから「Excel ブック」を選択すればよい。

2.2　CSV データの結合

　KDB システムからダウンロードした CSV ファイルは月ごとに分かれている。だが通常は年単位で集計する場合が多く，経年変化をみるためにも複数月のファイルを結合する必要がある。ファイルの結合には列で結合する場合と行で結合する場合がある。

【列で結合する場合】

　列で結合とは，複数のシートにあるデータをひとつのシート上にコピーし，縦に並べていくということである。列でデータを結合すると，月ごとに分かれたデータを年度単位などまとめて集計することができる。

　方法は比較的簡単である。コピー元の CSV データをエクセルで開き全て選択，コピーする。次にコピー先の CSV データをエクセルで開き，データが縦に並ぶように貼り付けする。その際に，コピー元とコピー先の変数の位置がずれないように注意する。貼り付けたコピー元の変数名は不要となるので，変数名の入った行ごと削除する。1 年分をまとめたデータを作成するには，これを 1 月〜12 月まで繰り返せば良い。なお，CSV データを結合していくと数十万といった膨大な行数になってくる。これをスクロールバーで移動するのは大変だが，エクセルでは Ctrl と十字キーを同時に押すことで，行または列の最後

第4章　エクセルによるCSVデータの解析方法

のデータに瞬時に移動することができるので，覚えておくと便利である。

【行で結合する場合】

　行で結合とは，複数のシートにあるデータをひとつのシート上にコピーし，横に並べていくということである。行のデータ結合は経時的な値の変化を観察する場合に便利である。例えば年間の医療費の推移を月次でみるなどである。また，レセプトデータと健診データを結合すれば，医療費と健診結果の関係を解析することもできる。

　行で結合する場合は，住民Aの1月のデータのとなりに住民Aの2月のデータ……というように，住民個人のデータがずれないように配置されている必要がある。しかし，例えばKDBシステムからダウンロードした厚生省様式（1—1）では，個人のデータはばらばらに並んでおり，該当月にレセプトが発生していなければその個人のデータはない。このような個人のデータを突合するにはエクセルのVLOOKUP関数を利用する。この関数を実行する前にいくつか処理が必要である。まず，レセプトデータの場合は突合の前に，重複データを整理する。つまり，Aさんがひと月に複数の医療機関を受診していればレセプトも複数発生するので，ある月のCSVデータにAさんのデータが複数入力されていることになる。データ突合までの手順としては，月内のある個人の複数あるデータを合計し，次に重複を削除，最後に突合となる。

　図4-2はレセプトデータを含む厚生省様式（1—1）のCSVをエクセルで開き，個人を識別する番号（番号は架空のものを使用）と費用額を残したものである。まず，C2のセルにカーソルを合わせ，メニューから「数式」→「関数の挿入」→「SUMIF」を選択する。「関数の引数」のウィンドウが開くので，範囲を「A：A」，検索条件を「A2」，合計範囲を「B：B」とし「OK」を選択する。この数式をC列全体にコピーすると，C列に個人の合計が表示される。C列に表示される数値は，セルに入力されている数式の結果なので，今後シートの加工によって値が変化しないように，数式を値に変換する。C列をすべてコピーし，右クリックから「形式を選択して貼り付け」→「値」で貼り付けておく。個人番号2番はデータが2行にわたり入力されているが，1行だけ残せば良いので，A列を選択した状態でメニューバーの「データ」から

93

第Ⅱ部　地区高齢者データの見える化

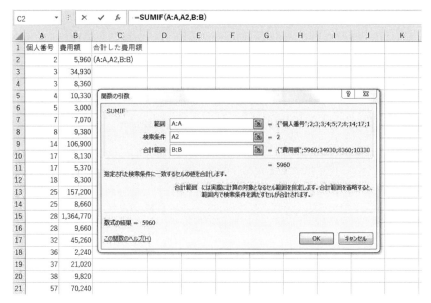

図 4 - 2　SUMIF 関数の入力例

「重複の削除」を選択し，「個人番号」にチェックを入れた状態で OK のボタンを押す。B 列は不要になるので削除しておく。

　最後に VLOOKUP 関数を入力する（図 4 - 3）。VLOOKUP 関数は，指定した範囲から検索条件と一致するデータを見つけ入力する関数である。引用元のデータと引用先のデータは同一のシートにあっても構わないが，後に表を編集することを考えると，別シートに分けておいた方が都合良い。データを入力したいセルを選択し，メニューバーから「数式」→「関数の挿入」で VLOOKUP を選択する。VLOOKUP の引数は，（検索値，範囲，列番号，［検索方法］）となっている。「検索値」は個人を特定する手がかりになる値である。ここでは A2 のセルを選択する。「範囲」は「検索値」と自動入力したいデータを含む範囲を指定する。ここでは E：F と指定する。「列番号」は自動入力したいデータが範囲の中の左から何列目にあたるかを指定する。ここでは「2」を指定する。「検索方法」は「完全一致」か「近似値」を選択するが，ここでは「完全一致」を選択する。「近似値」を選択した場合は，例えば「10」を検索し

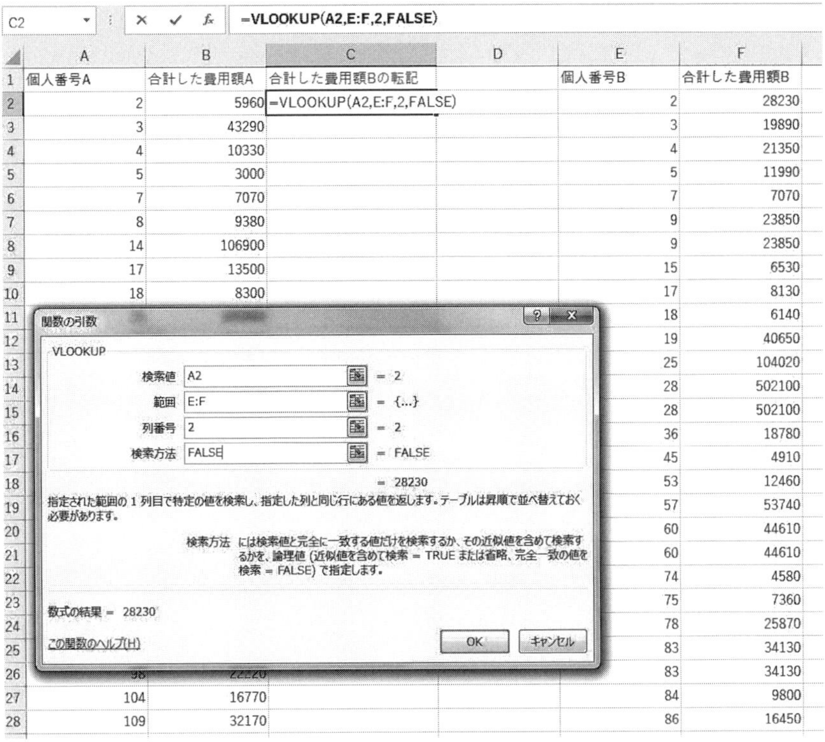

第4章　エクセルによるCSVデータの解析方法

図4-3　VLOOKUP関数の入力例

た際に「110」や「101」なども自動入力の対象となってしまう。以上の引数を正しく入力できれば，自動入力が行われる。この数式をコピーして，対象のセル全てに貼り付ければ完成である。なお，引用元に該当するデータがなければ，「N/A」が入力される。

この方法の場合，引用先にデータがある場合において引用元でのVLOOKUPの検索対象となる。だが，引用先にないデータを引用元で探したい場合もある。紙面の都合により，詳細な説明は割愛するが，例えば引用先と引用元（図4-3でいえば，「合計した費用額A」と「合計した費用額B」）を入れ替えてVLOOKUPを実行することで，重複していない値を「N/A」として抽出することができる。他にもいくつか方法はあるので，必要に応じてインターネッ

95

第Ⅱ部 地区高齢者データの見える化

ト等で検索すると良いだろう。

3 データの解析方法

3.1 初歩的な関数について

　前節でいくつか紹介したが，エクセルには様々な「関数」が用意されている。「関数」とは，あらかじめエクセルに登録されている数式のことで，エクセルには多数の「関数」が用意されている。例えば，SUM関数は行ないし列に入力されているデータの合計を返す関数である。条件を指定して演算を行いたい場合にはSUMIF関数を利用する。AVERAGE関数は平均値を返す関数である。いずれの関数もメニューバーの数式タブから選択する。関数を入力したセルを選択した状態で，メニューバーから「数式」→「関数の挿入」から任意の関数を選ぶ。関数を実行する際に使用する条件や数値を「引数（ひきすう）」というが，引数が間違いなく入力されると，関数が実行される。エクセルの関数は書籍やインターネットで数多く紹介されており，詳しい説明も付属しているのでそれらを参考にすると良い。最近では動画サイトにも関数の使い方や引数の設定方法などが紹介されており，大変わかりやすい説明のものも多くある。

3.2 小計機能を使った集計

　小計機能はエクセルに標準で実装されている機能である。グループごとに集計する場合に便利である。集計方法は分析者が自由に選択することができる。例えば「男性と女性でグループ分けをして，年齢の平均値を出す」などである。ここでは例として，住所別に費用額の平均値について集計をしてみる（図4-4）。まず集計したいグループと集計したい目的のデータは横並びの列になっている必要がある。もしそれぞれが離れた列にあるならば，列ごと切り取り＋貼り付けを行って横並びにしておく。次に住所ごとにデータを並べ替えておく。「住所」のセルを選択した状態で，ツールバーから「データ」を選択し，「並べ替えとフィルター」のグループにある，「昇順」または「降順」のボタン（アルファベットのAとZと下矢印が合わさったボタン）を押す。そして，二つ

第4章　エクセルによるCSVデータの解析方法

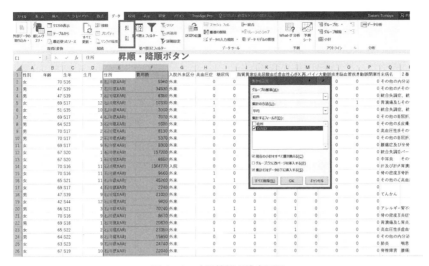

図4-4　小計機能の設定画面

図4-5　小計機能を実行した画面

の列を選択し，エクセルのツールバーの「データ」→「小計」とクリックする，「小計の設定」ウィンドウが現れる。「グループの基準」では「住所」を選択し，「集計の方法」は「平均」を選択する。「集計するフィールド」は「費用額」を選択し，「OK」を押す。すると各町の費用額の平均と市全体の平均値が出力される（図4-5）。グループ分けや集計の方法は自由に選択できるが，グルー

97

プの基準についてはカテゴリー変数である必要がある。カテゴリー変数とは，住所や性別など，それぞれのデータを区別するための変数である。一方，年齢や費用額など数値の大小に意味があるものを「連続変数」という。連続変数は足したり引いたり演算ができる変数である。

3.3 ピポットテーブルを使った集計

　ピポットテーブルもエクセルに実装される集計機能のひとつである。データをカテゴリーごとに集計するという点で小計機能と似ている部分もあるが，ピポットテーブルは列と行にカテゴリーを並べ，注目したいデータについてクロス集計表を作成することができる。集計するカテゴリーも複数扱うことができ，例えば「費用額を住所別かつ男女別に集計」ということができる。集計方法は小計機能同様に，合計，平均値，データの個数等の様々な方法から選択することができる。エクセルはそもそも「表計算ソフト」であるから，ピポットテーブルこそエクセルを利用する醍醐味かもしれない。

　まず，データをエクセルで開き，集計したいデータのあるシート上のどこでも良いのでクリックする。データが選択された状態で，CtrlとAボタンを同時に押すとデータが入力された範囲が選択される。その状態でツールバーから「挿入」→「ピポットテーブル」と選択する。ピポットテーブルのレポートを配置する場所を聞かれ，新規のワークシートまたは既存のワークシートを選択できる。新規を選択すると，自動で新しいワークシートが作成される。既存のワークシートを選択する場合は，「場所（L）」のところに「Sheet○○ !$△△$□□」という形でシートとセルの位置の指定を入力しても良いし，または配置したい場所のセルをクリックすると，自動で情報が入力される。「OK」を押すとピポットテーブルが出現する。

　図4-6の①の部分には「フィルター」「行」「列」「値」と名前のついたボックスがある。この上部に「レポートに追加するフィールドを選択してください」とあり，データの一覧が並んでいる。ここから任意のデータを選択し，下の4つのボックスにドラッグアンドドロップしていく。例示の図では，「値」のボックスに「費用額」を入れてあり，「合計／費用額」と表示されている。

第4章　エクセルによるCSVデータの解析方法

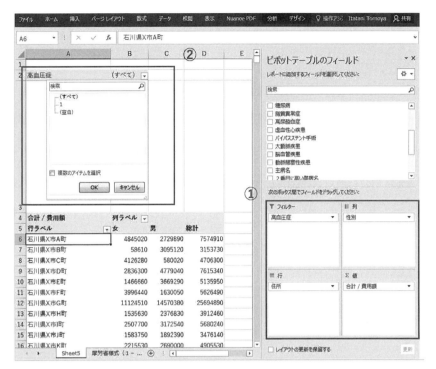

図4-6　ピボットテーブルの設定画面その1

　これは費用額について合計値を求めるという意味である。「行」には「住所」が入力されており，これは住所別に集計するという意味である。そして「列」には「性別」が入力されている。つまり，ここでは住所別かつ性別に，費用額の合計を集計するという操作を行っている。なお「フィルター」のところに「高血圧症」が入力されているが，こうすることで②にあるように，「高血圧症」の値が「1（ある）」か「空白（ない）」を選択した状態で集計することもできる。

　集計の方法は複数選択可能である（図4-7）。「値」の箇所の「合計／費用額」の右端にある▼をクリックし，「値フィールドの設定」を選択すると，③の画面が出現する。ここでは集計の方法として，合計，データの個数，平均，最大値，最小値などを選択することができる。集計の基準となるカテゴリーは

99

第Ⅱ部　地区高齢者データの見える化

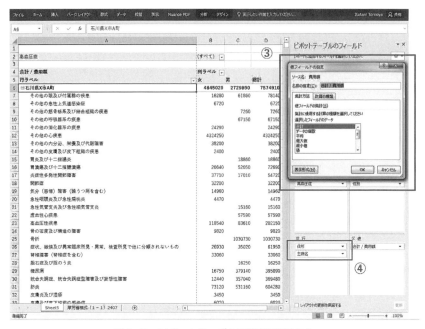

図4-7　ピボットテーブルの設定画面その2

複数扱うこともできる。④では「住所」と「主病名」を入力している。図の左にある出力結果をみると，町別に分けた上で主病名別に費用額が合計されているのがわかる。図ではA町のみ表示されているが，エクセルの画面をスクロールするとB町，C町……と続いている。また，この「住所」と「主病名」はドラックして順番を入れ替えることで，分類の順番を替えることができる。「主病名」を一番上にもっていけば，まず主病名で分類し，それから住所で分類した費用額の合計が集計される。

4　パレート分析

4.1　パレート図の作成方法

第1節で述べた様に，パレート分析は上位にある一部の要素が全体に占める割合をみる分析方法である。具体的には構成要素を大きい順に並べた棒グラフ

	A	B	C	D	E	F	G	H
1		主病名	費用額	費用額割合(%)	費用額累積割合(%)	疾病頻度	疾病頻度割合(%)	疾病頻度累積割合(%)
2	1	その他の心疾患	1,779,643,940	7.42	7.42	19787	4.5	4.5
3	2	腎不全	1,335,401,410	5.57	12.99	4520	1.0	5.6
4	3	高血圧性疾患	1,268,812,900	5.29	18.28	64939	14.9	20.5
5	4	糖尿病	1,181,034,040	4.93	23.21	27458	6.3	26.8
6	5	その他の呼吸器系の疾患	1,165,548,650	4.86	28.07	7103	1.6	28.4
7	6	その他の悪性新生物	1,110,027,730	4.63	32.70	5313	1.2	29.6
8	7	虚血性心疾患	1,052,877,810	4.39	37.09	13458	3.1	32.7
9	8	脳梗塞	1,011,183,040	4.22	41.31	5900	1.4	34.1
10	9	統合失調症,統合失調症型障害及び妄想性障害	861,254,270	3.59	44.90	6591	1.5	35.6
11	10	その他の消化器系の疾患	723,199,000	3.02	47.92	12198	2.8	38.4
12	11	骨折	714,205,920	2.98	50.90	3045	0.7	39.1
13	12	脊椎障害（脊椎症を含む）	697,604,770	2.91	53.81	13843	3.2	42.3
14	13	その他の内分泌,栄養及び代謝障害	608,076,380	2.54	56.34	26805	6.2	48.4
15	14	関節症	497,470,640	2.07	58.42	14328	3.3	51.7
16	15	アルツハイマー病	486,279,960	2.03	60.45	9258	2.1	53.8
17	16	肺炎	481,840,110	2.01	62.46	1813	0.4	54.3
18	17	その他の神経系の疾患	423,450,320	1.77	64.22	7334	1.7	55.9
19	18	気分（感情）障害（躁うつ病を含む）	416,861,090	1.74	65.96	6615	1.5	57.5
20	19	その他の眼及び付属器の疾患	413,844,320	1.73	67.69	25435	5.8	63.3
21	20	骨の密度及び構造の障害	348,480,190	1.45	69.14	11016	2.5	65.8
22	21	気管,気管支及び肺の悪性新生物	337,174,590	1.41	70.55	1118	0.3	66.1
23	22	炎症性多発性関節障害	317,590,270	1.32	71.87	4639	1.1	67.2
24	23	喘息	309,755,940	1.29	73.16	7896	1.8	69.0
25	24	パーキンソン病	305,187,870	1.27	74.44	1509	0.3	69.3
26	25	症状,徴候及び異常臨床所見・異常,検査所見で他に分類されないもの	300,623,420	1.25	75.69	4433	1.0	70.3
27	26	胃の悪性新生物	288,993,320	1.21	76.90	1575	0.4	70.7
28	27	その他の筋骨格系及び結合組織の疾患	240,630,130	1.00	77.90	4626	1.1	71.8
29	28	胃及び十二指腸炎	239,512,160	1.00	78.90	10880	2.5	74.3
30	29	白内障	230,724,160	0.96	79.86	6805	1.6	75.8
31	30	その他の循環器系の疾患	230,428,940	0.96	80.82	1421	0.3	76.1

図4-8　費用額と疾病頻度の割合と累積割合の表

と，それらの累積量を示す折れ線グラフを同時に表示する。構成要素の順番だけでなく，累積量が表示されているため，改善のためにどの程度の負担があるかを把握しやすい。構成要素の20％の項目で累積量の80％に達する「20-80の法則」に従う場合が多い。

　図4-8はX市のある期間のレセプトデータについて，主病名ごと費用額と頻度について小計機能を使って集計し並べ，主病名の費用額の大きい順に並べたものである。費用額と頻度の割合はSUM関数で合計を出し，項目ごとの費用額と頻度で割って算出している。費用額の累積割合についてはE3セルにD2とD3セルの合計を算出するように数式を入力し，それを下のセルに順にコピーしていく。疾病頻度についても同様である。ここまでできれば，あとはエクセルで自動的にグラフを作成できる。主病名，費用額，費用額割合，費用額累積割合の列を選択し，メニューバーから「挿入」→「おすすめグラフ」から「パレート図」を選択すれば良い（図4-9）。Excel2016よりも以前のバー

第Ⅱ部　地区高齢者データの見える化

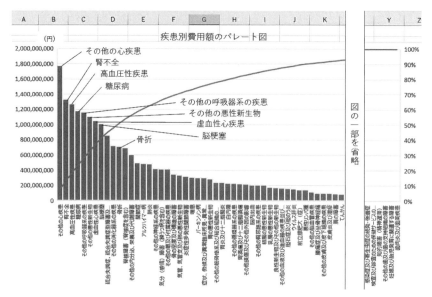

図4-9　エクセルで作成したパレート図

ジョンの場合は「おすすめグラフ」にパレート図が表示されない。その場合は，主病名，費用額，費用額累積割合を選択した状態で，「挿入」→「縦棒／横棒グラフの挿入」→「2-D縦棒」とするか，または「挿入」→「複合グラフの挿入」→「組み合わせ」とたどり，一旦グラフを表示させる。次にグラフエリアを右クリックして「系列グラフの種類の変更」を選択する。「グラフの種類の変更」のウィンドウが開くので，「費用額」のグラフの種類を「集合縦棒」とし，「費用額累積割合」のグラフの種類を「折れ線」として，さらに「第2軸」にチェックを入れてOKボタンを押すとパレート図が出現する。

図4-9のパレート図の左の縦軸には費用額の目盛りが示されており，図中の棒グラフに対応している。右の横軸は費用額累積割合のパーセンテージが示されており，図中のパレート曲線に対応している。下段には主病名が示され，左から最も費用額が高いものから順に並んでおり，これは図4-8の主病名の順に一致する。

4.2 パレート図の読み取り

　ここでは疾患が全部で117種類あるが，パレート図からは上位の8疾患（「その他の心疾患」から「脳梗塞」まで）で費用額全体のおよそ4割を占めていることがわかる。上位には「その他の心疾患」，「腎不全」，「高血圧性疾患」，「糖尿病」，「虚血性心疾患」，「脳梗塞」など生活習慣に起因する疾患が多い。これらの疾患の費用額の合計は費用額全体のおよそ3割に達しており，生活習慣病対策が医療費の抑制に大きく影響することがわかる。対策の優先順位が高い疾患は何であろうか。図4-8で疾病頻度と併せてみると疾病と医療費の構造がよりわかる。「高血圧性疾患」が頻度でみると14.9％であるのに対し，「腎不全」はわずか1％であるが，それでも腎不全の費用額は全体の5.6％も占めている。ほとんどの腎不全の患者は人工透析が導入されているはずである。透析の医療費はひと月で数十万円が必要だと言われている。腎不全は不可逆的疾患であるため一度透析導入となれば離脱することは難しい。よって腎機能に関わる疾患は重症化していかないように予防することが極めて重要であることがわかる。また昨今，透析導入に至る原疾患としては，半数近くを糖尿病性腎症が占めている。X市の場合は糖尿病の頻度が6.3％と高い。したがって腎不全を予防していくためには，糖尿病対策に重点を置くことが必要であると推測できる。また腎不全に限らず，糖尿病は心疾患等の血管系の疾患を進行させるため，糖尿病対策はX市の医療費抑制に大きく影響することは明らかである。

　生活習慣病以外に注目したい疾患は「骨折」である。「骨折」は費用額割合でみると約3％であるが，頻度割合でみるとわずか0.7％である。骨折は比較的少ない人数で多額の医療費を消費していることがわかる。骨折はここに挙がっている他の疾患と異なり，外傷である。そのため，適切な予防対策を立てることで大きく医療費を抑制できる可能性がある。そのためには，骨折の原因をもう少し詳細に調べることが必要である。例えば，大腿骨骨折による人工骨頭置換術であれば，原因は転倒であることが多いので，転倒予防が必要な対策になるかもしれない。また，転倒による大腿骨骨折は高齢者に多いが，CSVデータから「骨折」のものを取り出し，平均年齢を算出することでそのことが確認できる。

他には，「肺炎」も頻度としては0.4％ながら，費用額では約2％を占めている。肺炎も様々な原因があるが，この「肺炎」がどういった種類のものか確認すると，対策がみえる可能性がある。この肺炎が高齢者の肺炎球菌感染症で多く占められているのであれば，肺炎球菌ワクチンが対策としては有効ということになる。これもCSVデータから「肺炎」を取り出し，その平均年齢を算出すると予測がつく。また，高齢者の肺炎球菌性感染症がどの程度を占めているかがわかれば，肺炎球菌ワクチンの接種費用をコストとし，ワクチンによって予防できる「肺炎」とその費用額から，費用対効果を算出することもできる。

パレート分析は疾病ごとに費用額を集計して行う分析である。これとは別に，住民個別の費用額に注目することも必要である。レセプトデータを費用額の大きいもの順にソートすることで，多額の医療費を消費する住民を特定することができる。この住民にどのように医療費が使われているかを，個人のレセプトを詳細に分析するのである。こうした高額レセプトが発生するケースは，多数の疾患を抱えている場合や，大きな医療費が必要となる特殊な疾患の場合などがある。ひとりの住民で月に数千万単位の医療費を使用していることも珍しくない。このようなケースに個別にアプローチすることで，医療費の抑制につながる場合もある。以上のことからわかることは，医療費を抑制する対策としては，パレート分析によってポピュレーションアプローチの対象を見定めることと，高額レセプトとなる個別ケースへのアプローチと，この両輪で対策を行っていくことが必要ということである。

5　データ解析と保健事業展開の実例

5.1　保健事業の分類

保険者はそれぞれの実情に応じて様々な保健事業を展開している。本書の読者にとっては釈迦に説法となるかもしれないが，ここで代表的な保健事業について分類をしてみる。保健事業には，まず「特定保健指導」がある。特定保健指導とは高齢者医療確保法で定められており，メタボリック症候群の該当者，または予備群と判定された対象者に保健師等が生活習慣病予防に向けた指導を

行うものである。対象者自身が自らの健康状態を理解し，生活習慣を改善できるように支援が行われる。特定保健指導は通常，特定健診によってスクリーニングされ対象者が決められる。特定保健指導に該当しない者に対しては，健康の維持・増進を目的に「健康相談」や「健康教育」が実施される。逆に，生活習慣病がすでに顕在化し始めている者に対しては「医療機関受診勧奨」が行われ，早期治療につながるように働きかける。これよりも健康状態が悪化すると本格的な疾患へと繋がり，高額な医療費が発生することになるので，なるべくこの手前で食い止めたい。被保険者に対する意識付けとして「情報提供」が実施されるが，健診結果を送付するのみでは効力が弱いと言われている。健診結果だけではなく，例えば「高血圧の人には循環器疾患に関する情報提供を行う」など，個別性の高いものが重要である。できれば情報を一方的に送るのではなく，結果説明会などに足を運んでもらい，保健師等の専門職が対面して直接伝えるのが望ましい。加入者一人ひとりに対面での保健事業を展開することは，マンパワー的に難しいかもしれないが，その場合は保険者が重点的に対策を打ちたい対象者を絞り込んで実施すると良いだろう。いずれの保健事業においても，予算やマンパワーに限りのあるなかで実施されるため，事業の対象者をどのように設定するかが肝要となる。データ解析は，そのために実施すると言ってもよいだろう。

　なお，すでに治療が開始されている対象者についての保健事業は「重症化予防」になる。また医療費抑制の観点に立つと「ジェネリック医薬品の利用促進」も重要な事業となる。この２つについては，まずデータ全体の分析から対象者を選別し，具体的な対策を立てる際には，「どのような病状で」「どのような治療を行っており」「どのような服薬状況か」等を知る必要があるため，個別のレセプト情報を詳細に調べる必要があるだろう。

　以下，データ分析とそれに対応する保健事業の実例をいくつか紹介している。Webサイトにアクセスするリンクも載せているので，内容を参照されるとよいだろう。

5.2 一人あたりの医療費に着目した公立学校共済組合岐阜市部のレセプトデータ分析[7]

　公立学校共済組合岐阜支部（以下，岐阜支部）の分析の特徴は被保険者の一人あたりの医療費を詳細に分析しているところである。一人あたりの医療費を分析するために，性別や年齢構成の近い岡山支部，滋賀支部，福井支部，静岡支部，兵庫支部と比較し，岐阜支部の医療費が高いことを確認している。
　岐阜支部では，医療費の発生している疾病を生活習慣病，悪性新生物，精神の疾病，その他の疾病の4つのタイプに分類し，生活習慣病と精神の疾病を「予防可能な疾病」として，対策の重点項目においている。生活習慣病については，一人あたりの医療費を棒グラフにして高額な順に並べ，「高血圧性疾患」「その他の内分泌，栄養及び代謝疾患」「糖尿病」「虚血性心疾患」など，血管系の疾患や，その原因となる代謝異常が高いことを確認している。さらに，平成23年から27年にかけての一人あたりの医療費の推移を確認し，各生活習慣病の医療費の増減を確認している。
　岐阜支部ではこれらを含めた様々な解析を基にして重点取組事業を定めている。岐阜支部の解析方法は特別複雑なものではなく，エクセルでも可能な非常にシンプルなものであるが，それ故に解析結果も読み手にわかりやすいものになっている。

5.3 高額医療費の抑制に向けたむつ市の分析と保健事業[8]

　むつ市ではまず死亡原因を分類し，死亡原因の上位と医療費に占める疾病割合を比較することで，高額な医療費がかかる疾病と死亡原因の関連が高いことを突き止めている。次に，50歳代から医療費が増加し始め，60歳代前半で生活習慣病関連の医療費が増加し，60歳代後半で心疾患や脳血管疾患などの重大な疾病の医療費が高くなると分析している。この分析に用いている，年代別の積み上げ棒グラフは，おそらくエクセルによって作成されているが，年代別にどのような疾病構造を持ち，どのように医療費が推移しているかがよく分かる。
　また，高額医療費となる疾患が人工透析・腎不全の慢性腎不全，くも膜下出血・脳出血の脳卒中であることを分析しており，さらには要介護者の有病状況

の分析から，これらの疾患が要介護状態・介護認定に繋がっているとしている。また，高額医療費につながる疾患の大元は高血圧性疾患にあると分析しており，このことから，若年期からの高血圧性疾患の予防が重要だとしている。

具体的な保健事業としては，高血圧を含む生活習慣病改善のために「健康マイレージ」などの，運動を習慣化させるための事業を展開している。健康マイレージは，例えばスマートフォンにアプリをインストールし，歩数や活動計と連動させることで，活動量に応じてポイントを貯める事業である。貯まったポイントは協賛店で商品やサービスなどと交換することができる。こうした事業は単にポイントを貯めるだけでなく，活動量をスマートフォンアプリで可視化することで，利用者の意欲向上につながる。むつ市の場合は若年者への対策に重点を置いているが，スマートフォンに親和性の高い年代であり受け入れられやすいのではないだろうか。

5.4　食を中心とした宇佐市の保健事業[9]

宇佐市ではレセプトデータの分析から高血圧性疾患への対策が重要としている。この対策が特徴的である。「減塩キャンペーンの実践＝とり過ぎ注意　余分3兄弟プロジェクト＝」と銘打って，減塩および糖分・脂肪分のとり過ぎへの注意を促す事業を行っている。事業名だけでなく内容も興味深い。塩分濃度計を使用した，家庭の味噌汁の塩分濃度測定の実施や，塩分濃度0.7％の味噌汁の試食会を行っている。また，外食で体験できる美味しい減塩メニューを「うさしおメニュー」として市が認定し，市内の店舗で提供されるように取り組んでいる。

他には，健康推進員を各自治会に設置し，研修会等を通して地域住民の知識を高め，健康づくりへの啓発となる取り組みを行っている。健康推進員は塩分濃度計の活用や，その普及にも努めているようである。働きかけの対象としては，20〜50歳代に重点を置きつつ，保育園や幼稚園も対象としており，高血圧症の予防についてなるべく若いうちから対策を打つことに努めているようである。宇佐市の保健事業は，高血圧症への対策として，地域が一体となって取り組んでいる印象である。

5.5 筋骨格系疾病対策に重点を置いた鹿角市の保健事業[10]

　生活習慣病を中心とした保健事業を展開する保険者が多い中，鹿角市では筋骨格系疾病対策を最も優先順位の高い課題として挙げている。この根拠となるのは，レセプトデータの分析と特定健診の質問調査票である。鹿角市では，レセプトデータを分析し筋骨格系疾病の医療費が国保医療では第2位，後期高齢者医療では第1位となっていることを確認している。また，これを性別，年齢別にみることで，60歳代以降の女性で急激に筋骨格系疾患の医療費が上昇していると分析している。さらに，筋骨格系疾患の受診者の特定健診の質問調査票を分析し，「運動習慣なし（1日1時間以上の運動をやっていない）」の者の割合が高いことを突き止めている。以上により，60歳以上の被保険者を対象とした対策が必要であるとし，運動機会の提供や筋骨格系疾病の対策を目指した対策を立てている。

　具体的な保健事業の内容は，水中運動教室，リズム運動教室，ヨガ教室，パークゴルフ等である。水中運動教室については，毎年延べ数百人が参加しており人気が高いようだが，鹿角市の評価では「参加者の固定化」を課題としてあげている。また，骨密度測定を全市民向けに実施しており，これを通じて骨粗鬆症，運動，食事への関心の向上に努めている。

6　データ解析についてのあれこれ

6.1　無料ソフトを利用する

　本章ではエクセルを使った分析を紹介した。実際に多くの自治体の事務職や専門職の方がCSVをダウンロードし，エクセルを用いて解析を実施している。エクセルは多機能でありながら，PCにプレインストールされている場合が多く，実質的に無料で利用できる場合が多い。しかし，市区町村で扱っているデータはデータ量が多く，エクセルでの操作がかなり難しい場合がある。また，データ量が多い場合にはPCの集計処理に膨大な時間がかかる場合もある。あまりに大きなデータの場合はPCがフリーズすることもある。解析には，専用の解析ソフトを利用するのも一計である。解析ソフトは専用に作られているだ

第 4 章　エクセルによる CSV データの解析方法

けあって使い勝手は良い。ただし，費用もそれなりにかかる。最も幅広く利用されている解析ソフトである IBM 社の SPSS は数万円〜十数万円である。他にも解析ソフトはたくさんあるが，いずれもそれなりの価格である。中には無料で使えるフリーソフトもある。R は最も多くのユーザーに利用されているフリーの解析ソフトのひとつである。インターネットからダウンロードでき，インストールも短時間で済む。また，解説本が数多く出版されているだけでなく，操作方法を解説した web ページもインターネット上で多数公開されている。集計に関する処理は，エクセルと比較すると格段に早い。このソフトは解析プログラムをユーザー自ら書く必要があるので，慣れるまでが大変であるが，機能としては有償の解析ソフトも凌駕し，何より無料であることが魅力である。

　「見える化」という意味では，最近は地理情報システム（Geographic Information System: GIS）がよく活用されている。GIS は表やもしくは図でみているデータを，色やグラフなどに変換し地図上に表示するものである。地区ごとの違いを把握する際に GIS は有効である。GIS ソフトも無料のものがインターネットからダウンロードできる。これも慣れるまではとっつきにくいソフトであるが，慣れてしまえば意外と操作は簡単である。限られた予算の中で解析を進めるために，こうした無料のソフトを利用することも，ひとつの手段である。

6.2　大学等の研究機関との連携について

　本章では，実際に保険者の担当者が CSV を KDB システムからダウンロードし，解析を行ってみることをイメージして書かれている。だが，実際のところ簡単にはいかないかもしれない。エクセルのバージョンが異なることもあるし，ちょっとしたことで行き詰まることもある。また，エクセル以外のソフトを利用したい場合にはどうしたら良いかという問題もある。こうした場合に，冒頭でも少し触れたが，地域にある大学等の研究機関に協力を依頼するという方法を検討してはどうだろうか。研究機関では，研究のテーマを常に模索している。また大学等は地域貢献するという使命を多かれ少なかれもっているはずである。もちろん，大学や研究機関はそれぞれの業務があるので，協力依頼を受けてくれるとは限らないが，連絡をとってみる価値はある。うまくいけば，

市区町村は解析方法を，研究機関は研究テーマを手に入れることになる。行政と研究機関が一体となって，地域づくりにすすめることはたいへん望ましい姿だと思うところである。

注
(1) 国保保険者や後期高齢者医療広域連合における保健事業の計画や実施を推進するために，国保連合会が保険者に対して提供しているデータ分析システム。
(2) テキストデータの一種。次節参照。
(3) 国保データベースシステムの帳票画面から出力される CSV ファイルを利用して年齢調整を行うツール。
　　https://www.niph.go.jp/soshiki/07shougai/datakatsuyou/
(4) ここでいう変数とは CSV に入力された「年齢」や「性別」などの，数値やデータの集まりを指し，変数名とはその変数に割り当てられている名前のこと。
(5) 関数とはあらかじめエクセルに登録されている数式のことであり，SUM 関数はそのひとつ。次節参照。
(6) 関数を実行する際に使用する条件や数値のこと。次節参照。
(7) 公立学校共済組合岐阜支部第 2 期データヘルス計画
　　https://www.kouritu.or.jp/gifu/　公立学校共済組合岐阜支部第 2 期データヘルス計画 .pdf
(8) むつ市国民健康保険第 2 期データヘルス計画
　　http://www.city.mutsu.lg.jp/index.cfm/34,67115,c,html/67115/20180411-102424.pdf
(9) 宇佐市国民健康保険データヘルス計画
　　https://www.city.usa.oita.jp/uploaded/life/29467_71790_misc.pdf
(10) 鹿角市　国民健康保険保健事業実施計画
　　http://www.city.kazuno.akita.jp/siminnkakeikaku/image/74675download.pdf

参考文献
古井祐司（2014）『図解ここがポイント！データヘルス──データに基づいた効果的な保健事業の展開〈8つのチェック〉』東京法規出版，36-54。
岡山明（2017）『基礎からわかるデータヘルス計画──保健事業の理論と実践』社会保障研究所，101-128。
春名美和子（2018）「【富山県国民健康保険団体連合会の実践】富山県国保連合会によるデータヘルスの推進」『保健師ジャーナル』74(4)：287-292。

第5章

認知症に関連する地区特性に関する考察

篠原もえ子／山田正仁

1 認知症高齢者の増加

わが国では高齢化の進行が早まり，超高齢社会へ突入している。高齢化は先進国において早く進む傾向にあるが，そのスピードはわが国が群を抜いている。高齢化に伴い，認知症高齢者の急増が医療・社会問題となっている。

加齢とともにほとんどの人で記憶の障害が出現するが，加齢に伴う生理的な機能低下（いわゆる年齢相応のもの忘れ）では記憶障害の進行は緩徐で日常生活に大きく差し支えることはない。一方で認知症の過半数を占めるアルツハイマー病の場合，記憶障害の進行は比較的急速で，早期に正常な日常生活を送れない状態となる。また，年齢相応以上の認知機能障害がみられるが，社会生活に支障がなく認知症とはいえない場合は軽度認知障害とよび，認知症の前駆状態と考えられている。厚生労働省の全国調査の成績では2012年の時点における65歳以上高齢者の認知症の有病率は15％であり，全国の認知症有病者数は約462万人と推定された（朝田 2013）。また，軽度認知障害の有病率は13％であり，軽度認知障害有病者数は約400万人とされている（朝田 2013）。本章では著者らが実施している，石川県七尾市中島町における認知症の早期発見と予防を目標とする地域基盤型認知症研究（なかじまプロジェクト）及び国内外の認知症コホート研究の成果等より，認知症に関連する地区特性について考察する。[1]

2 なかじまプロジェクト研究とは

中島町は能登半島の中部に位置する石川県七尾市にあり，わが国の20数年後

の人口構成を示す高齢化モデル地区である。人口の流出入が少なく，疫学研究に適した地域といえる。金沢大学神経内科では2006年より中島町で認知症の疫学研究を行っている。著者らは公民館等での集団健診と自宅訪問を併用して60歳以上の住民の全数調査を行なった（調査率91.5％）(Noguchi-Shinohara, et al. 2013)。この調査では，二段階方式の調査を実施した。一次調査として参加者全員を対象に，もの忘れの自覚，疾患罹患歴，生活習慣に関するアンケート調査，神経心理検査（Mini-mental state examination: MMSE, Clinical dementia rating: CDR 等），血液検査，遺伝子検査を行った。一次調査で認知機能低下が疑われた参加者について，二次調査として神経内科専門医による診察，詳細な神経心理検査（Wechsler Memory Scale-Revised: WMS-R など），頭部 MRI および脳血流シンチを実施し，Diagnostic and Statistical Manual of Mental Disorders（DSM）-III-R の認知症診断基準（American Psychiatric Association 1987)，Petersen らの軽度認知障害診断基準（Petersen, et al. 1999）を用いて認知症及び軽度認知障害の有無を臨床的に判定した。正常認知機能と軽度認知障害との峻別は，ある基準以上の認知機能障害があるかどうかによって判断する。なかじまプロジェクト研究では，MMSE, CDR 及び WMS-R の論理記憶 II 尺度の点数や，日常生活におけるエピソードの聴き取り等により認知機能障害について総合的に評価している。軽度認知障害と認知症との峻別は，社会・日常生活に支障がない（軽度認知障害）のか，支障がある（認知症）のかによって判断する。

3 認知症・軽度認知障害の実態

なかじまプロジェクト研究で行った認知機能の全数調査結果を図 5-1 に示す。65歳以上の住民の13.0％が認知症，15.7％が軽度認知障害であった（図5-1A）。年齢階層ごとでは，5歳年齢が上がると認知症の有病率は倍増し，認知症と軽度認知障害とを合わせると80歳代後半では住民の60％以上，90歳以上では80％以上に達する（図5-1B）。なかじまプロジェクトで前向き縦断研究を行った結果より，正常認知機能の高齢者（n = 490）は4.9年の追跡期間中に

第5章　認知症に関連する地区特性に関する考察

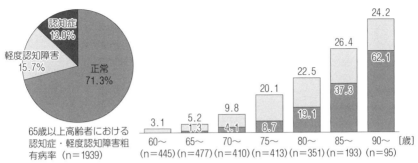

A　65歳以上高齢者における認知症・軽度認知障害粗有病率（n＝1939）
B　年齢層別の認知症・軽度認知障害の割合

図5-1　中島町の認知症調査の概要および結果

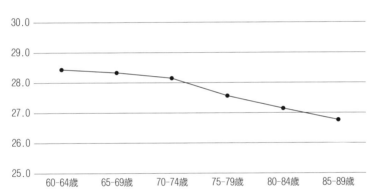

図5-2　年齢層別の正常認知機能者のMMSE平均点

62名（13.1 %）が軽度認知障害に，26名（5.3%）が認知症へ進展した（Noguchi-Shinohara, et al. 2014）。なかじまプロジェクト研究で正常認知機能と判断された高齢者においても，MMSEの点数は加齢とともに低下した（図5-2）。

4　農村部では認知症有病者が少ない可能性がある

　人口集中地区の面積割合，林野率，耕地率から設定した農業地域類型によると（農林水産省 2018），中島町は農業地域（農村部）に分類される。中島町は農

業，林業，漁業などの一次産業への従事者が多い。高齢者の多くは定年退職することなく若い頃から慣れ親しんだ仕事を続けるため，軽い認知機能の低下ならば業務に支障が生じないようである。また，中島町は町内会などの地域コミュニティによる活動がさかんな地域であり，都市部よりも，住民相互の支え合いが多い（後述するソーシャル・キャピタルが豊富）。したがって，軽度の認知機能障害を有する高齢者であっても，若い頃から慣れ親しんだ仕事ができ，地域コミュニティによる社会的サポートの元で問題なく日常生活ができていると，「社会・日常生活に支障がなく」認知症とは診断されにくいのではないだろうか。

一方で，公共交通機関に近接して住んでいる高齢者は，自宅近くに公共交通機関がない高齢者よりも認知機能低下が少ないという報告（Clarke et al. 2015）がある。これは公共交通機関の近くに住むことで社会活動等に参加しやすいためと考えられている。このような点からは，農村部よりも公共交通機関が多い都市部に住むことは認知機能低下リスクを抑制する可能性がある。

5　健診受診者と非受診者の認知症有病率の違い

　なかじまプロジェクト研究において公民館等での集団健診受診者（健診受診者）と非受診者（自宅訪問による調査で認知症検査実施）の認知症罹患率を比較したところ，非受診者は健診受診者に比べて有意に認知症及び軽度認知障害の有病率[3]が高かった（Noguchi-Shinohara, et al. 2013）。また，非受診者は健診受診者よりも有意に高齢で教育年数が短かった。糖尿病，高血圧，脂質異常症といった生活習慣病への罹患頻度は非受診者と健診受診者とで差はなかった（Noguchi-Shinohara et al. 2013）。

　認知症罹患者は日常生活動作（ADL）が低下しやすいため公民館等の集団健診会場まで足を運ぶことが困難な場合があるし，自らの認知機能に自信のない高齢者は集団健診で認知機能検査を受診することによって，自らの認知機能低下が周囲に露見することを恐れて健診を受診しない傾向にあることが推察される。

第5章　認知症に関連する地区特性に関する考察

6　健診受診における地区特性，心理特性

　認知症の早期発見，治療には医療機関受診が必要であるが，自宅から健診受診機関までの距離が長いほど，健診受診率が低くなるという報告がある（Fujita et al. 2017）。一般的に，農村部では都市部に比べて自宅から医療機関までの距離が長いため，認知症の早期発見，治療の妨げとなっている可能性がある。
　また，なかじまプロジェクト研究で認知症スクリーニング検査への受診意欲に影響を与える心理特性について検討したところ，「認知症は治らない病気だ」といった認知症の深刻さの自覚が高くなるにつれて有意に将来の認知症スクリーニング検査の受診意欲が低くなることが明らかとなった（Yuki-Nozaki et al. 2018）。認知症の過半数を占めるアルツハイマー病は現時点では根本的に治すことはできないが，症状の進行を遅くする治療薬があり，アルツハイマー病を含む認知症を早期発見，早期治療することで患者本人，家族の生活の質を高め，介護の負担を減らすことができるといわれている。認知症の深刻さの自覚が生じる背景には，進行した認知症患者の諸問題に対して無力な医療の状況を目の当たりにした経験があるのかもしれないし，老化現象の延長に認知症があるので医療は役立たない，という誤った認識が存在する可能性もある。「認知症の深刻さの自覚」という心理特性に都市部と農村部で違いがあるのかどうか，地区特性が見られるのかどうかは今後の検討課題であるが，認知症の早期発見のためには住民の「認知症の深刻さの自覚」を減らすよう，認知症の早期発見，治療，予防のメリットを啓発していく必要がある。

7　認知症・アルツハイマー病の危険因子・防御因子と地区特性

　認知症やアルツハイマー病に遺伝的因子や食事や栄養，運動等の生活習慣や生活習慣病が影響するといわれている。

7.1　アルツハイマー病の遺伝的因子

　アポリポタンパクEはリポタンパク質[(4)]と結合して脂質の代謝に関与するタンパク質である。アポリポタンパクEには遺伝子によって決まる3つのアイソフォーム（E2, E3, E4）があり，E4を有していることは孤発性アルツハイマー病の強力な危険因子であることが確立している。なかじまプロジェクト研究において，アポリポタンパクE E4保有高齢者のE4非保有高齢者に対する将来（平均観察期間7.8年）の認知症発症のオッズ比[(5)]は3.25であった。

　人種によりアポリポタンパクE4の保有頻度，アルツハイマー病発症リスクが異なり，日本人ではE4保有頻度が17.4％，E3/E3に対するE3/E4の発症リスク（オッズ比）が3.9であるのに対して（Bertram et al. 2007），白人ではE4保有頻度24.3％（Bertram et al. 2007），発症リスク4.3，黒人（アフリカ系アメリカ人）ではE4保有頻度34.2％，発症リスク2.1と報告されている（Maestre et al. 1995; Hendrie et al. 1995）。

7.2　抗酸化ビタミン[(6)]の摂取と認知機能低下，認知症発症との関連

　老化にともなうフリーラジカルの増大はアルツハイマー病の危険因子と考えられ，野菜・果物に含まれる抗酸化ビタミン摂取量とアルツハイマー病との関連が注目されてきた。なかじまプロジェクト研究では，アルツハイマー病の強力な遺伝的危険因子であるアポリポタンパクE E4を保有する正常認知機能の女性において血中ビタミンC濃度が3分位の最も高い群は最も低い群と比べて将来の認知機能低下（認知症または軽度認知障害の発症）のオッズ比が0.10になり，アポリポタンパクE E4保有女性においてビタミンCを豊富に含む食品を摂取することが将来の認知機能低下のリスクを下げる可能性を報告した（Noguchi-Shinohara et al. 2018）。また，アポリポタンパクE E4非保有正常認知機能の男性では，血中ビタミンE濃度が3分位の最も低い群に比べて，最も高い群は将来の認知機能低下のオッズ比が0.19，中間位の群は0.23であった（Noguchi-Shinohara et al. 2018）。これらの解析群ではほとんどビタミンサプリメントの使用がなかったため，ビタミンC, Eの血中濃度は食事由来と考えられ，ビタミンC, Eを豊富に含む野菜等の摂取が将来の認知機能低下を抑制し

第 5 章　認知症に関連する地区特性に関する考察

表 5-1　生活習慣に関する都道府県の状況

	全国平均	上位群	下位群	上位群と下位群の差
野菜摂取量の平均値（20歳以上）				
男性（g/日）	284	318	258	59
女性（g/日）	270	302	242	60
食塩摂取量の平均値（20歳以上）				
男性（g/日）	10.8	11.5	10	1.5
女性（g/日）	9.2	9.7	8.5	1.1
歩数の平均値（20～64歳）				
男性（歩/日）	7,779	8,264	6,774	1,490
女性（歩/日）	6,776	7,200	5,930	1,270
現在の喫煙者の割合（20歳以上）				
男性（％）	29.7	35.2	25.4	9.9

都道府県別データを高い方から低い方に4分位し，上位25％の群を上位群，下位25％の群を下位群とした。
熊本県は平成28年熊本地震の影響を考慮し解析対象から外した。
各指標の年齢区分における平均年齢で年齢調整を行い比較した。
女性における現在の喫煙者の割合は誤差率が著しいため都道府県別の比較が行われなかった。

出典：「平成28年度国民健康・栄養調査報告」より引用・一部改変。

た可能性が考えられた（Noguchi-Shinohara et al. 2018）。

7.3　食事パターン，緑茶の摂取と認知機能低下，認知症発症との関連

　なかじまプロジェクト研究で残存歯数の多さに関連した食事パターン（残存歯数関連食事パターン）があることを見出した。残存歯数関連食事パターンは，緑黄色野菜，葉野菜の摂取が多く，米の摂取が少ないという特徴が見られた。残存歯数関連食事パターンをよく取り入れている群では，ほとんど取り入れていない群に比して認知機能低下（認知症または軽度認知障害）のオッズ比は0.43であった（Ishimiya et al. 2018）。また，緑茶の摂取頻度が多い認知機能正常高齢者群では，緑茶を飲まない群に比して，平均4.9年後に認知症や軽度認知障害に進展するオッズ比は0.32に低下することを見出した（Noguchi-Shinohara et al. 2014）。

7.4　食品摂取習慣の地区特性

野菜摂取量，食塩摂取量を都道府県別に年齢調整を行い4分位に分けて上位25％群と下位25％群を比較したところ，上位群と下位群で有意な差がみられた（厚生労働省 2017a）（表5-1）。つまり，野菜摂取，食塩摂取に郷土料理などの習慣的な地区特性が影響を及ぼしていることが明らかとなった。前述したように，野菜の摂取は高齢者の認知機能低下に対して防御的に働くと考えられている（Loef et al. 2012; Noguchi-Shinohara et al. 2018）。また，塩分の過剰摂取は高血圧の原因となるが，中年期発症の高血圧は認知症の危険因子である（Elias et al. 2012）。以上より，食品摂取習慣等の地区特性が認知症発症リスクと関連する可能性があると思われた。

7.5　運動，喫煙習慣の地区特性

ウォーキングは最も一般的な有酸素運動であるが，1日の平均歩数を都道府県別に比較したところ，上位群と下位群で有意な差がみられ（厚生労働省 2017a）（表5-1），都市部と農村部などの違いにより1日の平均歩数が異なることが明らかとなった。有酸素運動は認知機能の維持に重要とされているが（Sofi et al. 2011; Sugano et al. 2012），有酸素運動の習慣にも地区特性がある可能性が示唆された。

喫煙している男性の割合を都道府県別に比較したところ，上位群と下位群で有意な差がみられ（厚生労働省 2017a）（表5-1），喫煙にも地区特性がみられることが分かった。喫煙はアルツハイマー病と血管性認知症の危険因子であることから（Ohara et al. 2015），喫煙の地区特性が認知症発症リスクに影響している可能性が示唆された。

8　ソーシャル・キャピタルと認知症

ソーシャル・キャピタルは地域のコミュニティや社会的な繋がりと定義され，5つの要素「近隣の信頼」「近隣のサポート」「近隣の結束力」「市民参加」「電話での交流」から構成される（Putnam 1995）。ソーシャル・キャピタルの大き

い高齢者では認知機能の低下が少なく,「電話での交流」を除くすべてのソーシャル・キャピタルは,主観的健康観,ADL,手段的 ADL（IADL）といった健康指標と有意に関連するという横断研究がある（Norstrand et al. 2014）。ソーシャル・キャピタルのどのような構成因子が地域高齢者の認知機能と関連するのか,今後検討が必要である。ソーシャル・キャピタルには地区特性があり,都道府県別のソーシャル・キャピタルの定量値を分析した結果によると,東京や大阪といった都市部で低く,農村部で高い結果であった（内閣府 2003）。これらのことから,農村部では豊かなソーシャル・キャピタルが地域高齢者の認知機能の維持,健康の維持に役立っている可能性がある。しかし,1978年と1996年とのソーシャル・キャピタル指標の推移では,農村部でソーシャル・キャピタルが減少,都市部では横ばいないし増加傾向がみられた（内閣府 2003）。ボランティア活動を始めとする市民活動の活発な動きによってソーシャル・キャピタルが培養される可能性も指摘されており（内閣府 2003）,都市部においても農村部においても豊かな人間関係と市民活動の好循環よりソーシャル・キャピタルを拡大していくことが望まれる。

9 地域高齢者の認知症予防施策について

厚生労働省は認知症の有病者数が2025年に最大730万人にのぼると発表した（二宮 2017）。認知症による医療・社会問題への対策は今後ますます重要になり,自治体は高齢者が可能な限り住み慣れた地域で自立した日常生活を営むことができるような施策を推進することが求められている。

本章で示したように,積極的に集団健診を受診しない住民の中に認知症や軽度認知障害の方が多いと予測されることから,自治体は集団健診不参加者に対し自宅訪問による健康状況の確認や認知症に関する知識の啓発に取り組むことで,認知症の早期発見,治療,予防につなげられる可能性がある。また,ソーシャル・キャピタルが豊富な地域では軽度の認知機能障害を有する高齢者も社会的サポートの元である程度自立した日常生活を送ることができる可能性があることから,自治体は積極的に市民活動の支援を行い地域のソーシャル・キャ

ピタルを高めるための施策を検討することが望ましい。これらの認知症予防施策によって，認知症による医療・社会問題が少しでも減少し，健全な超高齢社会が実現することが期待される。

注
(1) コホート研究：ある基盤（地域，職業など）に属する対象者集団を前向きに追跡し，特定の要因への曝露と疾病発生との関連を調べる観察研究のこと。
(2) 疫学研究：人間集団を対象として，疾病の発生など健康に関する事象とそれに関連する要因の分布を明らかにする医学研究のこと。
(3) 有病率：ある一時点における集団内の特定の健康状態（疾病など）をもつ者の割合。
(4) リポタンパク質：脂質とタンパク質の複合体のこと。血中のリポタンパク質は脂質の運搬を担い，低密度リポタンパク質（いわゆる悪玉コレステロール），高密度リポタンパク質（いわゆる善玉コレステロール）などが含まれる。
(5) オッズ比：2つの集団間の要因頻度の比のこと。例えば，血中ビタミンC濃度の低値群と比べて高値群の認知症発症のオッズ比が1より小さいと，高値群では認知症になりにくいことを意味する。逆に，オッズ比が1より大きいと，高値群では認知症になりやすいことを意味する。
(6) 抗酸化ビタミン：生体内などにおいて酸素が関与する有害な反応を減らす作用をもつビタミンのこと。ビタミン A, C, E などを指す。

参考文献
朝田隆（2013）「都市部における認知症有病率と認知症の生活機能障害への対応」厚生労働科学研究費補助金認知症対策総合研究事業平成23〜24年度総合研究報告書。
厚生労働省（2017a）ホームページ
　　http://www.mhlw.go.jp/bunya/kenkou/eiyou/h28-houkoku.html, 2018年6月4日アクセス
厚生労働省（2017b）ホームページ
　　http://www.mhlw.go.jp/toukei/saikin/hw/life/life16/dl/life16-02.pdf, 2018年6月7日アクセス
内閣府（2003）ホームページ
　　https://www.npo-homepage.go.jp/toukei/2009izen-chousa/2009izen-sonota/2002social-capital, 2018年6月7日アクセス
農林水産省（2018）ホームページ

http://www.maff.go.jp/j/tokei/chiiki_ruikei/setsumei.html、2018年6月4日アクセス

二宮利治（2015）日本における認知症の高齢者人口の将来推計に関する研究。厚生労働科学研究費補助金特別研究事業平成26年度総括・分担研究報告書。

American Psychiatric Association（1987）*Diagnostic and Statistical Manual of Mental Disorders, 3rd edition, revised*, American Psychiatric Association, Washington DC.

Anstey K. J., Mack H. A., Cherbuin N.（2009）"Alcohol consumption as a risk factor for dementia and cognitive decline: meta-analysis of prospective studies," *The American Journal of Geriatric Psychiatry*, 17 : 542-555.

Bertram L., McQueen M. B., Mullin K., et al.（2007）"Systematic meta-analyses of Alzheimer disease genetic association studies: the AlzGene database," *Nature Genetics*, 39 : 17-23.

Clarke P. J., Weuve J., Barnes L., et al.（2015）"Cognitive decline and the neighborhood environment," *Annals of Epidemiology*, 25, pp. 849-854.

Elias M. F., Goodell A. L., Dore, G. A.（2012）"Hypertension and cognitive functioning: a prospective in historical context," *Hypertension*, 60 : 260-268.

Fujita M., Sato Y., Nagashima K., et al.（2017）"Impact of geographic accessibility on utilization of the annual health check-ups by income level in Japan: A multilevel analysis," *PloS One*, 12: e0177091.

Hendrie H. C., Hall K. S., Hui S., et al.（1995）"Apolipoprotein E genotypes and Alzheimer's disease in a community study of elderly African Americans," *Annals of Neurology*, 37 : 118-120.

Ishimiya M., Nakamura H., Kobayashi Y., et al.（2018）"Tooth loss-related dietary patterns and cognitive impairment in an elderly Japanese population: the Nakajima study," *PLoS ONE*, 13: e 0194504.

Maestre G., Ottman R., Stern Y., et al.（1995）"Apolipoprotein E and Alzheimer's disease: ethnic variation in genotypic risks," *Annals of Neurology*, 37 : 254-259.

Noguchi-Shinohara M., Yuki S., Dohmoto C., et al.（2013）"Differences in the prevalence of dementia and mild cognitive impairment and cognitive functions between early and delayed responders in a community-based study of the elderly," *Journal of Alzheimer's Disease*, 37 : 691-698.

Noguchi-Shinohara M., Yuki S., Dohmoto C., et al.（2014）"Consumption of green tea, but not black tea or coffee, is associated with reduced risk of cognitive decline," *PLoS ONE*, 9: e96013.

Noguchi-Shinohara M., Abe C., Yuki-Nozaki S., et al. (2018) "Higher blood vitamin C levels are associated with reduction of apolipoprotein E E4-related risks of cognitive decline in women: the Nakajima study," *Journal of Alzheimer's Disease*, 63: 1289-1297.

Norstrand J., Chan K. T. (2014) "The relationship between health and community across aging cohorts," *Journal of Aging Research*: 626097.

Ohara T., Ninomiya T., Hata J., et al. (2015) "Midlife and Late-life smoking and risk of dementia in the community: the Hisayama study," *Journal of the American Geriatrics Society*, 62: 2332-2339.

Petersen R. C., Smith G. E., Warning S. C., et al. (1999) "Mild cognitive impairment: Clinical characterization and outcome," *Arch Neurol*, 56: 303-308.

Putnam, R. (1995) "Bowling alone: America's declining social capital," *Journal of Democracy*, 6: 65-78.

Sofi F., Valecchi D., Bucci D., et al. (2011) "Physical activity and risk of cognitive decline: a meta-analysis of prospective studies," *Journal of Internal Medicine*, 269: 107-117.

Sugano K., Yokogawa M., Yuki S., et al. (2012) "Effect of cognitive and aerobic training intervention on older adults with mild or no cognitive impairment: a derivative study of the Nakajima project," *Dementia and Geriatric Cognitive Disorders EXTRA*, 2: 69-80.

Yuki-Nozaki, S., Noguchi-Shinohara, M., Domoto, C., et al. (2018) "Differences in dementia beliefs between non-demented public screeners and in-home screeners and their potential impact on future dementia screening intention: The Nakajima study," *Journal of Alzheimer's Disease*, 62: 1651-1661.

第Ⅲ部

データ解析に基づく健康まちづくり

第6章

健康の社会格差

辻口博聖

1　健康格差とその要因について

　本章で取り上げる「健康の社会格差」には,「健康格差」という内容と「社会的な要因による格差」という内容の2つが含まれている。健康格差とは, 健康状態の分布が集団間で異なっている状態のことである。例えば, Aという集団とBという集団で血圧の平均値が違うというような状態である。2つの集団における健康状態の差は2つの集団の生物学的要因の違いによって生じることがある。一方, その差が, 物理・化学的要因や社会経済的な要因によって生じることもあり, 後者は「社会的要因による格差」となる。それぞれの要因はミクロレベル・個人レベルのものから, マクロレベルのものまである。すなわち, 健康はミクロレベルの遺伝子や個人レベルの生活習慣だけでなく, 個人レベルの所得・教育歴・職業などといった社会経済的な状態やマクロレベルの社会・自然環境などによっても決定されている。これらの要因のうち社会的な要因は「健康の社会的決定要因」と呼ばれている（Whitehead 1990）。例えば, 収入が少ない場合, 日々の支出を抑えるために切り詰めやすいのは食事であり, その結果, 野菜・果物などの体のバランスを整えるための食品の購入を控え, エネルギー源としての白米やたんぱく源としての肉などの購入に限られた食費をまわすということが考えられる。また, 教育歴が長くないことで, それまでの人生において健康に関する情報に接する機会が限定されてきたということも考えられる。さらに, 職業に就いている人と就いていない人とでは後者の方が社会的なプレッシャーがかかって精神的健康度が低いかもしれない。逆に, 前者の方が仕事上のストレスにさらされて, 精神的健康度が低いということも考

えられる。このような「健康の社会的決定要因」やそれによる個人・地域や社会階層間の健康格差への関心が高まってきている。

　健康の社会的決定要因による健康格差は客観的にそのような状態が観察されるということを超えて，健康の不公正というべきものであろうか。不公正と言った場合には，より道徳的および倫理的な判断を含む（Kawachi, Subramanian, & Almeida-Filho 2002）。2つの集団の違いの健康状態の違いが生物学的要因などによって生じている場合，それらの要因への介入は不可能なこともある。したがって，このような理由から生じる健康格差は完全には避けることができず，ある程度の差は認めざるを得ない。これに対し健康格差が社会経済的な状態や社会環境の違いによる場合，それは人為的な側面が強く，このような社会経済的状態や社会環境への介入は可能である場合が多い。すなわち回避可能性があるものと考えられる。したがって，このような理由によって生じる健康格差は，不公正と評価することができる。社会正義に反する事態といいうるのである。このような考えの背景には，WHO（World Health Organization，世界保健機関）憲章におけるすべての人に健康を保障するという平等の原則，わが国の憲法第25条に規定される健康権および憲法第14条の平等原則などがある。すなわち，健康は一人ひとりがそれを権利として可能な限り享受するとともに，他者との関係にも配慮してそれぞれの人の状態の差が合理的な範囲におさまるようにしなければならない。

　近年，健康の社会的決定要因が注目される背景には健康格差が，国際間だけでなく1つの国の中でも見られることが判明してきたことにある（近藤 2013）。基本的人権である生存権にまで小さくない格差があることが明らかになってきたのである。WHOも総会決議（World Health Organization 2009）で取り上げて，加盟国に行動を起こすことを求めた。国内においては，厚生労働省が2000年に「健康日本21」を掲げ，国民の運動習慣徹底と食生活改善等の生活習慣改善を図ることによって，生活習慣病発症や重症化の予防を促す政策を打ち出した。生活習慣が原因であることを情報提供すれば生活習慣は改善されると期待され健康教育が強化された。しかし，いくら情報を提供しても，それによって行動変容が起きて生活習慣が変わらなければ意味はない。「健康日本21」の最終評

価(健康日本21評価作業チーム 2011)によると,国民の健康状態を表す9分野(栄養・食生活,身体活動・運動,休養・こころの健康づくり,たばこ,アルコール,歯の健康,糖尿病,循環器病,がん)指標群80項目のうち,目標値に達した項目ないし目標値に達していないが改善傾向にある項目は約6割であった。生活習慣改善が一部は功を奏したと評価できないこともない。しかし,悪化している項目ないし変わらない項目も4割あったことも見逃すことはできない。これらの事実は,生活習慣改善といった個人の行動変容を求める介入戦略だけでは十分な効果が上がらないことを示唆している。生活習慣の改善それ自体が難しいことは減塩などを思い浮かべると想像がつくかもしれない。さらに,生活習慣の改善が必要なのはどのような人たちなのか,情報提供・健康教育中心の生活習慣変容アプローチが及びにくいのはどのような人たちなのかを調べてみると,その中心には社会経済的地位の低い人たちがいたという(近藤 2013)。貧困や低所得,失業や非正規雇用の状態にある人達である。健康の社会的決定要因が,生活習慣改善の難しさの背景にあったのである。生活習慣の改善として運動をしなくてはならないことは分かっていても仕事に忙しくてその時間がなかったり,それが長続きしなかったりしたことが,実体験としてある人も多いのではないだろうか。失業でとてもそのような気分になれないということもあるかもしれない。また,保険料が払えず無保険になってしまったり,保険証はあっても窓口で自己負担額を払えないからと受診を我慢してしまったりする人もいるかもしれない。このような人たちの健康問題を解決するために必要なのは障壁となっている社会経済的な要因を除去することである。健康に影響する原因だけでなく,その背景にある「原因の原因(cause of cause)」への着目することこそ必要なのである(近藤 2013)。

2 健康の社会格差の現状

2.1 社会経済的格差の拡大

近年,わが国でも所得格差が拡大している。例えば,こうした指標の1つであるジニ係数(社会における所得分配の不平等さを測る指標であり,範囲は0

から1で，係数の値が0に近いほど格差が少ない状態，1に近いほど格差が大きい状態であることを意味する）は，等価・当初所得ベース（等価所得とは，所得を世帯員数で調整するため，世帯の可処分所得を世帯員数の平方根で割った値をいう）ではなお0.419（2002年），0.435（2005年），0.454（2008年），0.470（2011年），0.482（2014年）と増加しつづけている（厚生労働省，2014）。確かに日本は，1980年初期までジニ係数でみると格差が縮小する傾向にあったが，その後は格差の拡大に転じ，今ではOECD加盟諸国の中で，ジニ係数が大きなグループの国となっている（OECD 2015）。相対的貧困率（OECDによる定義では，等価可処分所得が全国民の等価可処分所得の中央値の半分に満たない国民の割合をいう）は1980年代から2000年代にかけて増加し，2015年の調査では16.1％となっている（厚生労働省 2015）。これはOECDに加盟している37の国の中で6番目に多い値となっている（OECD, 2015）。雇用状況に目を向けると，派遣労働者など不安定な非正規雇用が3人に1人の水準にまで上昇している（総務省統計局 2015）。生活保護世帯数は，2018年には150万世帯，200万人を超えている（厚生労働省 2018）。

以上のような経済状態による格差の結果，健康においても格差が拡大している可能性がある。日本は国民皆保険・皆年金を実現した健康格差の小さい国と思われているかもしれないが，近年の研究によって日本においても健康格差が存在することが少しずつ明らかになってきている。

2.2 健康の社会格差に関する研究

少し古くはなるが，わが国の研究のレビュー（Kagamimori, Gaina, & Nasermoaddeli 2009）によれば，所得，教育歴，職業などの社会経済的状態により健康に格差が生じているという研究が出ているという。

収入との関係では，低い収入が短い健康寿命と関わっていたという生態学的研究（分析の対象を個人単位でなく，地域または集団を単位として，異なる地域や国の間での要因と疾病の関連の有無を検討する方法），低い主観的健康感（自らの健康状態を主観的に評価する指標）と関わっていたという横断研究（ある集団の，ある一時点での疾病の有無と要因の保有状況を同時に調査し，

その関連を明らかにする研究方法），高い喫煙率と関わっていたという横断研究などがある。職業の有無との関係では，職についていないことがストレスと関わっていたという横断研究，全死因死亡率と関わっていたという生態学的研究などがある。反対に近接した時期に無職になったことがよい生活習慣と関わっていたというコホート研究（調査時点である要因を持つ集団と持たない集団を追跡し，両群の疾病の罹患率または死亡率を比較する方法）もある。教育歴との関係では，生態学的研究とコホート研究で低い教育歴と死亡率との間に関係が見出された。また，あるコホート研究ではがんによる死亡との関連が，他のコホート研究でがん罹患との関係が見出された。低い教育歴が高い喫煙率と関わっていたという報告もある。想定とは反対に虚血性心疾患，HDLコレステロール，BMIについては教育歴が低いほどよい状態にあったという報告もある。さらに教育歴の短い者の方が長生きしたという研究や高い教育歴が短い睡眠時間と関わっていたという報告もある。

　海外の研究によれば，社会経済状態が低い層では一般に健康行動が好ましくないのが特徴で，不健康な食事，運動量の少なさ，高喫煙率，肥満との関係などが示されている（Rosengren, Orth-Gomer, & Wilhelmsen 1998; Marmot, Smith, & Stansfeld 1991; Fokeena 2012; Veselska 2011; Richter 2009）。社会経済的地位が低い層において脂肪やアルコールの摂取量が高く（Neutzling 2010; Mulia 2012），ジャンクフード等の高カロリー食摂取者が多い（Hopping 2010）ことが報告されている。栄養素レベルでは，所得の高い層に比べて，低い層では，エネルギー，炭水化物，飽和脂肪酸の摂取が多く，食物繊維は少ないという研究結果も示されている（Metcalf, Scragg, & Davis 2006）。日本のデータを用いた研究でも，低い社会経済的地位と運動（Takao, Kawakami, & Ohtsu 2003），喫煙（Kagamimori, Gaina, & Nasermoaddeli 2009）との関連が示されている。また多くの健康問題を抱える社会経済的地位が低い者ほど健診を受診していないとの研究もある（Fukuda, Nakano, Yahata, & Imai 2007）。

　疾患に関しては日本のデータを用いた研究で冠動脈疾患の危険因子（Nishi, Makino, Fukuda, & Tatara 2004），脳卒中（Murata, et al. 2010），高血圧症（Murata, et al. 2010），がん（Nishi, Sugiyama, & Hsu 2008）などの生活習慣病において

格差が見出されている。うつなど精神保健領域でも，社会経済的地位による健康格差が報告されているところである（Murata, Kondo, Hirai, Ichida, & Ojima 2008）。

2.3 高齢者における健康格差

高齢者における健康の社会格差に関する研究は世界的に見てもまだ多くない。日本公衆衛生学会公衆衛生モニタリング・レポート委員会によればわが国の高齢者において，社会経済状態により，死亡，主要疾患（がん，脳卒中，高血圧など），要介護状態，介護リスク（転倒・低栄養・口腔機能など），主観的健康感，抑うつなどにおいて差異があることが報告されているという（日本公衆衛生学会公衆衛生モニタリング・レポート委員会 2011）。また，社会経済的地位により，高齢者の健康診断の受診や医療へのアクセスに格差があることも報告されている（Murata 2010）。これらの研究から，わが国の高齢者においても社会経済的地位により，健康に格差があることが明らかとなりつつあるが，その全体像は未だ明らかでない。

3　健康の社会的決定要因が健康に影響を及ぼす仕組み

社会経済状態が健康に影響を与える機序として，大きく分けると「物質的経路仮説」「心理・社会的経路仮説」とが提唱されている（Ott 1999）。

第1の「物質的経路仮説」は，「社会経済地位により，健康によい資源の入手のしやすさが異なる」というものである。社会経済的地位の低い層においては適切な健康情報が得られにくい，日々の労働時間に占有されて健康づくりに充てる時間が取れない，十分な休息がないといった状況が考えられる。劣悪な社会環境による影響もあるかもしれない。たとえば，低所得者層をターゲットにしたチェーン店が立ち並んでいる状況が考えられる。地域の環境が，個人の生活習慣を差し置いても，健康に影響することが報告されており（Morland, Wing, Diez Roux, & Poole 2002），個人の社会経済的状態と地域の環境条件の両方への配慮が必要である。また，社会保障制度の整った国の方が，国民の健康

状態がよいとされる。オーストリア，スウェーデン，ノルウェー，デンマーク，フィンランド等の国では，他の国に比較し，乳幼児死亡率が低いことが報告されている（Navarro & Shi, 2002）。

　第2の「心理・社会的経路仮説」においては，「社会経済的地位が低い人々では様々なストレスが多く，ストレスによる生理的メカニズムにより発病が増える「直接作用」と，ストレスにより生活習慣が悪化ことで病気が増える「間接作用」が提案されている（Rozanski & Kubzansky 2005; 近藤 2013）。ストレスが直接身体へ与える悪影響としては「アロスタティック負荷」の概念が知られている（McEwen & Gianaros 2010）。人間の体は，ストレス源にさらされると，その心理的状態が，生理的過程（心血管系，神経内分泌系，免疫機能など）を経て，病気・障害や死亡に影響を与えるというわけである（Cohen, Kessler, & Gordon 1995）。「持つ者・持たざる者が顕在化する格差社会では，周囲の人間と比較し，入手可能なはずの財が獲得できないことによるストレス状態が継続的に生じる」ことも考えられる（近藤 2013）。職場ストレス，疲労，緊張，ライフイベントの多さ，社会的孤立などは，社会経済的地位が低い層に多く生じているものと考えられる。これに対して社会経済的地位が高い層では良好な社会的状態がポジティブな感情を高めたり，良好な社会的関係によってストレスに適切に対処するための支援を受けられたりすることでネガティブな感情を抑えやすくなるであろう。心理・社会的経路仮説における間接作用としては，社会経済的地位が低い人ほど，運動，食事，喫煙，飲酒，健康診断受診などの点で健康に悪い行動をとりやすいことが考えられる。ストレスが甘いお菓子や塩分・脂質の多い食物摂取を増加させることを示す研究もあり（Mikolajczyk, El Ansari, & Maxwell 2009），ストレスと肥満・糖尿病との関係も報告されている（Torres & Nowson 2007）。

4　どのようにして健康の社会格差を是正するのか

4.1　国際社会およびわが国における対応

　「上流にある根本原因へのアプローチ」，「環境への介入」などを特徴とする

健康の社会的決定要因へのアプローチの実現は困難なものである。しかし，それが実現された時の波及効果は大きい。それらによって環境面での社会経済的状態の改善や，心理社会的なストレスの軽減，さらに生活習慣の改善などが進めば，1つの疾患だけでなく，多くの生活習慣病やストレスを原因とする疾患の抑制につながることが期待できる。

WHO（世界保健機関）が1986年の第1回国際会議（オタワ）において提唱した健康戦略で，ヘルスプロモーションとは「人々が自らの健康とその決定要因をコントロールし，改善することができるようにするプロセス」とした。ヘルスプロモーションの概念はその後，1999年の第4回国際会議（ジャカルタ）で健康の社会的決定要因のコントロールを含むことが強調され，2000年の第5回国際会議（メキシコシティ）では，健康格差の是正が目標とされた。2005年の第6回国際会議（バンコク）ではより積極的に健康の社会的決定要因への取り組みを進めることとされた（鈴木 2018）。健康の社会格差は，国際的にも重要な課題であると位置づけられている。

我が国では，現在，生活習慣および社会環境の改善を通じて，国民の健康の増進の総合的な推進を図るため，2013年度から2022年度までの期間において，「二十一世紀における第二次国民健康づくり運動（健康日本21（第二次））」が推進されている（厚生労働省 2012）。第一次（2000-2012）「健康日本21」の取り組みが「個人の生活習慣に着目して作られたため，社会環境の観点が希薄で」あったが，「個人の健康と社会環境の整備は車の両輪のようにいずれも必要であり，社会環境に関する課題を明確にすべき」（次期国民健康づくり運動プラン策定専門委員会 2012）とされた。

さらに，日本学術会議基礎医学委員会・健康・生活科学委員会合同パブリックヘルス科学分科会（以下，「パブリックヘルス科学分科会」）は，① 保健医療福祉政策において健康の社会格差を考慮すること，② 健康の社会格差のモニタリングと施策立案の体制整備をすること，③ 保健医療福祉の人材養成に健康の社会格差の視点を含めること，④ 国民参加による健康の社会格差に向けての取り組みの推進，⑤ 健康の社会格差に関する研究の推進の5つの提言をしている。

4.2　健康格差のモニタリング体制の整備

　提言の2つ目にある健康の社会格差のモニタリングに関しては，わが国の健康の社会格差を「包括的，継続的にモニタリングすることが必要である」とされている。また，「健康指標だけでなく，それらに影響を及ぼしている健康の社会的決定要因についてもモニタリングの対象とすべきである」とされている。社会経済的要因による健康格差の実態を把握することは，わが国において健康の社会格差がどの程度存在するのかを把握する上での，最初のステップとなる。さらに，社会経済的状況および健康格差の状況は年々変動するものであるから継続的な情報収集が必要となる。こうした実態を経年的に把握する際には，多大な労力が必要とされるが，既存の行政資料を二次利用してデータベースを構築することは効率的である。今後は行政資料の公開およびデータベースの構築を中央政府で進めるのはもちろんのこと，各地方自治体においても進める必要があろう。さらに，データベースは，学会や研究者が活用できるように公開し，モニタリングの実施とこれに基づく現状分析を行う組織の設置も必要である（日本公衆衛生学会公衆衛生モニタリング・レポート委員会 2011）。とりわけ，地域包括ケアという観点からは，高齢者の健康の社会格差のモニタリングは重要でもある。社会保障制度が整備されている日本では，高齢者の社会経済格差およびこれによる健康の社会格差は，ある程度緩和されているとも考えられる。しかし低所得の高齢者の存在が指摘されておりそのような人々においては，社会経済的状態により健康格差が生じている可能性が高い。高齢者についても，すでに収集された情報をデータベースとして整備し利用しやすくすることで，健康の社会的決定要因や健康格差を経時的にモニタリングすることができる。例えば，介護保険，特定健診，診療，レセプトに関するデータなどを突合し利用できるようにすることも有効であり，本書の著者を中心に構成される地域包括ケアとエリアマネジメント研究会（以下，「ケアエリア研」）においても進めているところである。こうしたモニタリングは「根拠に基づいた政策立案」のベースとなるものである。また，PDCAサイクルを通じた政策展開にも活用されよう。データ分析に基づいて，健康課題を明確にし，健康づくりの目標を設定し，保健政策を計画する（Plan），それに沿って事業を実施する（Do），政策

を展開中で得られる各種データや翌年度以降のデータ分析に基づいて，政策の効果を測定・評価する（Check），次のサイクルに向けて計画の修正・改善を図る（Act）という一連のサイクルに沿って保健政策を展開することが可能となる。これからは，やみくもに政策を実施するのではなく，データを活用して科学的にアプローチすることが当たり前となってくる。さらに，モニタリングの結果を国民・住民に還元することもその健康づくりのために有用であるとともに，このような個人情報を使ったデータベース構築に対する理解を得る基盤となるのではないだろうか。

4.3 モニタリングに基づく政策の展開

　モニタリングによって得た情報をもとに「保健医療福祉政策において健康の社会格差を考慮」することが必要となる。健康の社会格差に着目した活動は，特に地域保健活動においてほとんど行われていないのが現状ではなかろうか。健康の社会格差に注目した地域保健活動を行うためにはまず保健医療福祉政策の中に健康の社会格差の視点を組み込む必要がある。

　地域保健活動において住民の行動の変容を起こす方法は大きく2つに分類することができる。リスクの高い個人に対して健康介入を行うハイリスク・アプローチとリスクの高い一部の者だけでなく，集団全体に介入することで集団全体の健康水準を変化させようとするポピュレーション・アプローチである。それぞれ，人への介入と環境への介入が想定しうる。例えば，肥満者に対する運動や食事の指導などがハイリスク・アプローチにたつ個人への介入例であり，運動施設の設置や自動販売機の設置規制などがポピュレーション・アプローチにたつ環境への介入の例である。ハイリスクな地域に着目し，環境を変えるというような手法も考えられよう。生活習慣の変容の難しさが明らかになるにつれ，健康教育などを主とするハイリスク・アプローチだけでなくポピュレーション・アプローチを併用する重要性が明らかになってきた。また，ポピュレーション・アプローチの中でも従来から行われてきた健康情報の普及だけでなく，健康に良い環境づくりが有用であると考えられるようになった。なぜなら，ハイリスクの人々の背景には，低い社会経済的地位があり，生活習慣の変容自体

が難しいからである。また，健康格差の背景には，社会経済的地位の低い人達ほど，劣悪な環境におかれていることがある。個人の健康は，家庭，学校，地域，職場等の社会環境の影響を受けることから，社会全体として，個人の健康を支え，守る環境づくりに努めていくことが重要である。「環境改善型」のポピュレーション・アプローチの有効性を示すエビデンスも蓄積されてきている（Duffey, Gordon-Larsen, & Shikany 2010）。ただし，ポピュレーション・アプローチに関しては，健康リスクが低く，健康に関心のある集団は，健康情報や健康資源へのアクセスも高く，様々なポピュレーション・アプローチの恩恵を受けやすいという構造があり，かえって健康格差が拡がるという指摘もあることには注意したい。そのような点を踏まえ「リスクをもつリスク」が高い集団に対するヴァルネラブル・ポピュレーション・アプローチ（リスク要因そのものではなく，疾病リスクをもつ可能性が高い「社会的特徴」により対象集団を同定して，疾病リスクをもつ人々を減らすような特異的アプローチ）という手法も提案されている（福田 2008）。社会階層，職業，所得，学歴などの社会経済手的状態に着目したアプローチである。

　どのようにして健康格差の除去を目指すのかについて言及してきたが，日本国憲法14条ないし25条は完全な格差の除去までを求めるものではなく，合理的な範囲内の区別は許容しているものと考えられる。実際にも，健康格差を完全に取り除くことはできない。どこまでの健康格差を合理的な範囲とするかの論議も今後必要となってくるであろう。

4.4　健康格差に関する調整機関

　パブリックヘルス科学分科会による提言では，「健康の社会格差のモニタリングを受けて，健康の社会格差を改善する施策を推進するため」の，「高い水準の研究とこれを行政施策の立案につなぐための高度な統合・調整機能を持つ政府機関（あるいはセンター機能）」が必要であるとされている。今後，地方公共団体においても健康格差のモニタリングが進んでいくであろうことを考えると地方においても同様な機関が必要であると考える。その際に，地元の大学等と連携することは，学術的な視点を保健事業に活用する観点から有用である

ものと考える。それによりモニタリングしたデータを科学的に分析できるほか，協働で保健政策を展開する場合には，その企画や実施方法，評価方法を科学的に設定できるようになると考えられる。

4.5　健康格差に関する研究

　パブリックヘルス科学分科会による第5の提言によって健康の社会格差に関する学際的な研究を推進することが推奨されている。わが国の健康の社会格差に関する研究成果はまだその数が限られており，健康格差についての全体像はなお明らかではない。格差の改善方策に関する研究もほとんどない状況である。したがって，さまざまな側面からわが国の健康の社会格差についての研究が推進される必要がある。こうした研究を進める際に，社会学，経済学等のバックグラウンドをもとに医学的に評価し，さらに解析技術や環境介入の点からは工学の力も借りて，学際的に推進する必要がある。そのための多様な分野からなる研究チームづくりを進めることも必要となってくる。さらに，世界中で高齢化が進み，日本はすでに世界一の長寿国のひとつであることを考えると，高齢期における健康格差の研究は，日本が寄与すべき学術領域の一つとされる（日本公衆衛生学会公衆衛生モニタリング・レポート委員会 2011）。

4.6　健康格差に関する人材養成

　パブリックヘルス科学分科会による3つ目の提言として保健医療人材の養成において健康の社会格差の視点を含めるべきことが指摘されている。すなわち「文部科学省は，公衆衛生専門職大学院の設置などを一層推進し」，「健康の社会格差に対応できる保健医療福祉専門職の育成のため，公衆衛生専門職大学院などにおいて，経済学，社会学，政治学，公共政策学など健康の社会格差と関連するさまざまな学術を統合した学際的教育を行うことで，健康の社会格差に対応できる能力を涵養し，高度専門人材を養成することも必要」とされている。この点については，既に全国で公衆衛生大学院の設置が進んでいるところであるが，後述の新たな大学院設置の取り組みもある。また，健康日本21（第二次）においては，「国及び地方公共団体は，健康増進に関する施策を推進する

第Ⅲ部　データ解析に基づく健康まちづくり

ための保健師，管理栄養士等の確保及び資質の向上，健康運動指導士等の健康増進のための運動指導者や健康スポーツ医との連携，食生活改善推進員，運動普及推進員，禁煙普及員等のボランティア組織や健康増進のための自助グループの支援体制の構築等に努める」とされている（厚生労働省 2012）がこれらの既に地域・行政で行われている取り組みにおいても健康の社会格差の視点が必要となってこよう。

5　志賀町スタディについて

5.1　活動について

　以上のような健康の社会格差の改善や環境改善型の健康づくりに向けた試みの一例として，金沢大学大学院先進予防医学研究科が石川県志賀町で行っている研究活動を紹介したい。本活動はケアエリア研の一環としても行われている。

　金沢大学大学院先進予防医学研究科は，2016年4月に，金沢大学に新設された医学博士課程である。このような大学院が設置された背景には，昨今の医学において予防医学の重要性が格段に向上したことがある。そこでは，従来の衛生学・公衆衛生学の枠組みを超えて「予防医学的手法を発展させ，新たな方法論としてオミクス（生体内の特定機能分子など）情報からマクロ環境情報まで個人と環境の特性を網羅的に分析・評価し，0次予防から3次予防までを包括して個別化予防を目指すことを提唱」し，「健康寿命の延伸とQOL（Quality of Life：生活の質）の向上という，予防医学本来の目的を全う」することを目的としている（金沢大学大学院先進予防医学研究科 2018）（図6-1）。ここでいう，マクロ環境には社会的な環境も含まれ，健康の社会格差の視点を含めた人材養成も行っている。この研究科は，千葉大学，長崎大学とも連携しており，国内の国立大学医学系では初となる共同大学院の一翼を担うものとなっている。また，金沢大学先進予防医学研究センターはその研究部門を担う組織である。

　石川県志賀町は金沢市の北に50 km程度，能登中央部に位置する。人口は2万人強（2018年6月現在）である。古くから農林漁業が基幹産業であり，第一次産業人口割合は9.7%（2015年）となっている。その他の主な産業としては，製

造業，小売業，医療福祉などがある。志賀町の高齢化率は40.2％であり，日本の多くの地域と同じ過疎高齢化の問題を抱えているといえる。志賀町は，特定健診の受診率が県内でも高く（57.8％，県平均（45.1％））（志賀町 2018）。また，後述の研究への参加率も考えると，社会的な連帯が強い地域であると考えられる。

　超高齢化少子社会の医療・健康・介護・福祉の様々な問題の克服を目指して，金沢大学医薬保健研究域医学系環境生態医学・公衆衛生学教室と志賀町との間では2011年3月に地域の健康づくりに関する連携協定が結ばれた。2016年4月にはその協定を拡張する形で，金沢大学大学院先進予防医学研究科と志賀町との間で新たな協定が結ばれた。この協定に基づいて日本一健康なまちづくりに向けた健康づくり推進事業を進めると同時に，現世代・将来世代のために，超早期での疾患の発見，先進的な予防法の開発をするための研究活動（愛称：「プロジェクト S. H. I. P」（Shikamachi Health Improvement Practice））を進めている。第Ⅰ期の2011-2015年度においては，志賀町内の第Ⅰモデル地区において，健康情報の調査，健康・診療情報データベースシステムの構築，住民の健康づくり・研究成果の発表を行ってきた。具体的には，2011年度よりモデル地区内の40歳以上の住民全員（約2,500名）を対象に生活習慣，疾患や社会的状況についての詳細な質問票調査を始めた。調査への参加率は毎回90％近くとなっており，住民の健康づくりへの高い関心と連携がうかがえる。また，2013年度から「スーパー予防医学検診」をスタートした。この検診では，金沢大学附属病院の多くの科からも協力を得て，最先端の検査法を導入している。スーパー予防医学検診では，① 新しい検査方法によって，より早期で生活習慣病を発見・治療すること，② 近年，注目されている新しいタイプの生活習慣病を発見・治療することを目的としている。通常の健診項目に加えて，詳細な問診，脂肪肝検査，特殊な高血圧症に関する検査，認知機能検査，骨密度検査，免疫関連疾患に関する検査，歯科検査，糞便検査などを行っている。第Ⅱ期の2016年度からは，第Ⅰモデル地区におけるフォローアップを行うとともに，第Ⅱモデル地区を対象地域に加え，同地区の40歳以上の全住民（約3,000名）を対象にした調査を実施している。これにより，現在約5,000名のフォローを行うも

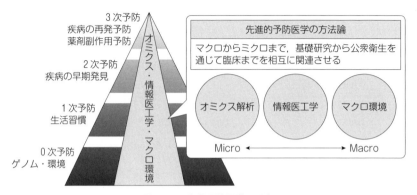

図6-1　先進予防医学の理念

のとなっている。また，ウェアラブル（装着可能な）・コンピュータによる住民の生活習慣のモニタリングも行っている。身体に装着できる小さな活動量計等を用いて，住民の活動量，睡眠時間，睡眠効率などの客観的なデータを測定している。また，良好な生活習慣の形成には個人の心がけだけではなく，それを支えるような環境の整備も重要となってくる。特に睡眠には住環境も影響することから，住環境の測定を行い，評価することで，住環境の改善にもつながるようなデータを住民に提示することを目指している。これらの事業で得たデータは大学での研究にも活かすとともに調査結果をふまえた住民への説明会および健康セミナー，個人結果に関する情報提供に利用している。健康や疾患に影響する因子を発見することで，世界中の人々にとっての疾患の予防活動に役立つ情報を得ることを目指している。また，それらの因子の健康や疾患への影響には，性別や年齢等に応じて差異があると考えられることから，その点にも着目して，因果経路を分析し，個別化された予防法の創出を目指している。本節では，研究の一環として得た個人のソーシャル・キャピタルと精神的健康度に関する情報の解析結果を提示したい。

5.2　ソーシャル・キャピタルと精神的健康について

人々が信頼しあって協力しあうような社会では健康が良好で，そうでない社会では不健康なことが多いということが近年の研究で明らかになったきた

(Kawachi, Subramanian, & Kim 2008) この原因と考えられているのが，ソーシャル・キャピタルである。パットナムはソーシャル・キャピタルを「人々の協調行動を活発にすることによって，社会の効率性を高めることのできる，「信頼」「規範」「ネットワーク」といった社会的仕組みの特徴」と定義している (Putnam 2001)。より構造的に「社会的ネットワーク，およびそこから生じる互酬性，信頼性の規範」とも定義される (Putnam 2006)。つまり住民が地域に愛着を感じ互いに信頼感を持っていることが，結束力の向上や治安の良さをもたらし，人々の健康に繋がるというのだ。例えば，友人を多く持つ人ほど，助けられたり，健康に良い情報を得たりする機会が多いだろう。また，信頼・相互の尊敬が充実した社会では，ストレスが少なくなり健康になるかもしれない。ソーシャル・キャピタルは，その形式により，結合型（組織の内部における人と人との同質的な結びつき）と橋渡し型（異なる組織間における異質な人や組織を結びつけるネットワーク）とに分類される (Putnam 2006)。ソーシャル・キャピタルと健康に関しては多くの研究がすでにあるが，ソーシャル・キャピタルと精神的健康に関してもその関連が見出されてきている (De Silva 2005; Kim 2008; Haseda, Kondo, Takagi, & Kondo 2018)。

　本解析においては，志賀町の第Ⅱモデル地区で2016年に集められたデータを使用した。対象者はモデル地区内に在住する65歳以上の全ての住民であった。1,584人の対象者のうち，研究に参加したのは1,382人であった（参加率87.2％）。質問票項目は社会経済的状況（世帯当たり収入区分，職業・ボランティア活動の有無，教育年数，ソーシャル・キャピタル関連項目（信頼，社会交流，社会参加等），生活習慣（飲酒頻度，喫煙の有無，運動頻度，睡眠の充実状況等），精神的健康度（うつ状態，Geriatric Depression Scale (GDS) 15）に関する項目であった。ソーシャル・キャピタル関連項目の測定に際しては，2007年に日本総合研究所がウェブ調査で使用した質問票を参考に，「信頼」には他人への信頼を問う質問項目を，「社会交流」には，近所付き合いや友人との付き合いを問う項目を，「社会参加」にはボランティア活動等への参加状況等を問う項目を使用した。うつ状態の評価にはGDSの簡易版であるGDS-15を用いた。解析では，ソーシャル・キャピタル関連項目はそれぞれの下位項目の合計点と

第Ⅲ部　データ解析に基づく健康まちづくり

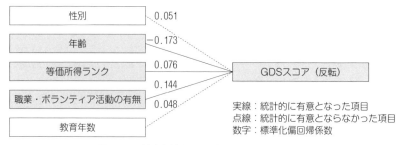

図6-2　社会経済状態と精神的健康度との関係

した。GDSの15の質問項目のうち12項目以上に回答した者のみを対象とした。GDSスコアは15点満点でスコアが高いほど精神的健康度が悪いことを示すが，本解析においてはスコアを反転し，スコアが高いほどよい精神的健康度となるようにした。共変量には，性別，年齢，収入区分，職業・ボランティア活動の有無，教育年数，飲酒頻度，喫煙の有無，運動頻度，睡眠の充実状況を用いた。ソーシャル・キャピタル関連項目，共変量とも数値が大きいほど充実・良好となるよう調整をした。回答者の記述統計の算出に加えて，社会的状況とうつ状態との関連を調べるために重回帰分析を行った。最終的に1,032人が解析対象に含まれた。内訳は男性454人，女性578人であった。平均年齢は74.6歳，標準偏差は7.5歳であった。GDSスコアの平均値は－4.2点，標準偏差は－3.3点であった。重回帰分析の結果を図6-2から6-4に示す。図6-2に示されるように，年齢に加えて，等価所得ランクが高いこと，職業・ボランティア活動をしていることがよい精神的健康状態と結びついていた。しかし，これにソーシャル・キャピタル関連項目を加えた解析では，等価所得，職業・ボランティア活動の状況と精神的健康度の関連は消え，信頼，社会交流，社会参加のいずれの項目も精神的に良好な状態と関連していた（図6-3）これは，所得，職業・ボランティア活動と精神的健康度の関係には，ソーシャル・キャピタルが交絡ないし介在していることを意味する。今回の解析は一時点の横断的なデータに基づくものに過ぎず，何年もかけて集める縦断的なデータがないと結論づけることは難しいが，高齢者において所得や職業・ボランティア活動状況において良好でなくても，ソーシャル・キャピタルを充実させることで，精神的健康度

第6章　健康の社会格差

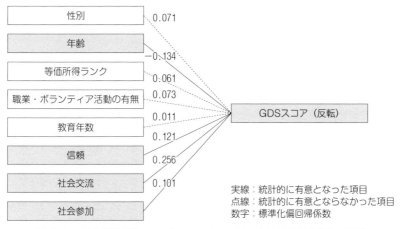

図6-3　社会経済状態，ソーシャル・キャピタルと精神的健康度との関係

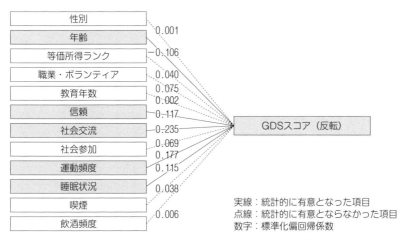

図6-4　社会経済状態，ソーシャル・キャピタル，生活習慣と精神的健康度との関係

を改善する余地もあることが示唆される。なお，ソーシャル・キャピタル関連項目と精神的健康度の関係は，生活習慣で調整した場合，社会参加との関係では消えてしまったが，信頼，社会交流との関係は依然として残った（図6-4）。ソーシャル・キャピタルの充実が生活習慣を介する経路だけでなく，直接に高齢者の精神的健康度に影響していることも示唆された。ただし，先に述べたよ

うに一時点で収集した質問票調査によるものなので，精神的健康度がソーシャル・キャピタルの充実に影響している可能性も残る。社会経済的地位とうつ状態との関連については日本での研究がまだ少ないため，さらなる検討が必要であるが，ソーシャル・キャピタルと精神的健康度との関連を示唆する研究は日本でもいくつかあり，ソーシャル・キャピタルの充実によって住民の健康につなげられる可能性がある。

5.3 ソーシャル・キャピタルを充実させるための方策について

これまでの研究でも，高齢者の社会参加は望ましい健康状態と関連しており，特に心理的健康や生活の質に大きな影響があるとされている（藤原・杉原・新開 2005）。したがって，社会的状況のモニタリングの一環として，ソーシャル・キャピタル関連項目を測定することは有用であると考えられる。また，高齢者は健康について相談は地域の仲間にしたいものだが社会経済的地位が低い者は外出頻度も人との交流も少ない場合が多く，ソーシャル・サポートも少ないという報告がある（平井・近藤・市田 2005）。そのようなことにならないためにも年齢にかかわらず社会参加できるような社会づくりを目指すことが必要である。高齢者に社会的役割を担ってもらえば，高齢者自身がより健康な生活を送れると同時に，他の住民の社会参加と健康を支援する社会環境づくりにも貢献しうる（日本公衆衛生学会公衆衛生モニタリング・レポート委員会 2011）。高齢者を支援される対象としてだけ捉えるのではなく，年齢にかかわらず社会に参加し役割を担う存在として考える必要がある。具体的な方策としては，高齢者に対するサロン事業や地域ボランティアへの参加等の社会参加促進を進めることが考えられる。高齢者のサロンを作ることで，ソーシャル・キャピタルの向上と健康への効果を検討している研究は既に始まっている（近藤・平井・竹田 2010）。そこでは，徒歩で参加できるような場所にサロンを作り，運営をボランティアにさせることで人々の様々な立場での参加をうながしている。日本では，社会福祉協議会や自治体，地域住民などによる，高齢者の見守り活動など，様々な地域福祉活動が行われてきたが，地域の力を生かしたこのような活動は，今後ますます重要になるであろう。こうした社会づくりは，多様な人々が受け入れら

れる社会的包摂（ソーシャル・インクルージョン）の実現とも一致するところである。社会的包摂に関する取り組みの好例としては，社会福祉法人佛子園の取り組みが注目される。詳細を紹介する紙幅はないのが残念であるが，そこでは高齢者，障害者や一般住民という垣根を取り払った「ごちゃまぜ」のまちづくりを進めている。非常にユニークかつ先進的な取り組みであり，日本版CCRC（Continuing Care Retirement Community：仕事をリタイアした人々が元気なうちに地方に移住して活動的に暮らし，介護や医療が必要になっても同じ場所で継続的なケアを受けられる拠点）のモデルともされているので，ぜひご参照いただきたい（社会福祉法人佛子園 2018）。佛子園は，石川県の白山市・輪島市をはじめ行政とタイアップをした取り組みも進めているところであり，硬直した思考を打ち破る観点からは，今後もこのような行政と民間が連携した交流増加のための仕組みも進めていく必要があろう。そのような取り組みにより高齢者の健康度が改善されることが期待される。

参考文献

近藤克則編（2013）『健康の社会的決定要因——疾患・状態別「健康格差」レビュー』日本公衆衛生協会。

近藤克則・平井寛・竹田徳則ほか（2010）「ソーシャル・キャピタルと健康」『行動計量学』37(1)：27-37。

金沢大学大学院先進予防医学研究科（2018年6月1日）参照先：金沢大学大学院先進予防医学研究科：http://s-yobou.w3.kanazawa-u.ac.jp/

健康日本21評価作業チーム（2011）「健康日本21」最終評価。

厚生労働省（2012年7月10日）「国民の健康の増進の総合的な推進を図るための基本的な方針」

厚生労働省（2014）「所得再分配調査」

厚生労働省（2015）「相対的貧困率等に関する調査分析結果について」
参照日：2018年6月1日，参照先：厚生労働省
http://www.mhlw.go.jp/seisakunitsuite/soshiki/toukei/tp151218-01.html

厚生労働省（2018）「被保護者調査」参照日：2018年6月1日，参照先：厚生労働省：http://www.mhlw.go.jp/toukei/list/74-16b.html

斉藤嘉孝・近藤克則・吉井清子ほか（2005）「高齢者の健康とソーシャルサポート——受領サポートと提供サポート」『公衆衛生』69：661-665。

志賀町（2018）「志賀町」参照日：2018年6月1日，参照先：志賀町保健事業実施計画（データヘルス計画）の目指すべき方向性
http://www.town.shika.ishikawa.jp/data/open/cnt/3/3166/1/DataHealth2.pdf
次期国民健康づくり運動プラン策定専門委員会（2012）「健康日本21（第2次）の推進に関する参考資料」参照日：2018年6月1日，参照先
http://www.mhlw.go.jp/bunya/kenkou/dl/kenkounippon21_02.pdf
社会福祉法人佛子園（2018）参照日：2018年6月1日，参照先：社会福祉法人佛子園：http://www.bussien.com/#/
鈴木庄亮（2018）『シンプル衛生公衆衛生学2018』南江堂。
総務省統計局（2015）「最近の正規・非正規雇用の特徴」参照日：2018年6月1日，参照先：
Statistics Japan: http://www.stat.go.jp/info/today/097.html#k1
日本学術会議　基礎医学委員会・健康・生活科学委員会合同　パブリックヘルス科学分科会。（2011）「提言「わが国の健康の社会格差の現状理解とその改善に向けて」」日本学術会議。
日本公衆衛生学会公衆衛生モニタリング・レポート委員会（2011）「公衆衛生モニタリング・レポート」日本公衆衛生学会。
Putnam, D. R., 河田潤一訳（2001）『哲学する民主主義——伝統と改革の市民的構造』NTT出版。
Putnam, D. R., 柴内康文訳（2006）『孤独なボウリング——米国コミュニティの崩壊と再生』柏書房。
平井寛・近藤克則・市田行信ほか（2005）「高齢者の「閉じこもり」」『公衆衛生』69：485-489。
福田吉治（2008）「ポピュレーションアプローチは健康格差を拡大させる？ vulnerable population approach の提言」『日本衛生学会誌』63：735-738。
藤野善久・松田晋哉（2007）「Health Impact Assessment の基本的概念および日本での今後の取り組みに関する考察」『日本公衆衛生学雑誌』54：73-80。
藤原佳典・杉原陽子・新開省二（2005）「ボランティア活動が高齢者の心身の健康に及ぼす影響：地域保健福祉における高齢者ボランティアの意義」『日本公衆衛生雑誌』52(4)：293-307。
Cannuscio, C. C., Weiss, E. E., & Asch, D. A.（2010）"The contribution of urban foodways to health disparities," *The Journal of Urban Health*, 87：381-393.
Cohen, S., Kessler, R. C., & Gordon, L. U.（1995）*Measuring Stress : Guide for health and social scientists,* London: Oxford University Press.
Commission on Social Determinants of Health.（2008）*Closing the Gap in A Gen-*

第 6 章　健康の社会格差

eration : Health equity through action on the social determinants of health. Geneva: World Health Organization.

De Silva, M. J. (2005) "Social capital and mental illness: a systematic review," *Journal of epidemiology and community health*, 59(8): 619-627.

Duffey, K. J., Gordon-Larsen, P., Shikany, J. M., & et al. (2010) "Food price and diet and health outcomes: 20 years of the CARDIA Study," *Archives of Internal Medicine*, 170: 420-426.

European Centre for Health Policy, World Health Organization (1999) *Health Impact Assessment : Main Concepts and Suggested Approach. Gothenburg Consensus Paper*. Brussels: World Health Organization.

Fokeena, W. B., & et al. (2012) "Is there an assciation between socioeconomic status and body mass index among adolescents in Mauritius ?" *Scientific World Journal*, 2012 (750659).

Fukuda, Y., Nakano, H., Yahata, Y., & Imai, H. (2007) "Are health inequalities increasing in Japan ? The trends of 1955 to 2000,"*Biosci Trends*, 1(1): 38-42.

Haseda, M., Kondo, N., Takagi, D., & Kondo, K. (2018) "Community social capital and inequality in depressive symptoms among older Japanese adults: A multilevel study," *Health Place*, 15(52): 8-17.

Hopping, B. N., & et al. (2010) "Socioeconomic indicators and frequency of traditional food, junk food, and fruit and vegetable consumption amongst Inuit adults in the Canadian Arctic," *The Journal of Human Nutrition and Dietetics*, 23(1): 51-58.

Kagamimori, S., Gaina, A., & Nasermoaddeli, A. (2009) "Socioeconomic status and health in the Japanese populaiton," *Social Science & Medicine*, 68(12): 2152-2160.

Kawachi, I., Subramanian, S. V., & Almeida-Filho, N. (2002) "A glossary for health inequalities," *The Journal of Epidemiol Community Health*, 56: 647-652.

Kawachi, I., Subramanian, S. V., & Kim, D. (2008) *Social Capital and Health*, New York: Springer.

Kim, D. (2008) "Blues from the nighborhood ? Neighborhood characteristics and depression," *Epidemilo Reviews*, 30: 101-117.

Marmot, G. M., Smith, D. G., Stansfeld, S., & et al. (1991) "Health inequalities among British civil servants: the Whitehall II study," *Lancet*, 337: 1387-1393.

McEwen, B. S., & Gianaros, P. J. (2010) "Central role of the brain in stress and adaptation: links to socioeconomic status, health, and disease," *Annals of the New York Academy of Sciences*, 1186 : 190-222.

Metcalf, P., Scragg, R., & Davis, P. (2006) "Dietary intakes by different markers of socioeconomic status: results of a New Zealand workforce survey," *New Zealand Medical Journal*, 119 (1240) : U2127.

Mikolajczyk, R. T., EI Ansari, W., & Maxwell, A. E. (2009) "Food consumption frequency and perceived stress and depressive symptoms among students in three European countries," *Nutrition Journal*, 8 : 31.

Morland, K., Wing, S., Diez Roux, A., & Poole, C. (2002) "Neighborhood characteristics associated with the location of food stores and food service places," *American Journal of Preventive Medicine*, 22 : 23-29.

Mulia, N., & et al. (2012) "Interactive influences of neighborhood and individual socioeconomic status on alcohol consumption and problems," *Alcohol*, 47(2) : 178-186.

Murata, C., Kondo, K., Hirai, H., Ichida, Y., & Ojima, T. (2008) "Association between depression and socio-economic statsu among community-dwelling elderly in Japan: the Aichi Gerontological Evaluation Study (AGES)," *Health Place*, 14(3) : 406-414.

Murata, C., Yamada, T., Chen, C. C., Ojima, T., Hirai, H., & Kondo, K. (2010) "Barriers to Health Care among the Elderly in Japan," *International Journal of Environmental Research and Public Health*, 7(4) : 1330-1341.

Navarro, V., & Shi, L. (2002) "The political context of social inequalities and health," In V. Navarro, *The Political Economy of Social Inequalities : Consequences for Health and Quality of Life* (pp. 403-418), Baywood: Amityville (NY).

Neutzling, M. B., & et al. (2010) "Intake of fat and fiber-rich foods according to socioeconomic status: the 11-year follow-up of the 1993 Pelotas (Brazil) birth cohort study," *Cad Saude Publica*, 26(10) : 1904-1911.

Nishi, N., Makino, K., Fukuda, H., & Tatara, K. (2004) "Effects of socioeconomic indicators on coronary risk factors, self-rated health and psychological well-being among urban Japanese civil servants," *Social Science & Medicine*, 58(6) : 1159-1170.

Nishi, N., Sugiyama, H., Hsu, W. L., & et al. (2008) "Differences in mortality and incidence for major sites of cancer by education level in a Japanese population," *Annals of Epidemiology*, 18(7) : 584-591.

OECD (2015) *OECD Income Distribution Database,* Retrieved 6 1, 2018, from OECD: http://stats.oecd.org/Index.aspx?QueryId=9909&QueryType=View
Ott, A., van Rossum, C. T., van Harskamp, F., van de Mheen, H., Hofman, A., & Breteler, M. M. (1999) "Education and the incidence of dementia in a large population-based study: the Rotterdam Study," *Neurology,* 52 : 663-666.
Richter, M., & et al. (2009) "The role of behavioural factors in explaining socioeconomic differences in adolescents health: A multilevel study in 33 countries," *Social Science & Medicine,* 69(3): 396-403.
Rosengren, A., Orth-Gomer, K., & Wilhelmsen, L. (1998) "Socioeconomic differences in health indices, social networks and mortality among Swedish men. A study of men born in 1933," *Scandinavian journal of social medicine,* 26 : 272-280.
Rozanski, A., & Kubzansky, L. D. (2005) "Psychologic functioning and physical health: a paradigm of flexibility," *Psychosomatic Medicine,* 67 : 47-53.
Takao, S., Kawakami, N., & Ohtsu, T. (2003) "Occupational class and physical activity among Japanese employees," *Social Science & Medicine,* 57(12): 2281-2289.
Torres, S. J., & Nowson, C. A. (2007) "Relationship between stress, eating behavior, and obesity," *Nutrition,* 23 : 887-894.
Veselska, Z., & et al. (2011) "Socio-economic status and physical activity among adolescents: The mediating role of self-esteem," *Public Health,* 125(11): 763-768.
Whitehead, M. (1990) *The Concepts and Principles of Equity and Health,* Copenhagen: World Health Organization.
Wilkinson, R. G., & Marmot, M. (1998) *Social Determinants of Health ; the solid facts.* Geneva: World Health Organization.
Wilkinson, R. G., & Marmot, M. (2003) *Social Determinants of Health ; The Solid Facts 2nd edition.* Geneva: World Health Organization.
World Health Organization (2009) RESOLUTIONS WHA62.14 Reducing health inequities through action on the social determinants of health, Geneva: World Health Organization.

第7章

健康データベースと災害情報との組み合わせによる見える化

藤生　慎／森崎裕磨

　第7章では，健康データから把握可能な市民の健康状態と災害情報を組み合わせることで，大規模な災害時の被災程度・避難可能性・共助の可能性について地区別に評価することが可能となる。さらに，被災・避難・共助の程度をハザードマップと組み合わせることによる新たな災害時の対応戦略について述べる。

1　分析対象疾患の設定と算出結果

　KDBデータより算出可能である疾患は，「厚生労働省様式（様式1-1）」からは，高血圧症，糖尿病，虚血性心疾患，脳血管疾患等の慢性疾患である。また，「厚生労働省様式（様式2-2）からは，透析を必要となる慢性腎疾患等である。本稿で扱う災害時要援護者は，KDBデータより算出可能であり，かつ慢性疾患の中でも緊急性を持ち，命を落とすリスクの高い，「虚血性心疾患患者」，「脳血管疾患患者」，「透析を必要とする患者」の3疾患を患う者とする。本章では包括連携協定を締結している石川県羽咋市を対象として分析を行った。分析対象期間は，平成27年度の1年とし，40歳以上の者を対象とし，サンプル数は13,467人とした。

　KDBデータより得られる，羽咋市全体における虚血性心疾患患者数，脳血管疾患患者数，透析を必要とする患者数の算出結果を表7-1に示す。厚生労働省様式（様式1-1）より虚血性心疾患と診断された者は1,276名，脳血管疾患と診断された者は1,036名，透析が必要であると診断された者は56名であった。また，3疾患のうち，少なくとも1疾患を患う者は1,985名であった。ここで，

第7章 健康データベースと災害情報との組み合わせによる見える化

表7-1 KDBデータを用いた災害時要援護者の算出結果

対象疾患	患者数(人)
虚血性心疾患と診断された者	1,276
脳血管疾患と診断された者	1,036
透析が必要であると診断された者	56
3疾患のうちの少なくとも1疾患を患っている者	1,985

上記3疾患のうち，少なくとも1疾患を患っていれば，災害時には，十分緊急性がある者であるとみなして，1,985名を本章における「災害時要援護者」とした。なお，町字別の災害時要援護者数は，後掲表7-2の分析結果にて示すこととする。

本章において，KDBデータのもつ問題点としては，KDBデータは国民健康保険に加入している者のみを対象としているため，算出された患者数が過小算出となっている可能性が考えられる。一方，本稿において，KDBデータを使用する理由としてはKDBデータが町字単位の疾患別の患者数の把握に非常に適しているといった大きな利点が存在するためである。羽咋市における虚血性心疾患患者数，脳血管疾患患者数，透析を必要とする患者数といった町字単位の傷病別の患者数の把握は，KDBデータ以外のデータでは困難であるため，羽咋市の災害時要援護者数の網羅的な把握はできないという問題点はあるものの，災害時要援護者数の分布を知ることができる点ではKDBデータは非常に有効である。

2　地域の脆弱性を考慮した被災評価

本項では，震源断層を特定した際の羽咋市が見舞われる震度の把握と，各町字地域がもつ脆弱性の定量評価を行い，その後，羽咋市における地域の脆弱性を考慮した被災評価を行う。はじめに，被災評価を行う際の基本的な考えについて述べる。

本章では，羽咋市を対象として，震源断層を特定し，羽咋市の各町字がどの程度の震度に見舞われるかといった，地震動の「外力」と，羽咋市の町字地域

が持つ地震災害に対する「脆弱性」から被災評価を行う。以下に，本稿において被災評価を行う際に用いる，「被災評価」と「外力」と「脆弱性」の関係式を示す。

$$D = H \cdot V(X_i) \qquad (1)$$

D：被災評価（Disaster）
H：外力（Hazard）
V（X_i）：脆弱性（Vulnerability）

3　地震動による「外力」の算出

　町字単位の地震動による外力の算出には，J-SHIS 地震ハザードステーションを活用する。J-SHIS が提供しているサービスに，震源断層を特定した地震動予測地図があり，羽咋市で大きな震度が観測されると想定される震源断層を特定することができる。また，その断層で地震が発生した場合の震度分布も把握できる。羽咋市で大きな揺れが観測されると予想される断層は，石川県中部に分布する邑知潟断層帯や，砺波平野の北西縁及び南東縁に位置する砺波平野断層などがある。J-SHIS は，2つの断層で同時に地震が発生した際の地震動の予測はできないため，本章では，羽咋市において，より大きな揺れが起こると予想される邑知潟断層帯で大規模地震が発生した場合を考えることとする。図7-1に邑知潟断層帯と震源位置を示す。羽咋市がどの程度の揺れに見舞われるのかの把握を目的とし，邑知潟断層帯の震源位置において地震が発生した時の羽咋市が見舞われる震度の程度について GIS を用いて見える化を行う。図7-2に見える化を行った結果を示す。図7-2から羽咋市全域において6弱から6強の揺れに見舞われている。羽咋市の西部，東部で6弱を観測する箇所が多く，羽咋市役所のある旭町は6強の揺れに見舞われることがわかる。

　次に，具体的な町字単位の地震動による外力の算出法について述べる。図7-2からわかるように，J-SHIS から得られる地震動の情報は250mメッシュ単位であり，メッシュ毎に見舞われる計測震度の把握が可能である。本稿では，地震動による「外力」は，各町字地域がもっている地震動に対する代理指標と

第 7 章　健康データベースと災害情報との組み合わせによる見える化

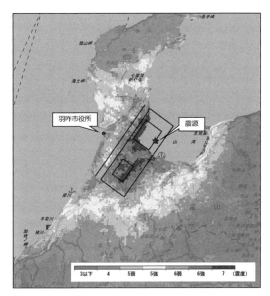

図 7-1　邑知潟断層帯の位置と羽咋市との位置関係
出典：J-SHIS より得られる情報から筆者編集。

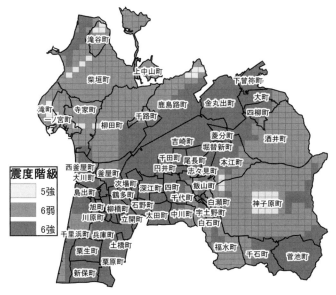

図 7-2　邑知潟断層帯で地震が起こった際の震度階級の見える化

して扱うという考えのもと,各町字地域が見舞われる計測震度の平均値(町字地域に含まれている各メッシュがもっている各計測震度の平均値)として算出することとした。なお,町字別の詳細な地震動による外力は表7-2の分析結果にて示す。

4 地震による「脆弱性」の定量評価

地震災害による地域の脆弱性を測る際に,本章では,人間,建物,道路網に着目した3つの脆弱性を考慮し,代理変数としては,① 人口密度(人/km^2),② 高齢者人口密度(人/km^2),③ 町字地域面積に占める建物面積の割合,④ 町字地域内の全道路長さ(km)の4つとした。人口密度(人/km^2)と高齢者人口密度(人/km^2)については,町字地域がもつ,人間に対する脆弱性を表している。特に,高齢者人口密度は災害時に特に被害を受けるリスクの高い高齢者に焦点を当てた代理変数である。また,町字地域面積に占める建物面積の割合は,建物倒壊や,建物火災といった町字地域が持つ,建物に対する脆弱性を表している。町字地域内の全道路長さ(km)は,道路長が発達しているほど避難の容易性が上昇するため,脆弱性は減少するという考えのもと設定した代理変数である。

5 外力と脆弱性から算出される「被災評価」

震度による「外力」の算出,町字がもつ地域特性を考慮した「脆弱性」の定量評価を行った。式(1)式を用いて,地域の脆弱性を考慮した町字ごとの被災評価を行う。

表7-2にKDBによる災害時要援護者数の算出結果,計測震度より算出された「外力」の値,被災評価の値をそれぞれ示す。表7-2より,災害時要援護者数は,最も多い町字は千里浜町で197人,最も少ない町字で柳橋町で0人であった。また,町字に対する災害時要援護者の平均値は30.54人であった。さらに,表7-2に示す被災評価の値を見ると,最も被災評価の値が高い地域

第7章　健康データベースと災害情報との組み合わせによる見える化

表7-2　各町字地域に対する各分析結果と被災評価と，災害時要援護者数

町字地域	人口密度 (人/km²)	高齢者人口密度 (人/km²)	建物面積の割合	1/単位面積当たりの道路長 (1/km)	第1主成分得点	平均計測震度	被災評価	災害時要援護者数 (人)
若草町	4.35	3.53	4.21	-0.68	7.14	6.03	43.06	12
御坊山町	4.03	3.53	2.61	-0.68	5.83	5.99	34.90	34
的場町	1.88	3.19	1.46	-0.64	3.69	5.98	22.05	54
旭町	1.62	1.98	1.31	-0.53	2.86	6.03	17.28	32
川原町	1.44	1.69	1.48	-0.57	2.61	6.04	15.74	49
中央町	0.96	1.16	2.40	-0.55	2.52	5.97	15.01	36
本町	2.11	2.64	-0.79	-0.62	2.39	6.02	14.37	38
南中央町	0.84	0.45	2.01	-0.46	1.93	5.96	11.47	22
島出町	1.10	1.23	0.21	-0.51	1.42	5.94	8.43	55
東川原町	0.97	0.92	0.59	-0.57	1.38	6.05	8.32	34
西釜屋町	-0.04	-0.08	2.33	-0.41	1.28	5.91	7.57	14
上白瀬町	0.17	0.12	0.01	0.90	1.25	5.81	7.28	19
松ケ下町	0.79	0.41	0.36	-0.55	0.93	5.99	5.58	19
粟原町	0.11	0.36	0.08	-0.52	0.72	6.02	4.30	10
石野町	0.17	-0.27	0.85	-0.52	0.30	6.02	1.79	24
千路町	0.19	0.37	0.16	-0.53	0.31	5.74	1.77	83
柳橋町	-0.35	-0.49	1.17	-0.35	0.23	6.01	1.36	0
大川町	0.23	0.07	0.20	-0.44	0.16	5.88	0.94	79
立開町	0.54	-0.27	-0.09	-0.53	0.09	5.99	0.55	14
鶴多町	-0.29	-0.53	1.00	-0.48	0.01	6.01	0.05	6
千里浜町	0.17	0.13	-0.12	-0.41	-0.03	5.88	-0.18	197
土橋町	-0.20	0.00	-0.08	-0.53	-0.13	6.01	-0.78	10
飯山町	-0.16	-0.09	-0.07	0.03	-0.19	5.83	-1.12	31
堀替新町	-0.38	-0.29	0.22	-0.28	-0.20	6.23	-1.24	16
東的場町	-0.10	-0.34	-0.03	-0.52	-0.24	6.03	-1.45	7
一ノ宮町	-0.30	-0.31	-0.03	-0.36	-0.49	5.54	-2.71	51
新保町	-0.32	-0.37	-0.06	-0.19	-0.53	5.95	-3.13	40
垣内田町	-0.54	-0.54	-0.47	0.44	-0.54	5.88	-3.19	8
四柳町	-0.34	-0.36	-0.19	-0.02	-0.58	5.88	-3.39	34
大町	-0.34	-0.31	-0.17	-0.37	-0.58	5.93	-3.45	49
滝町	-0.32	-0.23	-0.43	-0.42	-0.68	5.44	-3.68	50
白瀬町	-0.53	-0.45	-0.42	0.34	-0.64	5.80	-3.69	15
千代町	-0.39	-0.45	-0.21	-0.32	-0.67	5.95	-3.98	14
粟生町	-0.41	-0.46	-0.13	-0.28	-0.69	6.01	-4.13	37
白石町	-0.56	-0.54	-0.73	-0.07	-0.71	5.88	-4.19	2
円井町	-0.35	-0.31	-0.47	-0.46	-0.72	6.00	-4.31	13
上江町	-0.40	-0.44	-0.54	-0.22	-0.74	6.04	-4.49	4
三ツ屋町	-0.42	-0.44	-0.60	-0.17	-0.75	6.02	-4.49	6
釜屋町	-0.45	-0.49	-0.21	-0.32	-0.77	5.95	-4.60	26
本江町	-0.47	-0.35	-0.44	1.27	-0.78	5.92	-4.61	46
宇土野町	-0.57	-0.51	-0.64	1.09	-0.80	5.76	-4.63	13
次場町	-0.30	-0.38	-0.53	-0.52	-0.78	5.97	-4.64	12
深江町	-0.42	-0.52	-0.33	-0.27	-0.82	5.97	-4.88	16
下曾祢町	-0.44	-0.44	-0.43	-0.45	-0.86	5.98	-5.14	25
千田町	-0.46	-0.37	-0.56	-0.41	-0.85	6.11	-5.19	18
寺家町	-0.56	-0.53	-0.31	-0.27	-0.94	5.64	-5.27	39
志々見町	-0.53	-0.51	-0.69	0.36	-0.85	6.21	-5.31	11

第Ⅲ部　データ解析に基づく健康まちづくり

四町	-0.43	-0.41	-0.63	-0.40	-0.91	5.98	-5.44	21
太田町	-0.49	-0.48	-0.41	-0.49	-0.91	6.03	-5.46	17
菱分町	-0.52	-0.45	-0.74	0.01	-0.89	6.20	-5.54	11
尾長町	-0.51	-0.48	-0.54	0.08	-0.91	6.15	-5.60	24
滝谷町	-0.58	-0.51	-0.57	-0.05	-1.01	5.59	-5.68	17
中川町	-0.53	-0.49	-0.68	-0.29	-1.06	5.84	-6.18	19
兵庫町	-0.52	-0.53	-0.58	-0.44	-1.07	5.99	-6.43	59
千石町	-0.69	-0.65	-0.83	3.62	-1.11	5.91	-6.56	4
上中山町	-0.67	-0.63	-0.81	0.27	-1.16	5.70	-6.63	3
福水町	-0.67	-0.62	-0.77	2.34	-1.18	5.75	-6.76	8
柴垣町	-0.63	-0.59	-0.74	0.38	-1.25	5.62	-7.00	84
酒井町	-0.64	-0.60	-0.78	1.99	-1.25	5.67	-7.10	67
柳田町	-0.63	-0.59	-0.71	-0.27	-1.25	5.71	-7.14	53
鹿島路町	-0.61	-0.56	-0.78	-0.10	-1.25	5.84	-7.31	70
神子原町	-0.69	-0.66	-0.88	5.02	-1.37	5.68	-7.78	29
金丸出町	-0.63	-0.59	-0.79	-0.33	-1.28	6.09	-7.81	22
吉崎町	-0.62	-0.61	-0.80	-0.21	-1.29	6.08	-7.84	42
菅池町	-0.69	-0.65	-0.89	1.64	-1.32	6.03	-7.94	11
						平均値	0.06	30.54

は若草町で43.06であり，平均値は0.06であることから，若草町震災被害に対する影響を最も受けやすい町字であることがわかる。また，若草町は災害時要援護者を12人有しており，若草町に住む12人は著しく被災しやすいことが言える。被災評価の平均値が0.06であり，全65町字地域のうち，被災評価の平均を超える地域は19地域存在する結果となった。さらに被災評価の平均を超える19地域に住む災害時要援護者数の合計は628人であり，本稿で対象とした災害時要援護者数1,985人のうちで，31.64％が被災評価が平均を超える地域に居住していることがわかる。次に，羽咋市における被災評価の位置関係に着目し，GISを用いて見える化を行う。図7-3に被災評価の見える化を示す。図7-3による見える化を行うことにより，視覚的に被災評価を行うことができる。被災評価の値が平均である0.06を超える町字は羽咋市の西部に集中していることがわかる。また，災害時要援護者数が最も多い千里浜町や，羽咋市役所が置かれている旭町周辺に被災評価が比較的高く密集していることから，邑知潟断層帯における大規模地震が発生した際には羽咋市の人口集中地域において，甚大な被災状況に陥る可能性があるといえる。

　さらに，災害時要援護者数と被災評価の値との関係を視覚的把握を行う。図7-4に町字地域ごとの災害時要援護者数と被災評価の関係を示す。図7-4よ

第 7 章　健康データベースと災害情報との組み合わせによる見える化

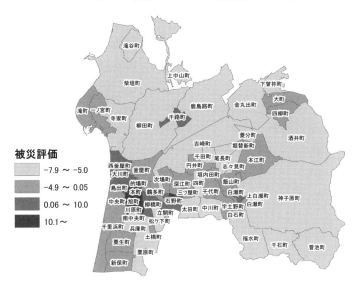

図 7-3　町字ごとの被災評価の見える化

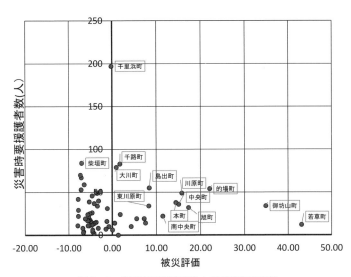

図 7-4　災害時要援護者数と被災評価の関係

り，多くの点は災害時要援護者数は50人を下回り被災評価についても平均を下回っている結果が見て取れる。また，島出町，旭町，川原町，的場町，中央町エリアは，被災評価値が比較的高く，災害時要援護者数についても，各町字に20〜55人程度居住していることがわかる。さらに，羽咋市の北部，東部のは被災評価の値が低い町字地域が集まっている傾向が読み取れるが，その中でも，大町，四柳町，千路町，滝町，一宮町といった周囲は被災評価が低いが，1地域のみ被災評価が周囲と比較した時，高いという町字が点在していることもわかる。

参考文献

Fujiu, M., Morisaki, Y., Takayama, J., Yanagihara, K., Nishino, T., Sagae, M., Hirako, K., (2018) "Evaluation of Regional Vulnerability to Disasters by People of Ishikawa, Japan: A Cross Sectional Study Using National Health Insurance Data," *Int. J. Environ. Res. Public Health*, 15 : 507.

第 8 章

高齢者施設配置の適正化に向けた地理的展開
―― 高齢者の生活圏域に関するエビデンスの活用事例

西野辰哉

1 「日常生活圏域」とは

　地域包括ケアシステムの構築のため，各自治体は「日常生活圏域」を適宜設定する（厚生労働省「地域包括ケアシステム」）。厚生労働省によると「日常生活圏域は，地理的条件，人口，交通事情，その他社会的条件，介護給付等対象サービスを提供するための施設の整備の状況等を総合的に勘案し，利用者の最も身近な圏域を設定」する（厚生労働省「介護保険制度改革の概要」）。その目安は，おおよそ30分以内，中学校区とされている。

　しかし，中学校区とは，文字通り中学生の通学区であり，介護が必要な高齢者へのサービス範域として適切なのであろうか。そもそも高齢者の「日常生活圏域」とは，どのような範域なのであろうか？　注意しなければならないのは，地域包括ケアシステムでいう「日常生活圏域」とは「福祉行政単位」であり，本来の意味である「高齢者の生活圏域」ではないことである。これに関連して，広井（2013）は，これまで福祉政策と都市政策が未連携であったがゆえに，福祉政策が空間的な立地政策の視点を持たなかったことを問題提起している。

　そこで本章では，高齢者の生活行動実態調査によってわかった高齢者の生活圏域に関するエビデンスをまとめ，「日常生活圏域」の目安としての中学校区の妥当性を検証する。さらに後段では高齢者施設配置の適正化に向けた地理的展開を試みる。

　なお，以降では「福祉行政単位としての日常生活圏域」を「福祉行政圏域」と呼称し，「高齢者の行動実態としての日常生活圏域」を「高齢者の生活圏」と呼称して区別する。

2　高齢者の生活圏に関するエビデンス

　本章では，石川県金沢市，加賀市，珠洲市の3市で合計727名の高齢者を対象とした生活行動実態調査からわかった高齢者の生活圏域に関するエビデンスをまとめる。3都市の位置を図8-1に，概要を表8-1に示す。また図8-2～8-4は各市の日常生活圏域割を示す。

2.1　高齢者の外出先はどの施設が重要か？

　まず高齢者の外出先として，どの施設が重要であろうか？

　図8-5は金沢調査における要支援・要介護高齢者の外出先別の外出距離を示す。図は要支援・要介護高齢者全体の外出距離の平均値を伸ばすのに最も影響（重み）が大きいもの，つまり外出先別の外出距離の総和（＝平均値×度数）の降順とした。調査対象の選定上，デイサービスセンターは各対象者が少なくとも1カ所行っている外出先となることから度数の標準値としてみることができる。図8-5をみると，そのデイサービスセンターより上に来る外出先は，順に二次・三次医療機関，購買施設，一次医療機関であることがわかる。つまり，要支援・要介護者の外出距離の平均値を伸ばす外出先は医療機関と購買施設であることがわかる。但し，二次・三次医療機関は元来広範な診療圏域であるため，平均2.4km(1)はむしろ恵まれた状況といえる。また購買施設については要介護者の半数は利用しておらず，1施設を利用する人と複数施設を利用する人が残りの半々を占めていた。

　表8-2は，同様に加賀市，珠洲市の調査結果を交え，健康者・要介護者の外出距離を伸ばす重み順上位5施設の3都市間比較である（西野 2018）。

　まず健康者についてみると，1位はいずれも購買施設であった。2位以下は各都市によって若干異なり，外食店，趣味活動，二次・三次医療機関，銀行，美容・理容室であった。

　一方，要支援・要介護者では上位5施設は3都市で共通していた。具体的には，一次医療機関，二次医療機関，デイサービスセンター（介護施設），購買

第8章　高齢者施設配置の適正化に向けた地理的展開

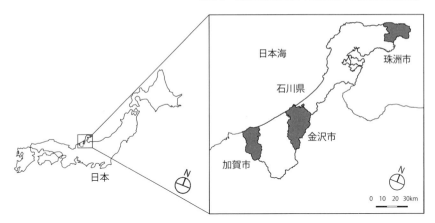

図8-1　調査対象市の位置

出典：筆者作成。

表8-1　調査対象市の概要

	金沢	加賀	珠洲
人口（2016.10）	466,264人	68,789人	15,219人
面積（2016.10）	468.64 km²	305.54 km²	247.2 km²
人口密度	994.93人/km²	225.14人/km²	61.57人/km²
日常生活圏域の数	24	7	1
中学校区の数	19	6	4
小学校区の数	56	20	9

出典：各市の人口，面積などの統計資料より筆者作成。

施設，美容・理容室であった。要支援・要介護者の外出先数の平均は，金沢5.0ヵ所，加賀4.0ヵ所，珠洲3.8ヵ所とおおよそ4～5ヵ所であることから，上記5施設が要支援・要介護者の主な外出先とみてよいであろう。さきほどと同じく，デイサービスセンターを度数の標準値としてみると，これより上に来る外出先は，金沢では二次・三次医療機関，購買施設，一次医療機関，加賀では二次医療機関のみであった。珠洲ではデイサービスセンターが最上位で，2位が二次医療機関であった。つまり珠洲では加賀に比べて二次医療機関の重みがデイサービスセンターより下がっている。この理由は珠洲のデイサービスセンターがかなり遠いためと考えられる。また美容・理容室への距離の平均値を

159

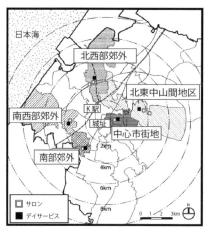

図8-2 金沢市

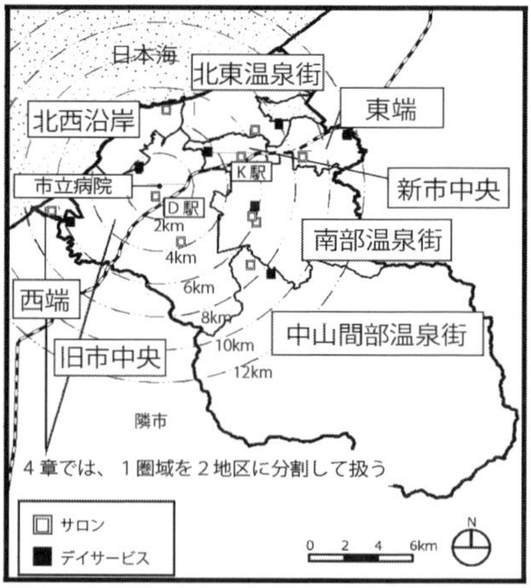

図8-3 加賀市

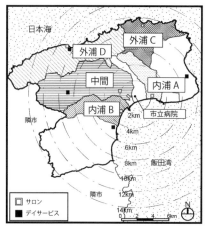

図8-4 珠洲市

対象3市の調査地区
出典：筆者作成。

みると，金沢971m，加賀1,190m，珠洲1,342mと，比較的近場利用の傾向が読み取れる。

　以上をまとめると，健康者の場合，外出距離の平均値を伸ばしているのは購買施設であり，要支援・要介護者の場合，医療機関と介護施設といえる。

　では，以上の施設のうち，自力でアクセスしなければならないものについて考えてみよう。

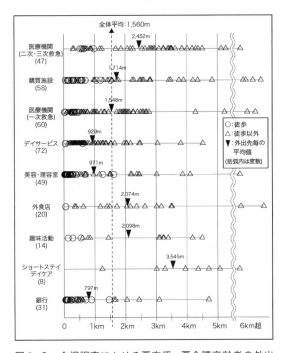

図8-5　金沢調査における要支援・要介護高齢者の外出
　　　先別の外出距離
出典：西野・大森（2014）。

　まず，介護施設のうちデイサービスセンターなどの通所系施設の場合，大概，送迎サービスがある。一方，入所系施設の場合，生活拠点移動となるが，特別養護老人ホームなどの施設では入所待ちが慢性的に発生しており，残念ながら，必ずしも近場の利用というわけにいかず，空きが発生した所に入所するケースが多い。

　次に購買施設，スーパーの場合，自力アクセスが前提となるが，同居や近居する家族，ご近所の方，ホームヘルパーに頼むことも可能である。また近年ではコンビニ・スーパーの宅配サービスや移動販売車などもみられる。実態調査では，購買施設への延べ度数を対象の要支援・要介護者数で割った比率をみると，金沢0.81，加賀0.57，珠洲0.34であった。即ち珠洲の値は金沢，加賀よりかなり低い。加賀では同居世帯者から「同居する子の嫁に買い物を任せる」等

表8-2 健康者・要介護者の外出距離を伸ばす重み順上位5施設の3都市間比較

		金沢	加賀	珠洲
健康者の外出先上位	1	購買施設	購買施設	購買施設
	2	外食店	外食店	二次医療機関
	3	趣味活動	趣味活動	一次医療機関
	4	二・三次医療機関	一次医療機関	銀行
	5	銀行	二次医療機関	美容・理容室
要介護者の外出先上位	1	二・三次医療機関	二次医療機関	デイサービス
	2	購買施設	デイサービス	二次医療機関
	3	一次医療機関	一次医療機関	一次医療機関
	4	デイサービス	購買施設	購買施設
	5	美容・理容室	美容・理容室	美容・理容室
二次医療機関への延べ度数/要介護者数		0.61（0.55）*	0.50（0.49）*	0.61（0.61）*
		*括弧内は二次医療機関の受診者率（受診者数/要介護者数）を示す		
購買施設への延べ度数/要介護者数		0.81（0.46）*	0.57（0.37）*	0.34（0.24）*
		*括弧内は購買施設の利用者率（利用者数/要介護者数）を示す		

出典：筆者作成。

の発言も聞かれた。一方，単身世帯者の半数程度は離れて暮らす子やホームヘルパー等に買い物を頼んでいると考えられた。このように加賀では要支援・要介護者は買い物について他者に依存している可能性が高いと考えられたが，珠洲でも同様の傾向がみられるものと思われる。

最後に，医療機関への通院は依然として自力アクセスが前提である。我が国では受診する医療機関をほぼ自由に選べるフリーアクセス制のため，患者はよりよい医療機関を選ぶ。ただし，居住地によっては医療機関の選択肢が少ない場合もある。

以上より，医療機関と購買施設へのアクセスが重要といえる。

2.2 高齢者の生活圏の特徴；二層性と徒歩圏の中空化

次に高齢者の生活圏の特徴についてみよう。

① 生活圏の二層性

図8-6は金沢調査における対象者の全外出距離を要介護/健康者別，地区別に並べたものである。徒歩による外出（●）は0〜1kmに集中している。一方，徒歩以外による外出（△）は0.5km以上の広い範囲に点在している。つまり高齢者の生活圏の特性として自宅を中心とする徒歩圏域と各種交通手段を用いての広範な圏域による「二層性」がみられる。

② 徒歩圏の中空化

さらに図8-6をよくみると，0〜1.5km辺りに白い空隙が散見される。例えば，要支援・要介護者では南部，南西部，北西部郊外，北東中山間地区の居住者，そして健康な高齢者の北東中山間地区居住者にもみられる。北東中山間地区では斜面が多く近隣に外出先がないという地区状況を反映しているものと考えられる。一方，南部，南西部，北西部郊外居住者では要支援・要介護者のみが，徒歩による外出が少ない。また要支援・要介護者のうち中心市街地居住者は徒歩による徒歩圏内の外出が多い。これはこの地区の利便性が高いことを表すものと思われる。同じ要支援・要介護者でも地区状況によって差異が生じている。地区の要因または身体的要因によって徒歩圏前後の外出が減る現象を「徒歩圏の中空化」とする。既往研究には，後期高齢者や要介護者にとっては徒歩圏でのアクセスが望ましいという説があるが，上記は全く逆の現象として興味深い。

2.3 交通手段利用による時間限度：外出12分の法則

外出距離の地区別平均値を3都市間で比較する。

図8-7は3都市の各地区における外出直線距離の健康者・要介護者の加重平均の分布を示す。地区別平均値の算術平均は金沢1,376m，加賀2,452m，珠洲3,902mの順に大きくなる。この並び順は人口規模や同密度と反比例の関係にある。

しかし各都市の地区別の外出直線距離の最小値は，金沢中心市街地919m，加賀旧市中心地区1,216m，珠洲内浦B地区1,396mとあまり大差がない。こ

第Ⅲ部 データ解析に基づく健康まちづくり

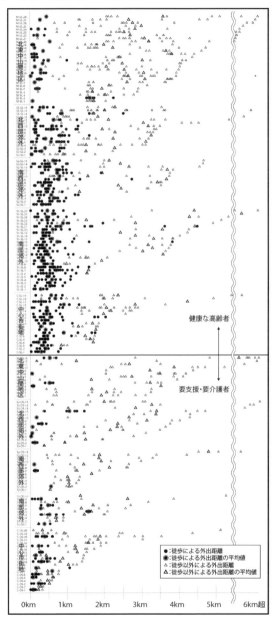

図8-6 金沢調査における要介護/健康者別・地区別の全外出距離
出典：西野・大森（2014）。

第8章　高齢者施設配置の適正化に向けた地理的展開

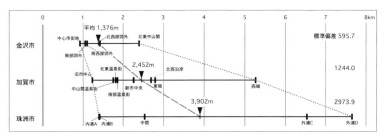

図8-7　3都市の各地区における外出直線距離の加重平均の分布
出典：筆者作成。

れらはいずれも各都市の中心部である。逆に同最大値は平均値と同じ順で大きくなる。標準偏差をとると，金沢596m，加賀1,244m，珠洲2,974mであり，各都市の算術平均と同じ順でばらつきが大きくなることを示す。つまり3都市の外出距離の算術平均は人口や人口密度と反比例して大きくなるが，その要因は各都市内に外出距離の平均値が小さい地区と大きい地区が存在し，それらの差分によると考えられる。具体的には，金沢では最小地区と最大地区間の差が小さく，加賀や珠洲では差は大きい。したがって3都市の外出距離の算術平均は都市総体としての利便性の順を表すわけではない。

なお最大値のうち加賀の西端地区は石川県の南西端，珠洲の外浦C, D地区は同北東端であるから県端部において生活圏の広域化がうかがわれる。これらの県端部の地区と中心地区を除くと，各地区の外出直線距離の平均値は1～3km内に収まる。細かく見ると，金沢では1.5km以内にあるが，加賀と珠洲では2.5km前後にある。つまり，金沢に比べて加賀や珠洲では生活圏のやや広域な地区が見られる。

上記を既往研究結果と比べてみる。栃木県小山市での健康な高齢者を対象とする調査（滝澤ほか2001；岩田ほか2001；羽山ほか2001）では，旧市街0.7～0.8km，新市街1.0～1.1km，農村部3.3～4.1kmに分布がみられた。栃木の旧市街，新市街は本研究の中心地区とほぼ同じで，栃木農村部は石川県端部地区とその他地区の間に位置する。

図8-8は3都市の高齢者の徒歩以外による外出時間距離の分布を示す。これによると平均値は金沢12.7分，加賀11.4分，珠洲12.5分と約12分前後で共通

第Ⅲ部　データ解析に基づく健康まちづくり

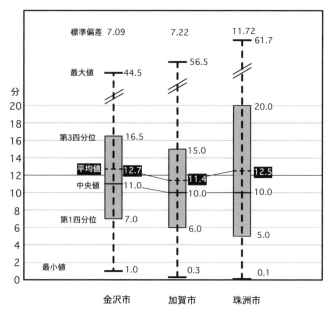

図8-8　3都市の高齢者の徒歩以外による外出時間距離の分布
出典：筆者作成。

している。本研究で時間距離を計測するために用いた Google map は，道路の混雑状況や制限速度，信号の有無等を反映した時間距離を算出する。そのため直線距離は大きく異なるが，時間距離は比較的類似したものと考えられる。

　時間距離限度目安について考察する。図8-8で，標準偏差は金沢7.09，加賀7.22，珠洲11.72であり，時間距離20分程度まで散らばりがある。3都市で外出距離の平均値の最も大きかった珠洲の外浦C, D地区の時間距離平均は各々16.8分，23.1分であった。図8-7でみると，これらの地区は外出距離の平均値が突出しているため，これが限度とみられる。つまり，高齢者の生活実態から算出される移動時間限度としては20分程度であろう。一方，大半の地区が包含される3km程度に位置する加賀東端が12.8分，同北西沿岸で14.8分であるので，15分以内が理想的であろう。

第 8 章　高齢者施設配置の適正化に向けた地理的展開

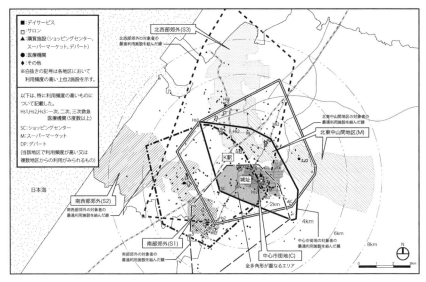

図 8-9　金沢市の調査対象 5 地区の対象者の外出先の最外縁を示す多角形
出典：筆者作成。

2.4　高齢者の外出はどこを「選択し集中」するのか？

　高齢者の外出は地理的にどこを選択し，集中しているのだろうか？　すなわち，生活圏の重複性についてみる。

　図 8-9 は，金沢市の調査対象 5 地区別に，各地区の高齢者の外出先を地図上にプロットし，その最外縁を結んだ多角形（外出先エリア）を示す。どの外出先エリアも各地区から市中心部に偏心しており，生活圏の「中心偏心性」を示した。この要因として 5 地区すべてからの外出先となっていた三次医療機関と購買施設（デパート 2 カ所等）が中心部に立地していること等が考えられた。

　図 8-10 は同じく加賀市の調査対象 8 地区の結果を示す。加賀で外出先エリアが重なるエリアは，旧市中心，新市中央，北東温泉街，南部温泉街地区などのいくつかの都市核に外出先があり，その重ね合わせとして浮かび上がったものと解釈された。これを生活圏の「複数都市核への分散集中」とした。特に健康者では旧市中心と新市中央地区の購買施設（大型 SC 含む）の利用が多くみられ，要支援・要介護者では旧市中心地区の二次医療機関利用が最も多くみら

第Ⅲ部　データ解析に基づく健康まちづくり

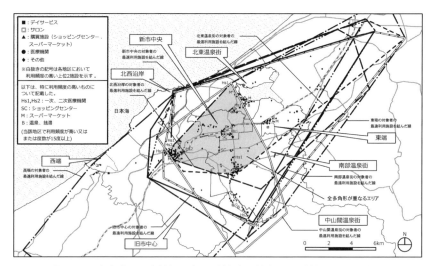

図 8-10　加賀市の調査対象 8 地区の対象者の外出先の最外縁を示す多角形
出典：西野（2016b）。

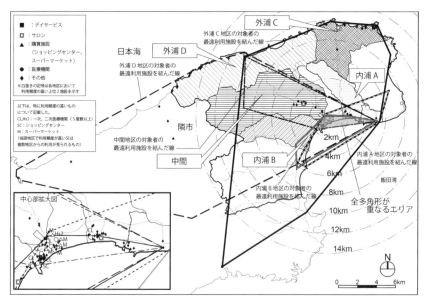

図 8-11　珠洲市の調査対象 5 地区の対象者の外出先の最外縁を示す多角形
出典：西野・雨宮（2016）。

れた。

図8-11は同じく珠洲市の調査対象5地区の結果を示す。珠洲で外出先エリアはどれも必ず内浦側の市中心部周辺を含んでいた。この特性を生活圏の「一極偏向性」とした。このエリアには二次医療機関と購買施設（SC含む）等が集積立地している。

以上より，購買施設（大型SC等）や二次（三次）医療機関が立地しているエリアが高齢者の生活圏が重複するエリアとして抽出される。特に二次医療機関は地方小都市では数が限られている。そのような地方小都市では，二次医療機関周辺で高齢者の生活圏が重複することが一般化しうると考えられる。

3　地域包括ケアシステムへの応用

以上の高齢者の生活圏域に関するエビデンスをもとに地域包括ケアシステムへの応用を考えてみよう。

3.1　どのように「日常生活圏域」を設定すればよいか

冒頭に引用したとおり，各自治体によって，「日常生活圏域は，地理的条件，人口，交通事情，その他社会的条件，介護給付等対象サービスを提供するための施設の整備の状況等を総合的に勘案し，利用者の最も身近な圏域を設定」される（厚生労働省「介護保険制度改革の概要」）。つまり，「日常生活圏域」は，単に高齢者の生活圏域のみならず，様々な要素を総合的に勘案して定められる。そして，これが高齢者介護行政を計画する単位となる。しかし同時に，各高齢者が介護サービスを受ける圏域ともなるわけであるから，「住み慣れた自宅や地域で住み続ける」という地域包括ケアシステムの理念からすれば，高齢者の生活圏という視点からの検討はもっとも重要といえる。

3.2　「日常生活圏域」の目安としての中学校区の妥当性

そこで，まず，「日常生活圏域（福祉行政圏域）」の規範とされる中学校区の妥当性を考察する。

第Ⅲ部　データ解析に基づく健康まちづくり

日常生活圏域	T(中心市街地に隣接)			中心市街地		南部郊外			南西部郊外			I(南西部郊外に隣接)		H(同左)	北西部郊外			F(北東中山間地区に隣接)			北東中山間地区	
世帯数	8,921			7,307		8,496			11,761			-		-	11,027			8,729			8,225	
中学校	紫錦台	兼六				清泉			緑			高岡			浅川			北鳴 鳴和	北鳴		鳴和	
小学校	(略) 俵	田上	杜の里	材木町	味噌蔵町	米泉	三馬	緑	安原	米丸	中村町	新神田	長町	諸江町	浅川	大浦	千坂	小坂	浅野町	森山町	夕日寺
小学校創立年		1874	1873	2007	1873	1906	1983	1874	1963統合	1984再独立	1873	1939	1961	1874	1873	1983	1876	1963	1872	1939	1880	1873
町会連合会	(略) 俵	田上																				
公民館				材木	味噌蔵	米泉	三馬	二塚	安原	米丸	中村	新神田	長町	諸江町	浅川	大浦 川北 松寺	千坂	小坂	浅野	森山	夕日寺
地区社協															浅川	川北						
地区民児協																						

図8-12　金沢市の調査対象5地区とその周辺の地域組織の担当範域
出典：西野・大森 (2014)。

　ここで地域包括ケアシステムにおける生活支援や介護予防を担うことが期待される地域組織の担当範域に関する考察を加える。地域包括ケアシステムでは各種職能による役割分担が重視される（厚生労働省「介護保険制度改革の概要」）。地域互助主体としては近隣住民やそのサポート役の民生委員，さらにそのとりまとめ役の地区社会福祉協議会（地区社協）がある。図8-12は金沢市の調査対象5地区とその周辺の地域組織の担当範域を示す。図8-12から，町会連合会，公民館，地区社協，地区民生委員児童委員協議会（地区民児協）の担当範域は，基本的に小学校区を単位とすることがわかる。その小学校区をいくつかまとめたものが中学校区であるが，ズレも若干みられる。そして，「日常生活圏域（福祉行政圏域）」は，中心市街地，南西部郊外，北東中山間地区では隣接圏域と中学校区をまたいでいる。一方，南部，北西部郊外では2または3の小学校区で中学校区となり，それが福祉行政圏域となってきれいに割れる。

　つまり，地域互助主体となり得る地区社協や地区民児協の担当範域が一小学校区を単位としていることから，新しい地域区分を導入するより，最小地区単位としての一小学校区を基礎単位とする方が各地域組織との連携のしやすさの点において合理的と考えられる。

　次に図8-13は，金沢市内の調査対象5地区において実態調査で明らかになった外出距離の平均値等を用いて高齢者の平均的生活圏例を描いて，福祉行政圏域と比較したものである。各地区の現存施設を基点として徒歩による外出道

第 8 章 高齢者施設配置の適正化に向けた地理的展開

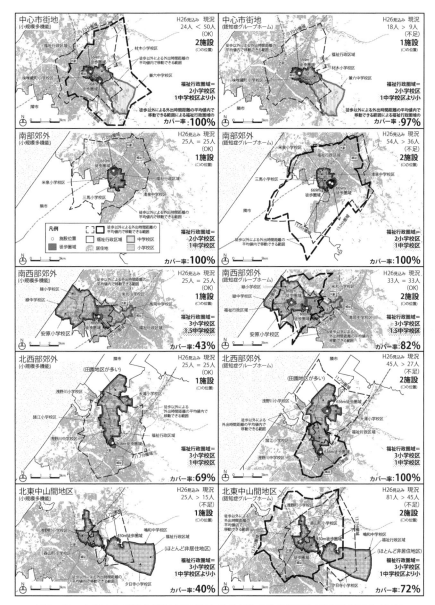

図 8-13 金沢市内の調査対象 5 地区における平均的生活圏例と福祉行政圏域の比較
出典：西野・大森（2014）。

路距離の平均値と徒歩以外による外出時間距離の平均値内で移動可能な範域の近似形を描き，後者によって当該福祉行政圏域がどの程度包まれるか（カバー率とする）算出した。小学校区でみると，2つの小学校区の場合（中心市街地，南部郊外）はカバー率ほぼ100％，3つの小学校区の場合（南西部，北西部郊外，北東中山間地区）は100％以下であることから，2～3の小学校区が高齢者の生活圏域からの理想といえる。

以上より，「日常生活圏域（福祉行政圏域）」を定めるためには，小学校区を基礎単位とし，圏域の広さと居住地区の位置等を勘案して，2～3の小学校区をまとめるのが望ましいと考える。

では中学校区はどう関連するのだろうか。通学区域としての一中学校区は，そもそも一定の広さではなく市周縁部の広域な学区では高齢者の平均的生活圏より広い等，高齢者の生活圏とは対応していない。したがって高齢者の生活圏の観点からは中学校区は「日常生活圏域（福祉行政圏域）」の規範として必ずしも妥当とはいえない。しかし中学校区はいくつかの小学校区をまとめたグルーピング単位としての意味もある。現実には小学校区や地域組織の担当範囲とのズレもみられたが，抽象的にそれらをまとめた単位としてイメージしやすい。つまり通学区域としての現実的な一中学校区ではなく基礎単位としての小学校区をいくつかまとめた抽象的な範域例である点において，中学校区は「日常生活圏域（福祉行政圏域）」の規範として有意であると考えられる。

但し，時間距離限度目安については，高齢者の外出時間距離の都市平均値が3都市において約12分前後で共通していたことを考慮すると，30分はやや大きいと考えられる。

3.3　圏域内であれば，施設立地はどこでもよいわけではない

施設立地について検討しよう。自治体が日常生活圏域内にサービス拠点となる施設を計画する場合，エクセル上で各圏域に必要な定員数を計算するだけで，空間的にどのあたりに施設を設置すべきかまで踏み込んで計画することは少ない。しかし，2節でみたように，高齢者の生活圏には明らかに偏りがある。それらを考慮せずに施設を設置しても，「住み慣れた地域」での生活継続にはつ

ながらないであろう。

　2節でみたとおり，特に地方小都市では二次医療機関周辺で高齢者の生活圏が重複することが一般化しうると考えられた。したがって，例えば，各地区の高齢人口重心から二次医療機関へ向かう交通経路上などに施設が立地すれば，多くの高齢者にとって「住み慣れた地域」で高齢者介護サービスを受けられることになるであろう。

　一方，二次医療機関などが複数存在する大都市などでは，購買施設などが立地する都市核付近が有力な候補となるであろう。

4　地理情報システム（GIS）を活用した高齢者施設配置の適正化に向けた計画例

　本節では高齢者の生活圏域のエビデンスに基づく高齢者施設配置の適正化計画フローを構築し，ある地方都市で適応してみる(2)。本手法の特徴は，日常生活圏域を推計単位とすること，高齢者の生活圏の特性（平均的な外出時間距離範域や生活圏の方向性）も反映させること，高齢人口の減少局面における推計も行うことである。なお本節では認知症グループホーム（以下，GH）を事例対象とする。GHは地域密着型サービスとして日常生活圏域単位の計画が求められている。

4.1　高齢者施設配置適正化計画フローの構築

　まず高齢者施設配置適正化計画フローを以下のように構築する（図8-14）。
STEP 1. 需要最大期の日常生活圏域毎の供給目標数の推計
　一般に介護保険事業計画では保険者（自治体）内の日常生活圏域（以下，圏域）毎の計画期間（3年間）の介護保険サービス需要を推計する。本研究では需要最大期における状態を推計するため，中長期的人口推計による75歳以上人口のピーク値を基に推計する。地理情報システム（GIS）ソフトを用いて小地域（町丁目）毎に推計し，それらを圏域毎に集める。その推計方法は国勢調査を基にしたコーホート要因法による。75歳以上人口を基にする理由は，全国の

第Ⅲ部　データ解析に基づく健康まちづくり

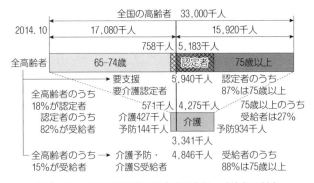

図8-14　全国の高齢者と要介護認定者，受給者の割合
出典：西野（2016a）。

表8-3　社会保障・税一体改革における介護分野の制度見直しに関する論点における介護施設利用者見込み（供給目標率のみ筆者加工）

	2011年度	2025年 現状投影 シナリオ	同左倍率	同左供給 目標率	2025年 改革シナリオ パターン1	同左倍率	同左供給 目標率
利用者	426万人	647万人	1.5倍	-	641万人	1.5倍	-
GH	16万人	27万人	1.7倍	1.24%	37万人	2.3倍	1.70%
小規模多機能	5万人	8万人	1.6倍	0.37%	40万人	8.1倍	1.84%

※供給目標率＝供給目標量／75歳以上人口（21,785,638人，社人研中位推計（2013.3），介護施設利用者見込みの出典；厚生労働省 2014）

　要支援・要介護認定者と介護予防・介護サービス受給者の約9割が75歳以上であったため，そのピーク期前後が需要最大期と考えられるからである（図8-14）（西野 2016a）。75歳以上人口に施設供給目標率を乗じて圏域内供給目標数（P）を算出する。施設供給目標率は厚労省の2025年改革パターンシナリオ1における介護サービス供給目標数を対75歳以上人口換算したものを用いる（表8-3）。なお，推計期間において，圏域設定は現況とかわらないものと仮定する。

STEP 2. 供給目標数と現況数のマッチングによる過不足数算定
　STEP 1. で算出した各圏域・各施設種別の供給目標数と現況（2018年3月時点）の供給数すなわち定員数とのマッチングを行う。GHは9人／ユニットと

して過不足施設数を算定し，割り切れない場合は供給不足が出ないよう切り上げる。新規追加施設の設置は不足数の大きい圏域からとする。なお，建物寿命については，GHの制度化は1997年であるため，推計期間において建物更新は発生しないものと仮定する。

STEP 3. 新規施設配置適正地区の選定

　一般に介護保険事業計画では施設整備地区を圏域単位で定めるか，その中で未整備地区を指定するものに留まり，都市政策的な視点に欠ける。この点を改良するため次の手法をとる。まずGISにおいて小地域毎の供給目標数をその地理的重心に配置し，それらを圏域内で合計して圏域の供給目標数重心を定める。次に新規施設を配置するためGIS上で次の条件を満たす地区を選定する。

　・各圏域の供給目標数重心から最寄りの二次医療機関への向きに沿うこと[4]（生活圏の方向性の定義）

　・立地適正化計画における都市機能誘導区域又は居住誘導区域内かつ主要道路網（公共交通路線）沿線であること

STEP 4. 各施設への供給目標数の配分

　現況及び新規施設に対して供給目標数を配分する。まず地域密着型サービスの理念に従って自圏域内の施設への配分を最優先する。自圏域内で配分できない不足分については他圏域の余剰床のある施設に配分する。この際，できるだけ生活圏の方向性を考慮に入れる。

STEP 5. 時間距離限度カバー率による検証

　全供給目標数を配分後，時間距離限度12分圏域カバー率（ある施設に配分した供給目標数のうち同施設から道路時間距離で12分圏域内のものの割合の全施設合計）を算出して検証する。これは，金沢，加賀，珠洲の地方三都市における高齢者の車などによる平均外出時間距離が共通特性として約12分であってことによる（西野 2018）。これは日常生活圏域の目安30分に比べてかなり厳しい条件である。

STEP 6. 高齢人口減少局面（2040年）における推計

　推計限度の2040年について上記STEP 1, 2, 4, 5を行う。この際，2025年推計で追加整備した施設を含めて施設定員とみなす。

第Ⅲ部　データ解析に基づく健康まちづくり

表8-4　GHの2025年の圏域内供給目標数（P）の推計結果

圏域		旧市中心	南部温泉街	北東温泉街	北西沿岸	東端	新市中央	中山間温泉街	計
75+人口		4,114	2,800	2,196	644	980	1,302	2,065	14,101
圏域内供給目標数	P	59	43	36	10	18	20	34	220
施設定員数(2018.3)	C1	36	24	45	0	0	36	36	177
供給過不足数	C1-P	▲23	▲19	9	▲10	▲18	16	2	▲43
新規追加施設床数		①．④→18	②．⑤→18	0	0	③→9	0	0	45
施設増設後定員数	C2	54	42	45	0	9	36	36	222
増設後供給過不足数	C2-P	▲5	▲1	9	▲10	▲9	16	2	2
(他圏域配分先)	|C2-P|'	0（新市中央5）	0（新市中央1）	0	0（新市中央1,北東温泉街9）	0（新市中央9）	0	2	2

出典：筆者作成。

4.2　事例考察対象

　事例考察対象とする石川県加賀市は総人口67,571人，65歳以上人口2万2,728人，高齢化率が33.6％である（2018.4月時点）。社人研中位推計（2018.3）によると，75歳以上人口値のピークは2025年の1万3,710人である。この年を推計年とする。日常生活圏域はほぼ中学校区に対応して7圏域ある（図8-3）。二次医療機関は旧市中心に民間病院，新市中央に公立病院が各1ヵ所ある。最寄りの二次医療機関は，旧市中心と北西沿岸からは前者となり，残りの圏域からは後者となる。同市の2013年のGHの整備率（＝施設定員数/75歳以上人口）は1.71％であった。これは2025年改革パターンシナリオ1による施設供給目標率を上回るが，分母となる75歳以上人口が2025年まで増加する見込みのため，必ずしも今後施設整備が不要という意味にはならない。以上，加賀市は高齢者施設整備においては比較的高水準の地方都市の一例として位置づけられる。

4.3　施設配置適正化フローの実行結果

STEP 1. 需要最大期の日常生活圏域毎の供給目標数の推計

　表8-4にGHの2025年の圏域内供給目標数（P）の推計結果を示す。各圏域の75歳以上人口を合計すると1万4,101人となった。これは前掲の社人研中位推計値（2018.3）より391人多いが，両者の誤差は2.85％となり，5％有意水準で有意な誤差ではないとみなせる。

第8章　高齢者施設配置の適正化に向けた地理的展開

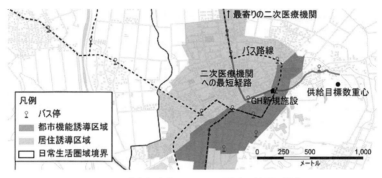

図8-15　南部温泉街における配置適正地区の選定
出典：筆者作成。

STEP 2. 供給目標数と現況数のマッチングによる過不足数算定

表8-4でGHの供給過不足数（C1 - P）をみると，市全体で43人分の供給数不足であった。圏域別には，旧市中心，南部温泉街，北西沿岸，東端で供給数不足となる。以上より，GHで5ユニット供給不足と判断される。

GHの新規追加分は供給不足数の大きい圏域から，すなわち，旧市中心，南部温泉街，東端，旧市中心（2回目），南部温泉街と設置した。

STEP 3. 新規施設配置適正地区の選定

GHの新規施設の配置適正地区を選定した。図8-15は南部温泉街における選定例を示す。同圏域では選定条件に従って商業地域内の供給目標重心から最寄りの二次医療機関へ向かう最短経路と公共バス路線との交点付近を配置適正地区として選定できた。旧市中心，東端も同様なので略す。

STEP 4. 各施設への供給目標数の配分

各施設に供給目標数を配分した。具体的には，旧市中心，南部温泉街，東端における不足分を全て新市中央に配分し，北西沿岸の不足分について新市中央に1人，北東温泉街に9人配分した（表8-4の |C2-P|'，図8-17）。

STEP 5. 時間距離限度カバー率による検証

時間距離限度12分圏域外となったのは図8-5斜線部の合計10人であった。つまり時間距離限度カバー率は95.5%（220人中210人）であった。

STEP 6. 高齢人口減少局面（2040年）における推計

表8-5 GHの2040年における同様推計と配分の結果

圏域		旧市中心	南部温泉街	北東温泉街	北西沿岸	東端	新市中央	中山間温泉街	計
75+人口		3,702	2,313	1,958	560	840	1,200	1,812	12,385
圏域内供給目標数	P	48	37	30	9	13	21	30	188
施設増設後定員数	C2	54	42	45	0	9	36	36	222
増設後供給過不足数	C2-P	6	5	15	▲9	▲4	15	6	34
(他圏域配分先)	|C2-P|	1	5	<u>12</u>	0 (新市中央1, 北東温泉街3, 旧市中心5)	0 (新市中央4)	<u>10</u>	6	34

出典：西野・笠井（2019）。

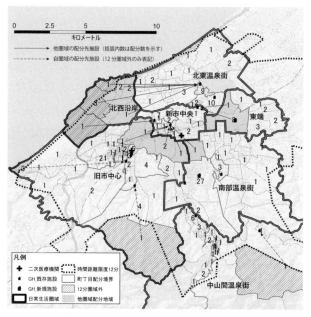

図8-16 2025年のGHの推計と配分の結果
出典：筆者作成。

　表8-5にGHの2040年における同様推計と配分の結果を示す。休廃止可能なユニットが出現した（表8-5下線）。時間距離限度カバー率は96.8％（188人中182人）であった（図8-18）。

第 8 章　高齢者施設配置の適正化に向けた地理的展開

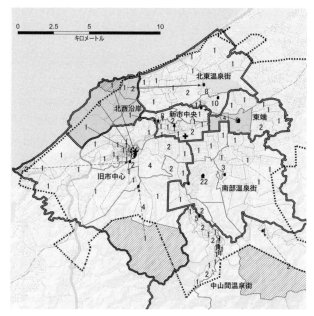

図 8-17　2040年の GH の推計と配分の結果
出典：筆者作成。

5　地域包括ケア政策への示唆

　では，各保険者（自治体）が施設配置に地理的視点を導入するにはどうしたらよいだろうか？　ほとんどの保険者は，2025年にむけて今後も地域密着型サービス拠点を増設することになる。そこで，GH や小規模多機能型居宅介護事業所の開設事業計画募集時に，単にサービス対象圏域としての日常生活圏域を指定するのではなく，シミュレーション結果を具体的な配置適正地区として提示し，配置誘導できるとよいであろう。その際，上記で提示した地理情報システム（GIS）を用いた日常生活圏域内の施設配置適正地区の選定は，予めシミュレーションしておくとよい。シミュレーションソフトがない場合，大学などの研究機関に外部委託するという方法もある。

注
(1) 金沢市内に二次救急病院は21カ所，三次救急病院は2カ所（石川県内で計4カ所）ある。また柳澤ら（1964）による愛知県下の病院調査では，80％診療圏は，一宮市民病院約4.7km，稲沢市民病院約3.0km，新城病院約6.0km，豊川市民病院約4.0kmとなっている（吉武 1967）。
(2) 「至適化」とは現状を是とし，できるだけ最適状態に近づけることとする。
(3) 改革シナリオパターン1は次の前提を基にしている（厚生労働省 2014）；現状の年齢階級別のサービス利用状況が続くと仮定した場合（現状投影）に比べて在宅・居住系サービスを拡充。介護予防・重度化予防により介護保険利用者が全体として3％減。入院の減少から介護への移行として介護保険利用者が14万人増加。在宅サービス：重度者の在宅生活を支えるサービスの充実により限度額に達する利用者割合が増加。居住系サービス：認知症グループホームを中心に増加。施設サービス：重度者への重点化が進むとともにユニット化によりケア内容と居住環境が向上。
(4) 立地適正化計画では病院・高齢者施設の都市機能誘導区域への誘導が謳われるものの，どの施設種を誘導対象とするかは自治体の裁量による。地域密着型施設はなるべく居住地に密着した配置が望ましいが，各日常生活圏域に必ずしも都市機能誘導区域があるとは限らないため，ここでは都市機能誘導区域又は居住誘導区域とした。

参考文献

岩田純明・滝澤雄三・山本和恵ほか（2001）「施設種別にみた高齢者の生活圏について，地方都市居住高齢者の生活圏に関する研究その2」『日本建築学会大会学術講演梗概集』E-2：265-266.
厚生労働省（2014）「社会保障・税一体改革の「医療・介護に係る長期推計」（平成23年6月）における2025年の医療の需要（1日当たり利用者数等）と供給（必要ベッド数）の推計方法について」
　http://www.mhlw.go.jp/file/05-Shingikai-10801000-Iseikyoku-Soumuka/0000058297.pdf（2018.5.19参照）
厚生労働省「介護保険制度改革の概要」
　http://www.mhlw.go.jp/topics/kaigo/topics/0603（2016.10.3参照）
厚生労働省「地域包括ケアシステム」
　http://www.mhlw.go.jp/stf/seisakunitsuite/bunya/hukushi_kaigo/kaigo_koureisha/chiiki-houkatsu/（2016.10.3参照）
国立社会保障・人口問題研究所（2013）「地域別将来推計人口」（平成25年3月推計）
　http://www.ipss.go.jp/pp-shicyoson/j/shicyoson13/3kekka/Municipalities.asp

(2018. 5. 19参照)
国立社会保障・人口問題研究所（2018）「地域別将来推計人口（平成30年3月推計）http://www.ipss.go.jp/pp-shicyoson/j/shicyoson18/t-page.asp（2018. 4. 26参照）
滝澤雄三・岩田純明・山本和恵ほか（2001）「類型世帯別にみた高齢者の生活圏について，地方都市居住高齢者の生活圏に関する研究その1」『日本建築学会大会学術講演梗概集』E-2：263-264.
西野辰哉（2016a）「2010年の介護保険関連施設利用者率からみた2025年改革モデルの検証とその定量的整備指標の応用可能性」『日本建築学会計画系論文集』721：559-567.
西野辰哉（2016b）「ある地方都市における高齢者の日常生活圏域の実態とその圏域間比較」『日本建築学会計画系論文集』728：2117-2212.
西野辰哉（2018）「地方三都市における高齢者の生活圏域実態の横断的比較と一中学校区を目安とする日常生活圏域設定の妥当性の検討」『日本建築学会計画系論文集』750：1403-1413.
西野辰哉・雨宮優和（2017）「市域全体で一日常生活圏域とする地方小都市における高齢者の生活圏域の実態と圏域設定の妥当性に関する事例考察」『日本建築学会計画系論文集』740：2489-2499.
西野辰哉・大森数馬（2014）「一中学校区を基本とする日常生活圏域設定の妥当性検討——地方中核都市における高齢者福祉行政単位と高齢者の行動実態との比較考察」『日本建築学会計画系論文集』699：1109-1118.
西野辰哉・笠井翔平（2019）「GISによる人口分布推計を用いた高齢者施設の配置適正化計画手法の構築」『日本建築学会技術報告書』掲載決定。
羽山竜士・滝澤雄三・山本和恵ほか（2001）「交通手段別にみた高齢者の生活圏について，地方都市居住高齢者の生活圏に関する研究その3」『日本建築大会学術講演梗概集』E-2：267-268.
広井良典（2013）『人口減少社会という希望』朝日新聞出版。
吉武泰水（1967）『建築計画概論（上）地域施設計画原論』コロナ社。

第Ⅳ部

地域の医療・介護経済の評価

第9章

医療・介護保険の財政分析

武田公子

1 医療・介護に係る自治体財政の枠組み

　前章まではミクロな視点からの医療・介護分析が主眼であったのに対し，本章はややマクロな視点で，つまり保険者サイドから見た医療・介護の現状が分析対象となる。医療・介護がこれまで主に市町村単位の保険によって担われてきた背景には，自治体には疾病予防・介護予防等への取り組みを通じて自らの財政負担軽減を目指すインセンティブがあると考えられてきたことが一因としてある。しかし実際には，保険財政の地域間格差は，このような予防的施策への取り組みよりは，高齢化や所得水準といった自治体の政策では如何ともしがたい地域社会・経済的要因に規定されるところが大きい。その結果，保険者間の財政調整の必要性はますます大きくなり，制度を複雑化させることで，保険原理との矛盾を深めてきたといえる。制度が広域化に向けて舵を切ろうとしている現在にあって，本章ではこの保険財政の地域格差の現状を改めて明らかにし，広域化がこの問題を解決する手段となりうるのか否か，またその下で自治体が取り組めることは何かを考えていきたい。

1.1 医療・介護関係の保険事業会計

　2000年に介護保険法が施行され，また08年に後期高齢者医療制度が創設されて以降，自治体における医療・介護関係の歳出はほとんどが特別会計で処理されるようになっている。すなわち，国民健康保険，介護保険，後期高齢者医療の3つの事業会計である。

　3事業のうち，国民健康保険（以下，国保と略す）は1958年に創設され，市

町村を保険者として住民への医療保障や疾病予防・保健活動を担う制度としての役割を果たしてきた。しかし国保財政にあっては構造的な脆弱性と地域間格差の拡大とが絶えず問題視されており、2018年度より都道府県を単位とする保険へと再編されている。とはいえ、新制度においても市町村は都道府県とともに保険の実施主体とされ、財政運営を担う都道府県は市町村に対して標準保険料率をガイドラインとして示すものの、最終的な保険料率の決定権限は市町村に残される[1]。なお、以下では2016年度までの決算データを元に分析するため[2]、都道府県単位化以前の財政状況を中心に叙述することとし、都道府県単位化による制度変更については必要に応じて触れるにとどめる。

介護保険は、2000年の導入当初から国保の制度を下敷きに制度設計されていたこともあり、多くは市町村を保険者としているが、福岡県や沖縄県のように町村部を中心とした全県的な広域連合を保険者としているところもある。保険者は3年を1期とする「介護保険事業計画」を策定し、それに基づいて介護サービス給付にかかる経費を見積もり、その経費の一定割合を第一号被保険者からの保険料で賄うべく、保険料水準を決定する。つまり、介護保険においてはサービス提供に関する計画や保険料を決定する権限は保険者である市町村ないし広域連合にある。

後期高齢者医療は、元を辿れば市町村単位で実施されてきた老人保健医療制度ではあるが、08年に後期高齢者医療制度に再編された後は、運営主体は都道府県単位に置かれる後期高齢者医療広域連合となった。この制度の下では、市町村は広域連合が定める保険料を徴収しそれを広域連合に納付するのみで、その他の権限はほとんどもたないといってよい。

このように、3つの特別会計では市町村の権限が異なっている。後期高齢者医療では市町村は保険者ではなく、保険料徴収・給付を担うのみであるのに対し、国保では市町村は依然保険者であるものの、国保の都道府県単位化に伴ってその権限が変わりつつある。介護保険は市町村単位による地域と広域連合が担う地域とが併存しているが、概ね市町村が保険運営の主体としての地位を維持している。

第Ⅳ部　地域の医療・介護経済の評価

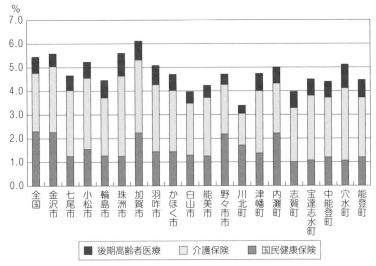

図9-1　社会保険3会計への繰入金対一般会計歳出総額（2012～16年度計）
出典：地方財政状況調査表データベースより作成。

1.2　一般会計からの繰入金

　医療や介護が自治体にどのような財政負担をもたらしているのかを表すのが，一般会計から各特別会計への繰入金（一般会計側からみれば繰出金）である。繰入金は，国民健康保険法や介護保険法等に定められて給付費や各種事業費の一定割合を負担する法定繰入のほか，赤字補てん目的や独自の保険料軽減措置を目的とする法定外繰入がある。

　図9-1は，石川県内の自治体について，これら3つの特別会計に対する一般会計からの繰入金が一般会計歳出に占める割合を示したものである。会計間の繰入関係については，図9-2もあわせて参照されたい。市町村単位では年度による変動が大きいため，直近5年間の決算データを用いた。[3]一般会計歳出総額のうち5%前後がこの3会計への繰出で占められている。しかしその内訳は自治体によって大きく異なっている。これは次のような事情による。

　国保では，後述の介護・後期高齢者医療とは異なり，給付費用の一定割合という繰入率は定まっておらず，法定されているのは低所得者の保険料を軽減し

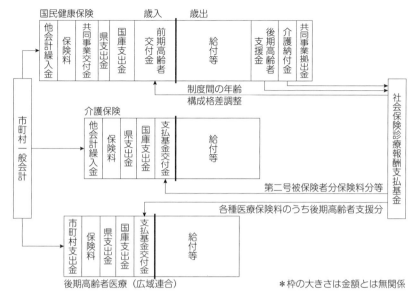

図9-2　社会保険3会計の財源と繰入関係

つつ国保財政を安定化させる目的で定められた繰入金のみである。とはいえ結果的に給付費から各種移転的財源を差し引いた金額を一般会計負担と保険料とで負担しあう構造となっているため、財政の安定化のためには法定外繰入の余地の大きい構造となっている。そもそも全国的に被保険者数が05年度をピークに減少に転じていることに加え、08年度の後期高齢者医療制度導入に伴い被保険者が大幅に減少し、その結果として自治体一般会計からの繰入もかつてほどの伸びはみられなくなった。その一方で図9-1にみられるように、野々市市、川北町、内灘町等住民の年齢構成が比較的若い自治体においては国保会計への繰入金は介護保険へのそれに匹敵する比重を占めている。また、自治体によって繰入金の大きさにかなりの相違があることは介護保険と同様であるが、この背景には後述するようにさまざまな要因が錯綜している。

　介護保険については、繰入金は3会計のなかで最も大きくなっている。介護保険では、給付費や地域支援事業費等の12.5%という一般会計繰入率が定まっており、その他に事務費繰入や場合によっては自治体の任意の繰入もあり得る

が，後者の繰入は限定的である。高齢化の進展のなかで介護給付費が増加傾向にあり，その一定割合と定められる繰入金は当然給付費に連動して増加する。川北町，野々市市のように高齢化率の低い自治体では繰入金も相対的に少ない傾向が見られるが，その一方で高齢化率の高い輪島市や能登町で繰入金が多くないのは，介護給付費が相対的に少ないという要因が考えられる。介護給付費の地域差についても後で詳しく見ていく。

後期高齢者医療では，そもそも市町村は保険者ではないため，給付費，保険料減額分，事務費等の一定割合を繰り入れるのみで，自治体が自らの判断で繰入を行うことはほとんどないといってよいだろう。結果的に繰入金の多寡は高齢化率との関連が大きく，珠洲市や穴水町のように後期高齢者比率の高い自治体でこの繰入金が相対的に大きいことがわかる。

以下ではこの3会計のうち，国保と介護保険とに絞り，財政負担に関する自治体間の相違の背景にある事情を詳しく検討していくこととする。上述のように後期高齢者医療では市町村は保険料や給付に関する権限がなく，裁量の余地も小さいためである。

2 国保財政の自治体間比較

2.1 市町村国保の構造的脆弱性と財政調整機能

前述のように2018年度より国保の運営単位が市町村から都道府県に移行することになった。この制度改正に至った背景には，市町村国保の財政が抱えてきた次のような構造的問題がある。第一に被保険者の年齢構成が高く，それゆえに医療費水準が高いことである。08年の後期高齢者医療導入によって被保険者は75歳未満となったが，被用者保険加入者が退職してから後期高齢者医療に加入するまでの間は国保の被保険者となる。したがって，被用者保険に比べると被保険者の年齢はなお相対的に高くなっている。第二に被保険者の所得水準が低く，それゆえに保険料収入を確保しようとして保険料率を引き上げると被保険者の負担が大きくなり，収納率が低下するという問題である。国保創設当初は，農業従事者や自営業者といった被用者保険でカバーされない層を中心とし

第 9 章　医療・介護保険の財政分析

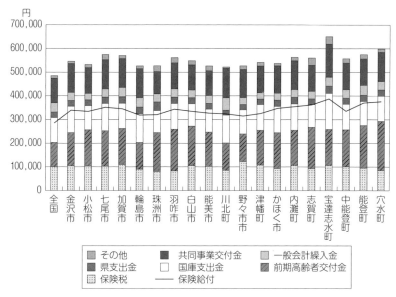

図 9 - 3　国民健康保険被保険者あたり歳入（2016年度）
注：保険税には医療給付費分の他，後期高齢者支援金分，介護納付金分を含む。
出典：国民健康保険事業年報2016年度版より作成。

た医療保険であったが，社会経済状況の変化とともにその被保険者構成は変化し，現在は退職者や無職者および被用者保険に加入しない非正規労働者等が多くを占めている。それゆえに他の医療保険に比べて被保険者の所得水準が低いという保険財政上の脆弱性をもつのである。第三に，自治体によって保険料や医療費，ひいては国保財政の健全性等に関する大きな地域間格差があること。その一方で，この格差問題に対して財政調整の試みが繰り返された結果，制度が著しく複雑化したといえる。

そこで，国保の財源構成を見ていきたい（図 9 - 3 参照）。国保も介護保険も，保険料と公費の半々で給付費等をまかなうことが原則とされているが，国保の場合は前期高齢者交付金を除く部分について，保険料と公費が折半と想定されている。しかし図に示される財政構造からは到底そのようには見えない。都道府県単位で行われる共同事業が保険料部分に含まれているほか，低所得者数に応じた調整としての保険者支援制度，低所得者の保険料軽減分を都道府県・市

町村で負担する保険料軽減制度等も保険料部分に含まれるためである。

　保険料については後で論ずるとして，さしあたり国保歳入の多くを占める各種の移転的財源に注目する。まず，自治体間調整の役割が大きいと思われるのが前期高齢者交付金である。これは，医療保険間の被保険者年齢構成の格差を調整するためのもので，文字通り前期高齢者の多い自治体により多く配分がなされる。また，国庫負担分についても財政調整機能が窺える。国保における国庫負担は，定率国庫負担（前期高齢者交付金を除く給付費等の32％）の他に，財政力の不均衡等を調整する目的の調整交付金（同9％）があり，医療費や所得の水準等によって財政的に困難を抱える保険者により多く配分される仕組みとなっている。またこれに加えて，都道府県単位の共同事業が設けられており，各自治体からの拠出に一部国・県の負担を交えて高額医療費による負担の調整や保険財政安定化が図られている。ただし，図に見られるように，前期高齢者交付金と国庫支出金の調整機能が相殺的――前期高齢者交付金の多い自治体では国庫支出金が相対的に少ない，あるいはその逆――になっている面も窺われる。

　なお，同図では被保険者一人当たりの給付費についてもあわせて示しているが（折れ線），給付費と歳入総額の間には乖離が見られる。これは，国保歳入の一部が共同事業への拠出金や，後期高齢者医療や介護保険への納付金等に回るためである（図9-2参照）。

　以上のように，国保財政はきわめて複雑にできている。これは，前述のような市町村国保の財政的脆弱性や地域間格差の調整のために，さまざまな試みが繰り返されてきたことの結果であろう。2018年度からの都道府県単位化においては前期高齢者交付金や国庫支出金は市町村でなく都道府県の国保特別会計に入ることになり，財政調整は市町村間ではなく都道府県間で行われることになる。ただし市町村国保会計でも保険料軽減・保険基盤安定のための一般会計繰入（国・都道府県負担あり）は引き続き行われるほか，市町村国保から都道府県国保に対する納付金額の決定も財政調整的性格をもつ。この点については武田（2017）を参照されたい。

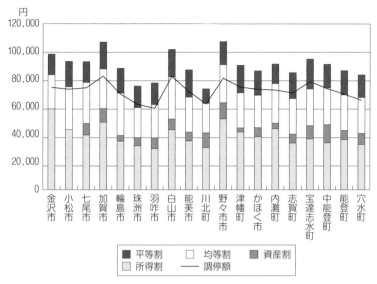

図9-4　一般被保険者医療費分一人当たり国民健康保険料
出典：国民健康保険事業年報2016年度版より作成。

2.2　保険料と法定外繰入

　保険料は，各保険者が必要な医療費給付の見込額から前期高齢者交付金や国・都道府県からの財政移転分および自治体の法定負担分を差し引いた額を確保すべく設定される。とはいえ，保険料を高く設定すれば低所得者層の負担が困難となり，保険料の収納率が低下してしまう（足立 2015；足立・上村 2013他）。保険料水準は，給付財源の確保と被保険者の負担能力の双方を勘案しながら決定される必要がある。

　保険料は，住民税の課税標準をもとに算出される所得割，固定資産税に関連させて課される資産割，各被保険者に一律に課される均等割，各世帯に一律に課される平等割の4種類から自治体が条例で定める課税方式を選択することとなっている（地方税法第703条の4）。図9-4に各自治体の保険料算定の内訳を示した。多くの自治体はこの4種を算定に用いているが，金沢市や小松市のように，近年は資産割を廃止する自治体も増えてきている。資産割は国保の多くを農業者が占めていた時代の名残といえ，現在の被保険者構成にはマッチせず，

また居住用資産の保有は必ずしも経済的負担能力と対応しないという問題があるためである。平等割や均等割は経済的負担能力に関わりなく一律に課されるという意味で「応益負担」と呼ばれており、所得割・資産割の「応能負担」とを50：50で課すことが標準とされているが、図に表れるように、金沢市や野々市市、川北町などのように応能負担分が6割近くを占める団体もある。被保険者一人当たりの保険料にはかなりのばらつきがあり、年額10万円を超える加賀市、白山市、野々市市に対してもっとも低い川北町との間には年額3万円もの開きがある。なお、図に「調停額」として示した線は、低所得者向け軽減措置や、賦課限度額超過分など、算定額から控除される分を除いた確定的な保険料である。これを見る限り、世帯単位の平等割の算定分はほとんど軽減措置と相殺されているように見える。保険原理を追求する立場から保険料の減免は限定的であるべきという原則が、被保険者の負担能力に見合っていないという実態の表れとみるべきであろう。

　一人当たり保険料の相違の背景にあるのは、このような課税方式の相違や料率の相違の他に、所得水準や保険料の収納率、自治体による独自の負担軽減措置のあり方、そしてそもそも保険料や他からの財政移転をもって確保されるべき医療費水準の相違等、多様な要因がある。ここではその一つとして、いわゆる「法定外繰入」に触れておきたい。前述のように、国保会計に対する一般会計の繰入金には、保険基盤安定繰入や財政安定化支援事業繰入といった法定の繰入の他に、自治体が保険料軽減等を目的として独自に一般会計から繰入を行うものもある。厚生労働省はこれに対して批判的ではあるが、国保の保険者である自治体が政策的に決定することであり、法的には何ら問題はない。

　保険料を低く抑えつつ法定外繰入を行っている市町村は全自治体の約3分の1に及び、国の普通調整交付金を受けていない財政的に豊かな自治体が法定外繰入を行っている実態もあるとされる（西沢 2015）。他方で、財政的に豊かだとみなされる大規模自治体ほど国保財政が厳しく、赤字が多いために法定外繰入を行っているのだとの指摘もある（伊藤 2015）。また、財政力要因だけでなく、保険料水準の高さやその引き下げへの政治的働きかけの強さも関わるとの研究もある（漆戸 2016）。石川県内では2016年度に金沢市、能美市、野々市市、

川北町，穴水町で「その他繰入金」があり，なかでも川北町の繰入額はかなり大きく，それによって保険料水準が抑えられていることは図からも察せられる。

2.3　医療給付費の地域間格差：保健事業との関係

次に，医療給付費の地域差についてみていきたい。医療にかかる費用を示す指標としては，診療報酬明細書・調剤報酬明細書（レセプト）に基づいた医療費（「医療給付実態調査」における医療費）と，保険会計における支出額としての医療給付費（「国民健康保険事業年報」および「地方財政状況調査表」における医療給付費）がある。以下では主に医療給付費を自治体間で比較する。

その際，各市町国保の被保険者一人あたり医療給付費分で単純に比較してしまうと，被保険者の年齢構成の地域差が大きく反映されてしまうと考えられるため，ここでは「年齢調整後医療費指数」を用いる。これは，2018年度からの国保都道府県単位化に際して，都道府県が市町村に課す納付金の算定について，厚生労働省が示す標準算定方式で用いられている指標のひとつである。[4] 5歳階級別医療費[5]に，各市町の5歳階級別被保険者数[6]を掛け合わせたもので，各市町の医療給付費を除した[7]ものが「年齢調整後医療費指数」である。つまり，年齢階級ごとの一人当たり医療費が県のそれと同一と仮定した時の医療費に対する，市町における実際の医療給付費の比率ということになる。[8]

さて，図9-5はこのようにして算出した年齢調整後医療費指数を示したものである。珠洲市において医療費水準が目立って低いこと，宝達志水町，内灘町，金沢市において医療費水準が高いことが目につく。ただし，宝達志水町，穴水町，白山市，能美市，川北町などに見られるように，年度によって医療費指数が大きく変動する市町があり，宝達志水町の場合は2015年の何らかの突発的要因によるものと考えられる。また，高齢化の度合の高い能登北部の自治体の間でも，輪島市，珠洲市で医療費指数が低いのに対して能登町・穴水町は概ね県内平均水準であるという相違が見られる。年齢調整後医療費指数とはいえ，高齢化の度合が大きければ医療給付費総額は当然大きくなるはずであり，このような現象には年齢構成以外の要因を検討する必要があろう。

先行研究においては医療費水準に影響を与える要因として，被保険者の年齢

第Ⅳ部　地域の医療・介護経済の評価

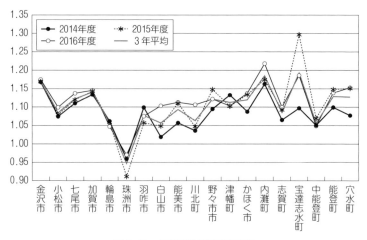

図9-5　年齢調整後医療費指数

構成の他に，医療へのアクセス条件，保健事業やソーシャルキャピタルの状況等が指摘されている（今村ほか 2015，他）。また，医療費の水準は診療報酬に規定され，医療技術の進歩や新薬開発によって上昇せざるをえないことも指摘されている（高橋 2015）。つまり，医療費の動向には，医療特に高度医療へのアクセス条件や保健活動等の要因が作用すると考えられる。そこでここでは関係すると思われる幾つかの指標を用いて相関関係を算出してみた（表9-1）。ただし，データ数が少ないため統計的な有意性をもつものではなく，あくまで各指標間の関係を直感的に捉えるに過ぎないことを断っておく。

　まず，自治体による保健活動が医療費にどのような作用を及ぼすかについてであるが，一人当たり保健事業費が多い自治体ほど医療費水準が低い傾向が窺える。しかし他方で，同じく保健事業に関わる指標ではあるが，特定健康診査事業についてはあまり明確な相関性は観察できない。特定健康診査は，身体計測，血圧測定，血液検査，尿検査等の比較的簡易な検査項目からなる診査で，判定結果によって特定保健指導を受けさせるものである。これらの事業への予算配分，健診や指導の実施については，医療費水準との関係を明示的に読み取ることは難しい。他方，一人当たり保健事業費については，特定健康診査や住民検診の受診率と若干の相関性がみられ，医療施設の立地状況とは負の相関に

表 9-1　医療費に関する各種指標の相関係数

		A	B	C	D	E	F	G
A	年齢調整後医療費指数	1						
B	一人当たり保健事業費	−0.4616	1					
C	一人当たり特定健診事業費	−0.1983	−0.1026	1				
D	特定健康診査受診率	−0.0740	0.2581	0.3769	1			
E	特定保健指導実施率	0.2440	−0.2907	0.1220	0.4845	1		
F	住民検診受診率	0.2048	0.2949	−0.1147	0.3947	0.0767	1	
G	1km2あたり医療機関	0.1976	−0.1471	−0.2862	0.1101	0.0162	0.1251	1
H	1000人あたり病床	0.4229	−0.3101	−0.0375	−0.2886	−0.0870	−0.1671	0.1267

出典：A：図9-5で算出した3年間分。
　　　B, C：『国民健康保険事業年報』(2014～16年度版) より保険者における事業費歳出を被保険者数で除したもの。
　　　D, E：石川県国保連合会『グラフで見る石川の国保と介護』2014～16年度。
　　　F：『地域保健・健康増進事業報告（地域保健編）市区町村表』(2014-16年度) 第01表の受診者を国保・後期高齢者医療被保険者数合計で除したもの。
　　　G, H：『医療施設調査』2016年医療施設（動態）調査, E1表, E2表。

ある。つまり，医療施設の立地が少ない自治体にあっては保健活動に力を入れており，そのことが受診率の向上に寄与していると推測することができよう。ただし，特保指導や自治体が実施する住民向けの検診の受診率と医療費の間には弱いながら正の相関関係があり，検診の結果疾病が発見されることで短期的には医療費が増加するという傾向も否定できない。

2.4　医療費の地域差：医療機関の立地状況

続いて同じく表9-1で医療機関の立地状況についてみると，1km^{2}あたり医療機関は医療費と明示的な相関があるといえないが，人口1000人あたり病床数は医療費と正の相関が見られる。つまり，入院施設をもつ医療機関の立地状況が医療費にある程度の影響をもたらしていることは否定できない。

表9-2は病床の機能別分布を示したものであるが，石川中央圏に病床が集中していること，特に高度急性期医療はほとんどここに限定されることがわかる。金沢市，内灘町には大学病院をはじめ高度急性期病床をもつ病院が複数立地しているためである。これに対して能登北部圏においては高度急性期病院が

表9-2 二次医療圏別・病床機能別分布

二次医療圏	全体	高度急性期	急性期	回復期	慢性期	休棟など
南加賀圏域	2535	30	1283	253	844	125
石川中央圏域	9954	2381	3292	969	3126	186
能登中部圏域	1710	52	980	152	526	0
能登北部圏域	787	0	475	52	260	0
総計	14986	2463	6030	1426	4756	311

注：2016年度病床機能報告に基づく2016年7月1日時点の状況。
南加賀：小松市，加賀市，能美市，川北町
石川中央：金沢市，白山市，かほく市，野々市市，津幡町，内灘町
能登中部：七尾市，羽咋市，志賀町，宝達志水町，中能登町
能登北部：輪島市，珠洲市，穴水町，能登町
出典：石川県ホームページ
（http://www.pref.ishikawa.lg.jp/iryou/support/byoushoukinou/h28houkoku.html）より作成。

表9-3 二次医療圏別の一般病床入院患者の住所地分布 (%)

患者の住所地 ＼ 施設所在地	総数	南加賀	石川中央	能登中部	能登北部
総数	100.0	17.6	63.4	13.9	5.2
南加賀	100.0	80.7	19.3	0.0	0.0
石川中央	100.0	1.6	98.0	0.4	0.0
能登中部	100.0	0.2	23.5	76.2	0.0
能登北部	100.0	0.3	22.1	17.2	60.4

出典：『石川県医療計画（案）』2018年2月，12ページ。

なく，各自治体にある総合病院が一次医療をも兼ねる形で二次医療を担っているのである。能登地域ではそのような総合病院のほとんどは公立病院であり，人口減少・高齢化のなかで開業医が減少し，公立病院が地域医療の担い手として不可欠のものとなっている実態がある。能登中部・北部においては高度急性期医療を担うのは七尾市にある拠点病院であり，2つの医療圏を含めて高度急性期病床が何とか確保されている状況がうかがえる。

さらに，表9-3は入院患者の住所地と病院所在地との関係を示したものだが，受療動向における南北格差が見て取れる。能登北部の住民の入院先は60%が地元の病院であるが，17%は能登中部すなわち主として七尾市内の総合病院，

22％は石川中央すなわち金沢や内灘の大学病院・総合病院に入院している。能登中部の住民が能登北部の公立病院に入院することはほとんどなく，76％が地元の病院に入院できている反面，23％強は石川中央の病院に流れている。石川中央では98％，南加賀では80％強の住民が地元の病院に入院できているが，南加賀でも20％弱の住民は石川中央の病院に入院している状況がわかる。このような動向は，診療科の種類や高度医療の対応可能性等の条件に起因するものであり，高度医療を担いうる医療機関が石川中央に集中していることの結果であろう。

3 介護保険財政の自治体間比較

　本節では，介護保険における保険料や介護給付について，自治体間の比較を行う。前出図9-1でみたように，ほとんどの自治体にとっては国保よりも介護保険への繰入が多くなっている。08年の後期高齢者医療制度創設によって国保の受給者が減少した一方で，高齢化の進展の下で介護保険の利用が増加しているという事情があるものと考えられる。

3.1　介護保険の歳入構造

　介護保険においては，第二号被保険者分の保険料である支払基金交付金と市町村が徴収する第一号被保険者分の保険料とで概ね給付費の半分を確保する構造となっている。ただし図9-6に示されるように，両者の割合は自治体によって異なっている。
　移転的財源については，国庫支出金が果たす財政調整的役割が大きいように見える。国庫負担は給付費等の25％（都道府県12.5％，市町村12.5％）と定められているが，このうち5分の1は後期高齢者の比率や所得水準に応じて配分される調整交付金である。また，支払基金交付金は，各種医療保険（健保組合，協会けんぽ，国保）を通じて徴収された第二号被保険者分の保険料が社会保険診療報酬支払基金を通じて配分されるものであり，これも財政調整機能の一端を担っていることが見て取れる。この結果，年齢構成等による介護保険財政の

第Ⅳ部　地域の医療・介護経済の評価

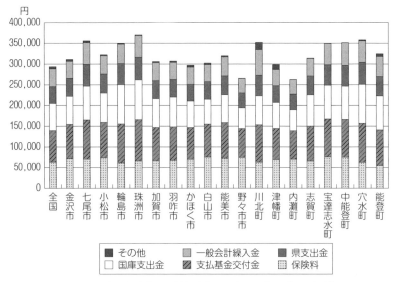

図9-6　介護保険第一号被保険者一人当たり歳入（2015年度）
出典：介護保険事業状況報告（年報）2015年度版より作成。

不利性が保険料に直結しにくい仕組みとなっている。

　さて，介護保険においては，自治体は3年ごとに介護保険事業計画を策定し，給付費等を見積もって，概ねその22％を第一号被保険者の保険料で賄うように当該期の保険料を決定する。国保では保険料は応益負担と応能負担からなり，所得に限らず一律に負担する均等割や平等割が保険料の構成要素に含まれていたが，介護保険料では所得のみが保険料算定の基準となる。

　保険者は，保険料基準額と保険料区分を定める。基準額は，本人が住民税非課税で世帯に住民税課税者がいる場合で，本人の年金収入と合計所得金額の合計が80万円を超える被保険者について算定される保険料である。この基準額を元に，保険料区分ごとに定められた係数を掛ける。国のモデルによれば，所得状況に応じた9段階の区分があり，それぞれ基準額に0.3～1.7の係数を掛けることとされるが，県内自治体の保険料区分は6段階（七尾市）から14段階（能美市）まで多様に設けられている。

　保険料基準額と，これまで述べてきた一人当たり保険料との間には，かなら

第9章　医療・介護保険の財政分析

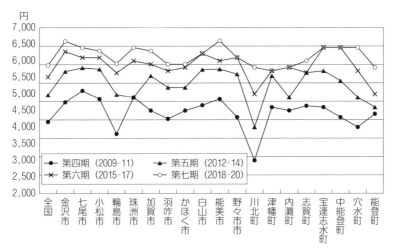

図9-7　介護保険料基準額（月額）の変遷

ずしも対応関係はない。被保険者の所得が保険料区分の間にどのように分布するかはかなり地域差があるためだ。退職前の稼得機会あるいは加入年金の種類に規定され，年金の二階建・三階建部分のある厚生年金や共済年金への加入機会の大小によって地域的な所得格差が生じると考えられる。

一方国は，低所得者への自治体独自の減免措置は行うべきでないとの見解を示している。これは「保険料3原則」といわれるもので，減免は個別申請により判定すること，全額免除は行わないこと，一般財源の繰入を行わないこと，とされている。とはいうものの，2016年度4月1日現在では，低所得者への単独減免を実施している保険者数は497であり，このうち3原則の範囲内で行っている保険者は453であるという。[9] 分権一括法以後，国が地方団体に対して行う「関与」には制約が設けられたため，厚生労働省の定める基準や原則は必ずしも貫徹するものではないといえそうだ。

さて，図9-7は第四期以降の各自治体における介護保険料の基準額を示したものである。

最新の第七期においては，月額5,700円から6,400円までの基準額の相違があるが，第四期，第五期に比較するとその格差は小さくなっている。第四期，第

第Ⅳ部　地域の医療・介護経済の評価

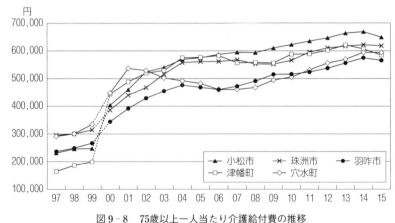

図9-8　75歳以上一人当たり介護給付費の推移
注：97-99年度は老人福祉費の給付関係部分。
出典：地方財政状況調査DBおよび介護保険事業報告各年度版より作成。

五期では極端に保険料の低い自治体が散見された。第四期の輪島市は能登半島地震（2007年）による被害への配慮，野々市市は市制移行（2011年）前という要因がそれぞれ働いていた可能性はあるが，第五期において極端に低水準にあった川北町は第七期には他自治体と並ぶ水準に引き上げられている。このように，県内自治体の比較においては，保険料の平準化が進んでいるように見える。しかし全国的な動向としては保険料の地域間格差は拡大しており，県内自治体間では横並び意識が強く働いた結果なのかもしれない。

3.2　介護保険給付の長期的推移

次に介護保険給付の推移について見てみたい。図9-8は石川県内のいくつかの自治体について，介護給付費の長期推移を示したものである。これらは，非合併自治体で介護保険導入時から連続したデータを得られる市町から，異なる人口構成をもつ自治体をピックアップしたものである。介護保険導入以前の介護給付とも比較するため，1997～99年度の老人福祉費のうち人件費，物件費，扶助費，補助費の合計を75歳以上人口で除したものを接続させている。

まず，介護保険導入前後の変化についてみると，いずれの自治体でも給付費の急増がみられるものの，珠洲市，羽咋市では99年までの増加に対して2000年

は趨勢をやや上回る増加であったのに対し，小松市，津幡町では99年までの趨勢と2000年以降の推移との間に断絶が見られる。このような相違は，潜在的な介護ニーズに対して，サービス供給可能な事業所あるいは新たに介護分野に参入可能な事業所がどのくらいあったかを示すものであろう。概して都市的地域ほど介護市場の発展が著しく，いわば供給が需要を生み出す「セイ法則」が貫徹した結果と推測される。

　介護保険第一期（00～02年度）から第二期（03～05年度）にかけては，穴水町を除きいずれの自治体でも給付が大きく増加している。介護事業者の参入が進んだことに伴い，潜在的であった介護ニーズが顕在化したものと思われる。また，岩本ら（2016）が介護保険の導入が「社会的入院」の減少に寄与したことを指摘しているように，この時期の介護給付の急増の背景には，医療費からのシフトが生じていたとも考えられる。

　これに続く第三期から第四期（06～11年度）は全般的に給付の抑制傾向が明らかに見て取れる。これは，介護給付の急増を懸念した国が抑制策を打ち出したことの結果と考えられるが，その中でも第三期には羽咋市，穴水町で増加傾向を示し，珠洲市，津幡町では減少傾向が見られる。またその一方で小松市においては緩やかながら増加を続けている。また，穴水町では01年度をピークに07年度まで減少するという特異な推移を示しているが，それ以降は羽咋市とほぼ同様の増加傾向に転じている。第五期（12～14年度）はいずれの自治体も同様の増加傾向を示し，第六期（15年度～）に入るなり減少に転じるところもほぼ共通している。

　このように，自治体によって給付費の推移が異なる背景には，次のような事情が考えられる。第一に，年齢構成の相違である。図9-8は75歳以上一人当たりの給付費ではあるものの，より高い年齢の人口が大きければ要介護度は高くなる傾向があり，一人当たりの給付費は大きくならざるをえない。高齢化の進み方には地域差があり，後期高齢者数が前期高齢者数を上回る地域が特に能登地域には多い。第二に，介護施設の立地状況の相違によっても給付費は大きく変わってくる。これは次項で詳しく見ていくが，居宅サービスへのアクセス如何と施設介護への必要度にも地域差があり，施設系サービスが大きければ介

第Ⅳ部　地域の医療・介護経済の評価

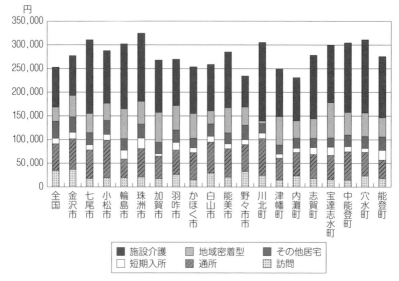

図9-9　第一号被保険者一人当たり介護給付費（2015年度）

護給付費はより大きくならざるをえない。また第三に，これは本章では十分に検証できないが，療養病床の立地によって医療費と介護費のトレードオフが生じている可能性もあろう。

3.3　介護サービスの利用内訳

次に，介護給付費のサービス種類別の内訳を見ることで，介護給付費の増加の要因を考えてみたい（図9-9）。前述のように介護給付費全体の大きさは，概ね高齢化の度合い，特に後期高齢者比率の高さに規定される傾向がみられる。他方で川北町では住民の年齢構成が若いにもかかわらず，介護給付費が大きくなっているが，その内訳をみると施設介護費が大きいことがわかる。概して施設介護費が給付費全体を押し上げている一方で，居宅や地域密着型での給付費が大きい自治体では施設介護費が相対的に小さい傾向がある。

また，図9-10は75歳以上の被保険者総数に占める要介護・要支援認定者の比率を示したものである。石川県内においては，全国平均に比べて認定者率が高い自治体がほとんどであるが，これは75歳以上でもさらに高齢の住民比率が

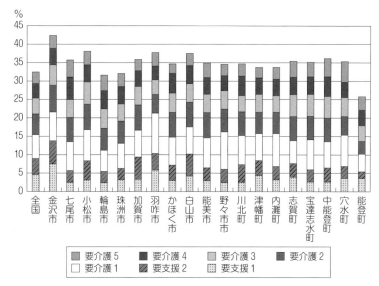

図9-10 75歳以上被保険者に対する認定者数の比率（2015年度）

　高いことを反映している。個別について見ると、まず金沢市において認定率が高いことが目につくが、要支援1～要介護1の認定が約半分を占めており、重度の認定は相対的に少ない。他方で、能登町では認定者比率が極めて低いが、これには要支援1～要介護1の認定が少ないことがその一因となっている。しかし前出図9-9では能登町の介護給付費はさほど低いとはいえず、それには施設介護の比重の大きさが関係していることがわかる。同町には144床と相対的に大きな病床をもつ介護療養型医療施設があり、町外からの入院もありうるものの、このことが関係している可能性もある。その他の自治体をみると、概して小松市、羽咋市、白山市といった加賀地域の都市部で認定者率が高い傾向を示している。これに対して、輪島市、珠洲市は相対的に認定者率が低い。

　このような、自治体による介護給付費の相違をもたらす要因として考えられるものについて、相関関係をみたものが表9-4である。前出表9-1と同様、これも統計的有意をもつものではなく、直観的に各指標の関係を捉えるものである。まず、給付費の大きさに関わるのは後期高齢者比率に示されるような住民の年齢構成と、高い要介護度の認定者比率、そして介護施設等の収容力であ

表9-4 介護保険給付に関連する各種指標の相関係数

		A	B	C	D	E	F
A	給付費	1					
B	要支援～要介護1	-0.3352	1				
C	要介護3以上	0.5471	-0.3879	1			
D	施設定員・病床	0.3491	-0.1572	0.1841	1		
E	訪問・通所介護事業所数	-0.5559	0.2198	-0.2503	-0.1621	1	
F	75歳以上中単独世帯比率	0.1133	0.0719	-0.0054	0.2526	0.1703	1
G	75歳以上人口比率	0.6438	-0.3851	0.1542	0.4986	-0.4790	0.5175

出典：A：地方財政状況調査DBより2013～2015年度分，第一号被保険者一人当たり金額。
B, C：『介護保険事業報告』2013～15年度版より，75歳以上第一号被保険者総数に占める各認定者比率。
D：『介護サービス施設・事業所調査』2013～15年度版より，介護老人福祉施設・介護老人保健施設の定員および介護療養型医療施設の病床数の合計を第一号被保険者あたりで算出した。
E：『石川県統計書』2013～2015年度版より，単位面積当たり訪問介護事業所および通所介護所数合計。ただし，同一の事業所が両事業を実施している場合はダブルカウントされている。
F, G：2015年国勢調査による。

る。また，後期高齢者の単身世帯の多寡は要介護認定や給付費水準にはあまり関連性がみられないが，介護施設等の定員と若干の関連性がみられる。高齢化の度合いが高ければ，高齢者の単身世帯も多い傾向があり，要介護度が高くなるリスクも高まる。一方で，相対的に軽度の認定者が多い地域では居宅介護事業所も多い傾向がある。

このことから推測できるのは，次のようなことである。居宅サービス事業所が多く立地する都市部では，比較的軽度の段階から要支援・要介護認定を受け，居宅介護サービスを利用する。介護施設へのニーズは当然あるものの，できるかぎり居宅でカバーしようとする自治体の政策意図は貫徹されやすい。これに対して，居宅サービス事業所の立地が少ない地域では，軽度の要支援・要介護認定を受けても利用できるサービスが多くないため，認定へのインセンティブは弱い。結果的に要介護度が高くなった段階で施設介護を選択せざるをえず，さらにその結果として給付費を押し上げることとなる。このように，地域によって利用可能な介護サービスの種類・量は異なっており，人口減少・高齢化の

進む地域での介護保険財政を厳しいものにしている要因もそこにあるといえよう。

4 地域間格差と広域化をめぐる政策的含意

　市町村の政策的裁量の余地がほとんどない後期高齢者医療についてはここでは措くとして，以下では国民健康保険および介護保険について，保険者が採りうる政策的余地についてまとめておきたい。
　まず国保については，都道府県単位化されたとはいえ，市町村はなお共同の保険者として保険料の決定権限をもつ。都道府県によっては保険料一律化の方針を打ち出しているところもあるが，本章で例示した石川県のような医療機関立地の地域間格差の大きい県にあっては，医療へのアクセス条件の相違にもかかわらず保険料を一律とすることは，保険原理にも合致しないと考える。また，市町村が決定する保険料は，都道府県が決定する（そのプロセスには当然市町村も関与可能）納付金や標準保険料に影響を受けるものの，市町村の保険料決定には次のような政策的余地はある。第一に，一般会計からの繰入によって保険料水準を抑制することは可能ということである。これは自治体の財政力次第との指摘もあるが，少子化対策として子どもの医療費無料化をめぐる自治体間競争が生じている現状をみれば，むしろ自治体の政策スタンスとして検討されるべきことであろう。第二に，保険料の賦課方式や賦課限度額の決定も自治体の権限で行われる。住民の負担能力を適切に捕捉する賦課方式を工夫する余地は大きいと考えられる。第三に，他章でも論じられることであるが，自治体が疾病予防等の保健活動に取り組むことによって医療費の抑制を図る余地はある。これは介護保険でも同様ではあるが，国保の場合には国の方策としても予防事業へのインセンティブを伴う補助金が設けられている。
　そしてもう一方の保険者である都道府県についていえば，上記のような医療機関立地状況の地域間格差を解消する方向に向けての努力が必要ということである。都道府県は医療計画の策定者として，病床配置の政策責任をもつ。国による病床削減の圧力はあるものの，住民が住む地域によって医療を受ける権利

が制約されるという問題を解決する責任は都道府県にある。

　介護保険については，保険財政の格差是正を目的とした財政調整は大きいものの，保険料水準が保険給付費の動向に左右される仕組みとなっている。ただし医療と異なり，介護サービスの立地・配置については自治体の権限の下に置かれており，ここに政策的余地があると考えられる。介護施設の立地が自治体・被保険者負担を大きくするという仕組みのもとでは，自治体としては居宅・地域密着型へのシフトを図らざるを得ない。しかし，市場規模や人材確保の可能性から介護サービス事業者の立地が希薄な地域はあり，そうした地域では潜在的なニーズがあってもそれらは顕在化せず，介護給付費が低水準になっている場合もある。自治体としては，高齢者が住み続けることのできるまちづくりという観点からの政策的取り組みが求められ，広域調整者としての都道府県や国には，こうした地域的な不利性に対する一層の支援策が求められる。

注
(1) 自治体の条例によって「保険税」「保険料」と呼称が異なるように，賦課権限は市町村にある。以下では一律に「保険料」としている。
(2) 本稿脱稿時点で国民健康保険事業年報は2016年度決算分まで公表されているが，介護保険事業報告は2015年度決算分までであるため，両保険の分析に年度のズレがある。
(3) 地方財政状況調査表DBの27表「公営事業等に対する繰出し等の状況」に示される一般会計からの繰出金と，各会計における「他会計繰入金」は一致しない。ここでは52表（国民健康保険事業会計（事業勘定）決算の状況），94表（後期高齢者医療事業会計決算の状況），63表（介護保険事業会計（保健事業勘定）決算の状況）における「他会計繰入金」ないし「一般会計繰入金」を用いた。
(4) 厚生労働省保険局長通知「納付金及び標準保険料率の算定方法について」2016年4月28日付保発0428第17号。
(5) 「医療給付実態調査」表7，データベース5。厚労省ガイドラインの納付金算定では全国の値だが，ここでは石川県内の値を用いる。
(6) 「国民健康保険実態調査」保険者別データ。
(7) 「国民健康保険事業年報」保険者別データ，B(1)表における療養給付費合計。
(8) つまり，保険者の給付支出額とレセプトデータの医療費という異なるデータ系列を用いて指数を求めていることになる。

(9) 厚生労働省介護保険計画課「平成28年度介護保険事務調査の集計結果について」『介護保険最新情報』Vol. 592，2017年5月30日。

参考文献

足立泰美・上村敏之（2013）「国民健康保険制度における財政調整と保険料収納率」『生活経済学研究』37：15-26。

足立泰美（2015）「国民健康保険制度における保険料賦課方式の違いが収納率に与える影響」『甲南経済学論集』55(3・4)：241-263。

伊藤周平（2015）「医療保険制度改革法の諸問題と課題――国民健康保険の都道府県単位化の問題を中心に」『賃金と社会保障』1636：4-21。

今村晴彦・印南一路・古城隆雄（2015）「都道府県別国民健康保険医療費の増加率に関するパネルデータ分析」『季刊社会保障研究』51(1)：99-114。

岩本康志・鈴木亘・両角良子・湯田道生（2016）『健康政策の経済分析――レセプトデータによる評価と提言』東京大学出版会。

漆戸宏宣（2016）「国民健康保険における法定外一般会計繰入・前年度繰上充用金に関する分析」『公共選択』65：33-49。

髙橋紘士（2015）「医療と介護――国民健康保険と介護保険」『都市問題』106：83-88。

武田公子（2017）「国民健康保険の都道府県単位化をめぐって――石川県内の自治体を事例に」『金沢大学経済論集』37(2)：5-31。
http://hdl.handle.net/2297/47942

西沢和彦（2015）「国民健康保険財政「赤字」の分析」『JRIレビュー』2015(3)：27-42。

横山純一（2015）『介護・医療の施策と財源』同文舘出版。

第10章

家内ケア労働と介護離職問題の実態と社会的費用

寒河江雅彦

　超高齢化社会において，要介護者の増加に伴う介護ケアに従事する家族（以降，家族介護者とする）の介護労働実態を取り上げる。はじめに全国における介護家族の実態を概観する。続いて，我々が石川県羽咋市において取り組んでいる家族介護者の介護実態調査に基づいて，介護離職・転職，無職・専業主婦の介護実態をまとめ，介護労働に伴う経済損失がどのくらいの規模となるか推計する。

1　全国における高齢化の推移

　全国の家内ケア労働と介護離職問題の実態を概観する。内閣府の高齢化社会白書の中に厚生労働省，内閣府，総務省等の各種の統計調査データに基づいた高齢者及び介護の実態がまとまっており，参考になる。平成29年版の内閣府発行の高齢社会白書及び他の統計データから我が国の高齢化の推移と将来推計のポイントを抜粋する。

1.1　高齢化の推移と将来推計

　総人口は2016年に1億2,693万人であったが，2053年には1億人を割り，2065年には，9千万人を切って8,808万人になると推計されている。総人口が減少する中で，高齢化率は上昇する。高齢者人口は，いわゆる「団塊の世代」（昭和22（1947）～24（1949）年に生まれた人）が65歳以上となった2015（平成27）年には3,347万人となり，その後も増加傾向にある。2042年に3,935万人でピークを迎え，その後は減少に転じるが高齢化率は上昇傾向が暫く続くと推計

第10章　家内ケア労働と介護離職問題の実態と社会的費用

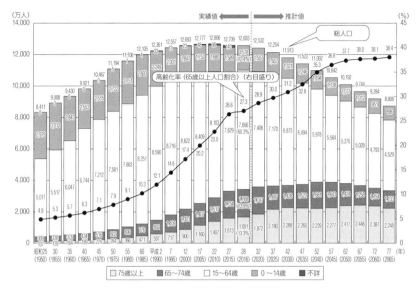

図10-1　高齢化の推移と将来推計

資料：2015年までは総務省「国勢調査」，2016年は総務省「人口推計」（平成28年10月1日確定値），2020年以降は国立社会保障・人口問題研究所「日本の将来推計人口（平成29年推計）」の出生中位・死亡中位仮定による推計結果

（注）2016年以降の年齢階級別人口は，総務省統計局「平成27年国勢調査　年齢・国籍不詳をあん分した人口（参考表）」による年齢不詳をあん分した人口に基づいて算出されていることから，年齢不詳は存在しない。なお，1950年〜2015年の高齢化率の算出には分母から年齢不詳を除いている。

出典：内閣府高齢社会白書。

される。2065年には高齢化率は38.4％に達し，約2.6人に1人が65歳以上と推計される。2065年には75歳以上の人口が総人口の25.5％となり約4人に1人が75歳以上と推計される。

1.2　要介護者数の推移

　介護保険制度における要介護あるいは要支援の認定を受けた65歳以上の者（要介護者等）の人数は毎年増加している。要介護者等は，平成26（2014）年度末で519.8万人，平成15（2003）年度末の370.4万人から221.4万人増加している。75歳以上の被保険者のうち要介護の認定を受けた人の割合は23.5％を占める。

第Ⅳ部　地域の医療・介護経済の評価

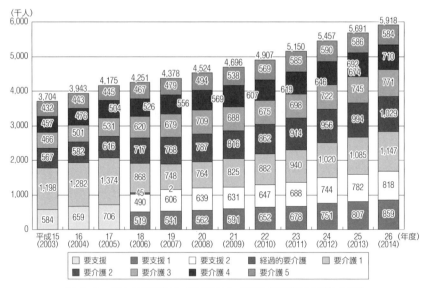

図10-2　第1号被保険者（65歳以上）の要介護度別認定者数の推移
資料：厚生労働省「介護保険事業状況報告（年報）」
（注1）平成18年4月より介護保険法の改正に伴い，要介護度の区分が変更されている。
（注2）平成22（2010）年度は，東日本大震災の影響により，報告が困難であった福島県の5町1村（広野町，楢葉町，富岡町，川村町，双葉町，新地町）を除いて集計した値
出典：内閣府高齢社会白書。

表10-1　要介護等認定の状況

単位：千人，（　）内は％

65～74歳		75歳以上	
要支援	要介護	要支援	要介護
245（1.4）	508（3.0）	1,432（9.0）	3,733（23.5）

注1：経過的要介護の者を除く。
注2：（　）内は，65～74歳，75歳以上それぞれの被保険者に占める割合
資料：厚生労働省「介護保険事業状況報告（年報）」（平成26年度）より算出
出典：内閣府高齢社会白書。

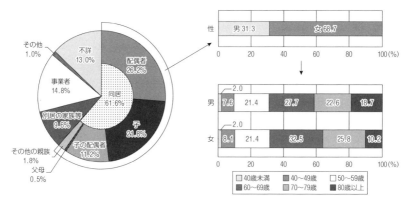

図10-3　要介護者等から見た主な介護者の続柄

資料：厚生労働省「国民生活基礎調査」（平成25年）
（注）主な介護者の年齢不詳の者を含まない。
出典：内閣府高齢社会白書。

1.3　要介護者等から見た主な介護者の続柄

　要介護者等の61.6％が主な介護者と同居している。要介護者等から見た主な介護者の続柄は，配偶者が26.2％，子が21.8％，子の配偶者が11.2％となっている。また，介護者の性別については，男性が31.3％，女性が68.7％と介護者の役割の多くを女性が担っている。要介護者等と同居している主な介護者の年齢が60歳以上の割合は，男性では69.0％，女性では68.5％であり，70歳以上の割合は男性が41.3％，女性が36.0％で「老老介護」も相当数存在している。

1.4　家族介護者の推移

　2012（平成24）年の総務省による就業構造基本調査では，雇用者で介護をしている人は239万9千人（内訳，女性は137万2千人，男性は102万7千人）である。雇用者数全体のうち，女性は5.5％，男性は3.3％である。図10-4に，2008（平成20）〜2012（平成24年の介護及び看護を理由とした離職・転職者数の推移（男女比含む）と折れ線は労働力人口に占める割合を示している。5年間の推移は，横這いで推移しているが，介護・看護による離職・転職者数の労働力人口に占める割合は労働力人口の減少傾向から緩やかに増加している。調査直近の1年間（2011年10月〜2012年9月）で約10万人が介護・看護のために離

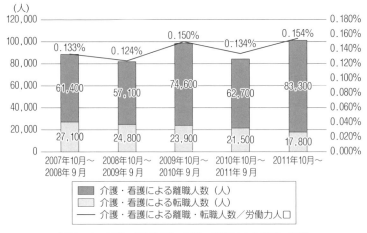

図10‐4　2008～2012年度　介護・看護による離職・転職
出典：2012（平成24）年の総務省による就業構造基本調査より筆者作成。

職・転職している。同調査の中で女性の離職・転職の割合は約8割であることが分かる。

1.5　介護時間

厚生労働省「国民生活基礎調査」の大規模調査の「介護票」で全国の世帯及び世帯員の要支援・要介護者と家族介護者について調査が行われている。介護時間について調査のある2001（平成13）～2016（平成28）年の16年間の推移を図10‐5に示す。調査で行った「ほとんど毎日」「半日程度」「毎日2，3時間程度」と答えた人の合計は，過去15年の推移を見ても40％代を推移し，介護家族の4割が毎日2，3時間以上，介護のために時間をかけている現状がわかる。

1.6　介護を機に離職した理由

介護離職した人の主な離職の理由について（図10‐6）は，男女ともに最も多かったのが「仕事と手助け・介護の両立が難しい職場だったため」が6割を越え，「自分の希望として手助け・介護に専念したかったため」は男女ともに2割を越えている。家族介護者の介護と就労の両立に対する現状の困難さが介

第10章　家内ケア労働と介護離職問題の実態と社会的費用

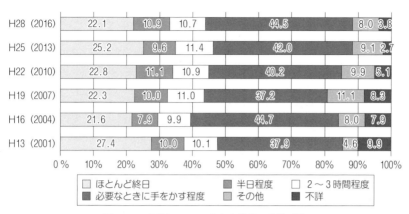

図10-5　同居している主な介護者の介護時間

出典：厚生労働省「国民生活基礎調査」より筆者作成。

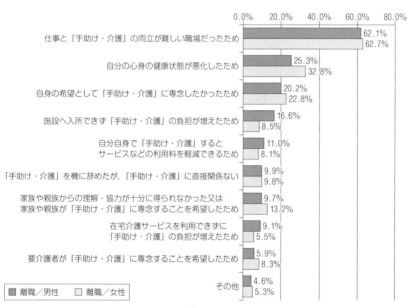

図10-6　介護を機に離職した理由

出典：内閣府高齢社会白書。

護離職を生んでいる様子がわかる。

2　羽咋市における家族介護者の介護実態

　羽咋市における介護ケアに主に従事する家族（家族介護者と呼ぶ）の介護労働実態とその賃金換算推計に基づいた地方小都市の事例研究を紹介する。介護離職・転職によって所得がどのくらい変化しているかを推計する。また，無職・専業主婦の家族介護者が担う無給の介護労働を介護時間から賃金換算することで経済的評価を試みる。

2.1　羽咋市における家族介護者の実態及び介護負担に関する調査の概要

　石川県羽咋市の要介護・要支援認定を受けている全世帯（施設入所者を除く）1,440人を対象として「羽咋市における家族介護者の実態及び介護負担に関する調査」を2017（平成29）年1月に実施した。無記名自記式質問紙郵送法で調査を行い，回収率は40.0％（576票）であった。調査内容は，要介護・要支援者の属性から家族介護者の就労実態まで40項目にわたるが，ここでは本章で使用する項目のみに限ることとする。基本属性では，要介護・要支援者の年齢，家族介護者の年齢，要介護・要支援者との続柄，1週間当たりの介護労働時間で構成した。就労状況については，就労形態，1週間当たりの介護時間，就労形態の変化の有無，就労変化時の年齢，就労変化後の雇用形態，就労変化前の年収，就労変化後の年収で構成した。

2.2　要介護・要支援者と家族介護者の実態アンケート結果概要

　要介護・要支援者からみた主な家族介護者の続柄を見ると，同居の割合が72.4％，家族介護者の30.7％が配偶者（別居を含む）であり，家族介護者が子或は子の配偶者（別居を含む）の割合が64.6％となっている。同居している家族介護者の性別は64.2％が女性である。同居している家族介護者の男女別の年齢構成を見ると，男女ともに最も多いのが60歳代，男性の60歳以上が83.7％，女性の60歳以上が77.7％であり，老老介護の実態は全国に比べて，高い年齢に

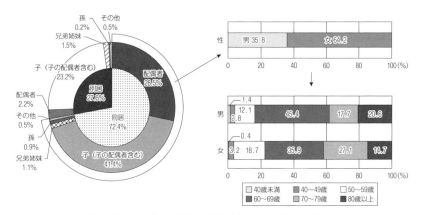

図10-7　要介護・要支援者からみた主な家族介護者の続柄
出典：羽咋市アンケート調査をもとに筆者作成。

シフトしているのが分かる。また，同居の割合が全国平均より10％程度高いため，家族ケアを中心とした介護の比率が高い特徴を示している。

2.3　家族介護者・要介護者の年齢と続柄

家族介護者の続柄を配偶者，子（子の配偶者を含む）に分けて，その年齢について見てみると，要介護・要支援者の平均年齢は85.1歳±7.6（標準偏差）である。家族介護者全体の平均年齢は66.7歳±10.6である。家族介護者から見た要介護・要支援者の続柄は，配偶者が31.0％，親（実親・義理含む）が64.9％で，全体の約95％を占める。続柄が配偶者の場合，家族介護者の平均年齢77.8歳，要介護・要支援者の平均年齢80.0歳である。続柄が親の場合，家族介護者の平均年齢61.5歳，要介護・要支援者の平均年齢87.8歳である。配偶者同士の場合，超老老介護の状況にあり，親の介護を子及び子の配偶者が行っている場合には，要介護者等の平均年齢が87.8歳と高い。以上のことから，地域，行政等の日頃の見守り，緊急時の対応等が必要となっている。

2.4　家族介護者の介護離職・転職及び職の変化の実態と賃金への影響

家族介護者の介護労働時間の状況について見ると，1週間当たりの平均介護

第Ⅳ部　地域の医療・介護経済の評価

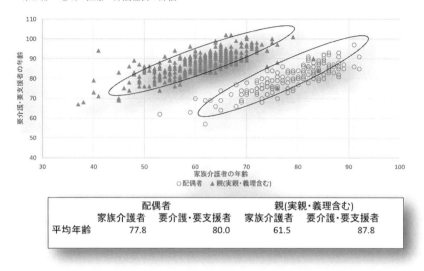

図10-8　家族介護者・要介護者の年齢と続柄
出典：羽咋市アンケート調査をもとに筆者作成。

労働時間は31.5時間である。年齢別に見ると，65歳未満の介護労働時間は平均26.9時間，65歳以上は平均35.8時間である。

　家族介護者の1週間当たりの平均就労時間は34.8時間±19.4である。家族介護者の就労状況（介護認定前後）の変化をみると，家族介護者の23.6%が介護離職・転職等しており，そのうち介護離職の割合は38.6%（家族介護者全体の9.1%に相当）である。就労変化時の年齢は57.3歳±9.0である。

　次に家族介護者の所得の状況（介護認定前後）の変化について見ると，家族介護者の就労変化前の平均年収は273.4万円で，就労変化後は110.8万円である。就労変化前後での年収減少額の差をみると，162.7万円であるが，就労変化前後共に年収の回答が得られたデータから算出された平均年収減少額は177.9万円である。

2.5　介護離職・転職等の経済損失算定式

　家族介護者の介護離職・転職等の経済損失額及び介護離職のみでの経済損失

第10章　家内ケア労働と介護離職問題の実態と社会的費用

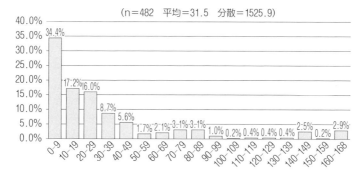

図10-9　1週間当たりの介護時間分布
出典：羽咋市アンケート調査をもとに筆者作成。

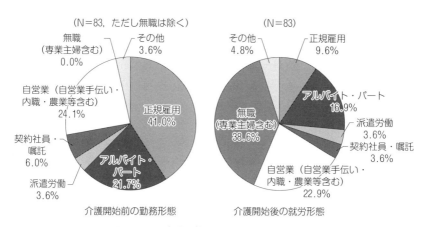

図10-10　介護開始前後での就労形態の変化
出典：羽咋市アンケート調査をもとに筆者作成。

額を算定する。家族介護者の介護離職・転職等の経済損失算定式は，

　　　家族介護者数×介護離職・転職等の割合×年収平均減少額

とする。家族介護者の介護離職のみでの経済損失算定式は，

　　　介護離職・転職等の経済損失算定式×介護離職の割合

第Ⅳ部 地域の医療・介護経済の評価

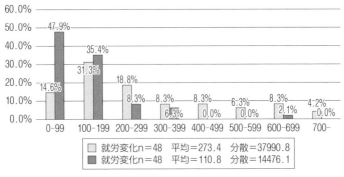

図10-11 就労変化前後での年収分布
出典：羽咋市アンケート調査をもとに筆者作成。

とする。

2.6 無職（専業主婦を含む）の介護労働時間の賃金換算式

　就労形態を無職（専業主婦を含む）と回答した家族介護者について，介護労働時間に対し，石川県最低賃金(4)と石川県介護福祉士平均時給(5)の2通りの賃金換算を行う。また，65歳未満と65歳以上では平均介護労働時間及び石川県介護福祉士平均時給額に差があるため，家族介護者データを65歳未満と65歳以上に分けて賃金換算を行い，次に合算して全年齢での賃金換算額とする。アンケートで1週間当たりの介護労働時間が40時間を超える回答について，法定労働時間(6)を就労時間の上限とし，40時間とし，1年を52週として年間賃金換算する。石川県最低賃金による介護労働時間の賃金換算式は，

無職・専業主婦の家族介護者数×介護労働時間×石川県最低賃金×52週

とする。石川県最低賃金は2017年8月20日時点の時給757円を使用する。石川県介護福祉士の平均時給による介護労働時間の賃金換算式は，

無職・専業主婦の家族介護者数×介護労働時間×石川県介護福祉士平均時給×52週

第10章　家内ケア労働と介護離職問題の実態と社会的費用

表10-2　羽咋市家族介護者の基本属性と就労状況

介護離職・転職の割合（％）	23.6
介護離職の割合（％）	38.6
年収減少額（万円）	162.7
無職・専業主婦人数（人）	
65歳未満	153
65歳以上	576
介護労働時間（時間／週）	
65歳未満	26.9
65歳以上	35.8

出典：羽咋市アンケート調査をもとに筆者作成。

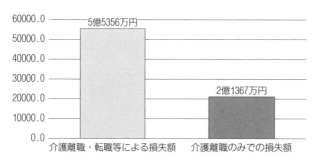

図10-12　介護離職・転職等の経済損失額
出典：羽咋市アンケート調査をもとに筆者作成。

とする。石川県介護福祉士の平均時給額は，2011年の石川県介護福祉士の平均月収と週当たり実労働時間のデータから平均時給を換算した結果，65歳未満が1,276円，65歳以上が1,108円である。

　介護離職・転職等の経済損失額及び無職・専業主婦の介護労働時間の賃金換算額について，確率変動を考慮し，80％信頼区間の推計では，Oracle社の「Crystal Ball」を使用した。

　介護離職・転職の経済損失額は，様々な労働条件を考慮し，年収平均減少額は非対称な構造をもつためガンマ分布を仮定する。無職・専業主婦の介護労働時間の賃金換算額については，不確実性がみられる介護労働時間に対して，40時間未満はワイブル分布，40時間以上は40時間の1点分布とし，連続分布と離

介護労働時間の石川県賃金換算額シミュレーション

- 介護労働時間を40時間未満はワイブル分布、40時間以上は1点分布の混合分布を用いて80%信頼区間をシミュレーション

- 介護労働時間の石川県最低賃金換算額(年間合計)
  平均値：5.9億円
  80%信頼区間：[3.6億円, 8.8億円]

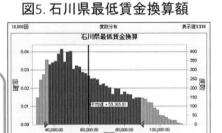

図5. 石川県最低賃金換算額

介護労働時間の石川県介護福祉士平均時給換算額シミュレーション

- 介護労働時間の石川県介護福祉士平均時給換算額(年間合計)
  平均値：9億円
  80%信頼区間：[5.5億円, 13.2億円]

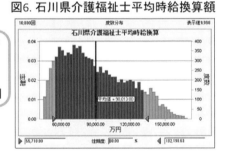

図6. 石川県介護福祉士平均時給換算額

図10‐13　介護離職・転職等の経済損失額
出典：羽咋市アンケート調査と石川労働局及び石川県介護福祉士会資料をもとに筆者作成。

散分布の混合分布を用いる。

　表10-2には、羽咋市家族介護者の基本属性と就労状況に基づいて、家族介護者のうち、介護離職の割合23.6%、そのうちの38.6%が介護離職であり、年収の介護前と介護開始後の年収差額を年収減少額162.7万円とした。無職・専業主婦の人数と1週間当りの介護労働時間はアンケートから65歳未満と65歳以

上で分けて集計している。これは介護労働時間に差があることと，賃金換算の資料における賃金単価もこの年齢区分で異なるからである。以上の表10‐2の数値はアンケート調査結果から推計したものを用いる。この理由は厚労省，内閣府等の調査では把握できない情報を含むためである。

2．7　家族介護労働の社会保障的費用

　羽咋市における介護に伴う所得への影響を見ていこう。家族介護者を2つに分ける。これは介護前に就労者であり，介護による就労の変化によって所得にどのくらいの変化が起こっているかを調査したもので，市内全体での家族介護者の所得の経済損失額に対応する。他方，無職或は専業主婦であった家族介護者は介護認定前後で就労していないため上記の推計からは漏れてしまう。そこで無職・専業主婦の介護労働時間を賃金換算することで無給の介護労働の経済損失として推計することにした。

2．8　介護離職・転職の経済損失

　介護離職・転職等の経済損失額は年平均5.5億円となった。このうち介護離職のみの経済損失額は年平均2.1億円である。

　無職・専業主婦の介護労働時間の石川県最低賃金換算額は年平均5.9億円で80％の区間推定では3.6億円から8.8億円の区間が推計された。石川県介護福祉士平均時給換算額は年平均9.0億円で80％の区間推定では5.5億円から13.2億円の区間が推計された（図10‐13）。

3　考察と結論

　羽咋市の要介護・要支援者の平均年齢は85.1歳，家族介護者の平均年齢は66.7歳である。要介護・要支援者の続柄が配偶者の場合，家族介護者の平均年齢が77.8歳であり，後期高齢者同士の夫婦でも子に頼らずに介護している老老介護（30.8％）の実態がうかがえる。

　羽咋市では家族介護者のうち，23.6％が介護離職・転職している。「就業構

造基本調査」による介護離職・転職の割合は1.8％で，同一の調査ではないため，単純に比較できないが，全国の平均と地方都市では大きな差がある。この理由は，本調査では要介護・要支援者を主に介護している家族が対象であること，調査の該当者の平均年齢が57.3歳であること，北陸は女性の就業率が高いこと，女性の非正規雇用の割合が高いことと介護離職・転職は主に女性であることが一因と考えられる。

また，介護をきっかけとした就労変化時の年齢は50代が40.5％で最も多い。また，就労変化前後で平均年収が273.4万円から110.8万円へと約6割減少し，介護離職・転職等の経済損失額は年平均5.5億円に上る。その理由は，年収が最も高くなる50代で介護ケアのために就労形態が変化する者が多いこと，地方都市では転職先を探すことが困難なことも多く，都市部との違いで就労条件，柔軟な雇用環境も未整備なため，これらの原因が複数重なり合う理由から，介護離職が相対的に高くなり，結果として年収が大幅に減少していると推測される。

無職・専業主婦の場合，介護認定前後で無収入のために収入の差がない。しかしながら，介護に伴う日々の介護労働が発生する現実を正当に評価するには，介護離職・転職で換算できる年収の減少額では評価できない。そこで無給の家族ケア労働をケア労働時間に基づいた賃金換算額で評価することを考える。介護労働時間の賃金換算額について，石川県最低賃金換算で年平均5.9億円，石川県介護福祉士平均時給換算では年平均9.0億円と推計された。家族介護労働の賃金換算額を調査年度の平成29年度における羽咋市の納税義務者9,901人の所得額257億円と比べることで，その相対的な金額が理解しやすい。無償の介護労働に従事する人数が710人と推計され，納税義務者に対する割合は7.2％であり，最低賃金換算額では納税義務者所得総額の2.3％，介護職賃金換算では3.5％の割合となる。人数の割合よりも所得の割合が低くなるのは，納税者所得に比べて，最低賃金をベースにしたことで相対的な所得の割合が低いこと，また，介護時間が週40時間を超える場合は法定労働時間の週40時間労働とみなしたことで低めの推計値となった。

家族介護者の介護離職・転職による経済損失と無給の介護労働の賃金換算を合わせると，上述の納税者所得に占める割合は，4.4％（経済損失＋最低賃金

換算の場合），5.6％（経済損失＋介護職賃金換算の場合）となる。この数値は参考値ではあるが，生産年齢人口減少と高齢化率の伸びから，これから10年程度はこの割合は増加するものと考えられる。

　経済損失額は，その損害がない場合に比べてGDP（域内総生産額）をどのくらい押し下げたかを見積もることがある。参考に，今回の事例を当てはめてみると，2011年度羽咋市GDP738億円に対して，経済損失によって，1.6％（経済損失＋最低賃金換算の場合），2.0％（経済損失＋介護職賃金換算の場合），押し下げていると考えられる。

　結論として，配偶者が家族介護者の場合，「老」老介護で自身の老いに伴う健康・体力の不安や，経済的負担を抱えている。家族介護者の生活を維持していくためのライフ・ケア・バランスを考えることが必要であろう。地域包括ケアの理念からも介護する側の家族支援のため，自治体や地域コミュニティ等で支えていく体制を早急に作ることが求められる。また，65歳未満の家族介護者は，「労」老介護で年収の大幅な減少や，介護離職・転職後の再就職の困難さを抱えながら介護を行う現状が明らかになった。ワーク・ケア・バランスを維持していく家族介護者が働きながら，自身の生活を大切に維持しつつ，要介護者の家族に寄り添っていくための社会的な整備が必要だろう。

注
(1)　労働力人口は15歳以上の人口のうち，就業者と完全失業者を合わせたもの。この中で就業者は，従業者と休業者を合わせたもの。従業者は調査週間中に賃金，給料，諸手当，内職収入などの収入を伴う仕事を1時間以上した者とし，家族従業者も無給であっても仕事をしたとする。休業者は，仕事を持ちながら，調査週間中に少しも仕事をしなかった者のうち，(イ)と(ロ)とする。

　　(イ)雇用者で，給料・賃金の支払を受けている者又は受けることになっている者。なお職場の就業規則などで定められている育児（介護）休業期間中の者も，職場から給料・賃金をもらうことになっている場合は休業者となる。雇用保険法に基づく育児休業基本給付金や介護休業給付金をもらうことになっている場合も休業者に含む。

　　(ロ)自営業主で自分の経営する事業をもったままで，その仕事を休み始めてから30日にならない者。

(2) 総務省統計局「就業構造基本調査」は，現在公表されているもので最新なのは平成24（2012）年度版で調査は昭和31（1956）年〜57（1982）年までは概ね3年おき，昭和57年以降〜平成29（2017）年は5年おきに行われている。調査対象は，約47万世帯の15歳以上の世帯員約100万人である。

(3) 厚生労働省「国民生活基礎調査」の最新版は平成28年度版で調査には簡易調査と大規模調査がある。簡易調査は毎年実施だが，大規模調査は3年おき，介護に関しては大規模調査時のみ調査されている。調査対象は，全国の世帯及び世帯員である。調査対象で要支援・要介護者と家族介護者について調査されているのは国民生活基礎調査内の「介護票」であり，介護時間について記載があるのは平成13年以降となっている。今回は平成13〜28年の16年間のグラフを作成した。

(4) 石川労働局「石川県最低賃金」
http://ishikawa-roudoukyoku.jsite.mhlw.go.jp/hourei_seido_tetsuzuki/saichin/chingin01.html （2017.8.20）.

(5) 石川県介護福祉士会「石川県における介護福祉士の労働環境と健康」
http://ishikawa-kaigo.jp/common/pdf/reports/H23tyosa.pdf （2017.8.20）.

(6) 厚生労働省「労働時間・休日」
http://www.mhlw.go.jp/stf/seisakunitsuite/bunya/koyou_roudou/roudoukijun/roudouzikan/index.html （2017.8.21）.

参考文献

厚生労働省「平成25，28年国民生活基礎調査」
　　　http://www.mhlw.go.jp/toukei/list/20-21.html （2017.8.20）.
国税庁長官官房企画課「平成28年分民間給与実態統計調査—調査結果報告—」
　　　https://www.nta.go.jp/publication/statistics/kokuzeicho/minkan2016/pdf/000.pdf （2018.4.25）.
寒河江雅彦・柳原清子・齊藤実祥・原田魁成（2017）「羽咋市における要介護・要支援者と家族介護者の実態分析報告」（金沢大学）：1-117.
寒河江雅彦（2018）「『人口減少社会における羽咋市のグランドデザイン』の構築に向けた連携協力に関する協定についてと羽咋市における介護実態分析」（金沢大学）：1-33.
総務省統計局「平成24年就業構造基本調査」
　　　http://www.stat.go.jp/data/shugyou/2012/pdf/kgaiyou.pdf （2018.4.2）.
総務省統計局「平成28年社会生活基本調査」
　　　https://www.e-stat.go.jp/dbview?sid=0003199801 （2018.4.2）.
内閣府「家事活動等の評価について——2011年データによる再推計」

http://www.esri.cao.go.jp/jp/sna/sonota/satellite/roudou/contents/pdf/kajikatsudoutou1.pdf （2018.4.2）.

羽咋市「平成28年度版羽咋市統計書」
https://www.city.hakui.lg.jp/material/files/group/5/0000000029_0000023930.pdf （2018.4.25）.

原田魁成・柳原清子・寒河江雅彦・齊藤実祥（2018）「家族介護者の介護認識と就労実態からの家族レジリエンス研究：小規模地方都市を焦点化して」『経済学類ディスカッションペーパー』（金沢大学）40：1-12。

補　章

介護離職と「家族レジリエンス」のとらえ
―― 地域包括ケアシステム下での家族支援

柳原清子

はじめに

　本章では，北陸地方の小規模 H 市の家族介護者の介護および離職・転職を，「家族レジリエンス」の視点で分析し，地域包括ケアシステム下で，一般に自助・互助として取り扱われる「家族のもつ力＝家族レジリエンス」から，今後の家族支援の在り方を提言する。

　問題意識としてあるのは，家族員を介護せざるを得ない状況，そこから発生する介護負担や介護離職・転職の事態から，家族はそれをどう乗り越えて生活を維持していくのか，ということであり，家族のもつ「回復力」や「弾力性」に注目するものである。こうした苦しい状況下から人が這い上がって回復する力や困難性を跳ね返す力は，精神心理学の分野で「レジリエンス」と定義されるが，家族レジリエンスとは，家族が家族として回復する可塑性のことである（得津 2016）。家族レジリエンスの第一人者の F. Walsh は，家族レジリエンスの 3 つのキーファクターを提示した。すなわち① 逆境に意味をもたせる，つまり肯定的見通しなどの「信念体系」，② 家族の柔軟性や結びつきなどの「組織的パターン」，③ オープンな情緒表現や問題解決への協働などの「コミュニケーションプロセス」である（Walsh 2003）。

　さて，先行する我が国の家族介護者研究では，1980年代からの高齢化社会の進展に加え，家族構成規模の縮小や女性就労の増加，家族介護規範の変化等を背景とした，家族介護力の脆弱性と家族介護者の負担感が多く指摘されてきた。この社会問題に対して，家族介護機能の代替あるいは補完となるケアを社会システム的に提供する必要性が生まれ，2000年に介護保険制度を誕生させた経緯

がある。その際，家族介護者に対しての有償性（現金給付）が議論されたが，結果として介護の社会化（家族介護は無償性であり，介護保険サービスという現物給付のシステム）が決められた。家族介護者の戸外での労働が可能となった一方で，要介護高齢者のますますの増加を受け，近年家族の介護離職・転職の問題が出てきているのは周知のとおりである。

また地域社会で課題になっていることとして，地域包括ケアシステム下での自助・互助・共助・公助における，自助および互助を強化する行動レベルのアクションプランがあげられている。これを担い手や行為主体から定義すると，「自分」「近隣」「ボランティア」「社会保険」等と識別されるが，家族はどこに大別されるのか，という疑問が出てくる。家族を議論する場合，自助なのか，互助なのかが曖昧である。家族を要介護高齢者とは別の家族メンバーであるととらえれば，互助の力となるが，家族を当人も含むひとまとまりの家族システムと位置づければ，家族（システム）の力は，自助となる。本論は，家族システムをベースとして論述する。家族と表記するときは家族システムを表し，他の家族メンバーの場合は，家族介護者などと特定して述べる。

本章では，以上の議論や社会背景をふまえながら，北陸地方の小規模市における家族レジリエンスを前章のH市の家族介護調査結果を踏まえて，論考をすすめていく。

1　介護離職・転職と家族レジリエンスの要素との関連

介護離職・転職とは，家族にとって何であるのかを考える。家族介護者の介護離職理由は，第一に「仕事と介護の両立が難しい職場だったため」が挙げられ，実際に介護の手・介護時間を増やすための対処行動として離職が位置づけられる。キャリア職で女性が多い看護師の離職調査（日本看護協会 2013）でも，50～60歳代の離職理由の第一位が「家族の病気や介護のため」となっており，介護離職・転職は，家庭内で療養・介護を継続させていくための対応だったことがわかる。

一方で介護離職・転職は，大幅な収入減をもたらすことになり，家族は新たに，

収入減という事態へ適応していくことが求められる。言うなれば，家族にとって介護離職・転職は，在宅療養生活を維持してゆくための対処であるが，同時に更なる困難性の重複となるリスクも伴っている。

家族レジリエンスの研究論文の分析からは，家族レジリエンスには11の要素(Black and Lobe 2008)，すなわち，① ポジティブな見通し，② 家族メンバーの協調，③ スピリチュアリティ（信念），④ 家族の柔軟性，⑤ コミュニケーション，⑥ 共に過ごす時間，⑦ 共用のレクリエーション，⑧ 普通の日常（日課）および，⑨ 生活の儀式（家族行事など），⑩ サポートネットワーク，そして，⑪ 家計管理（財政管理）が見出されている。困難から立ち上がる家族とは，前向きな信念やメンバー間の助け合い，相談の関係と共に，家計管理（フィナンシャルマネジメント）が必要となる。離職・転職での家計リスクの乗り越えも含めて，以下にH市の家族レジリエンスの実態を述べていく。

2　家族構成と介護状況

H市の要介護高齢者の家族形態は，3世代同居世帯が21.4％，高齢者と子どもの世帯が34.4％，高齢者夫婦24.3％，独居は20％であった。家族介護者は，配偶者を介護している人が31％で，64.9％は実親・義親であった。全体として同居して介護しているのは71.8％であり，他は通いであった。また副介護人からのサポートは，66.9％が「あり」と答え，その続柄は配偶者が49.7％で兄弟姉妹が27.6％であった。介護している人数は1人が81.5％で，2人が14.2％，3人以上と答えた人も4.3％いた。家族の協調や介護ネットワークの質問で「家族は自分が相談した時に助けてくれると思うか」に対して，「助けてくれる」が53％であり，友人知人に関する問いでは，「助けてくれる」が30.6％であった。家族介護者にとって，相談し，助けてくれると考えるのは，知人友人ではなく家族メンバーだった。

家族形態として，地方の小規模市では全国と比べると3世代同居が多いが，複数人を介護している人は自分の親と配偶者の親などを，掛け持ちで通いながら世話している状況があった。また，副介護人がいる状況からは，身内・親族

で介護を継続させている状況がうかがえた。

3　日常生活維持力と家族の信念や姿勢

　家族レジリエンスの日常の生活維持に関して，「家事全般」「家の快適さや安全への配慮」「家族内の役割分担」「金銭管理」「会話・交流」を訊ねたところ，「かなりできている」「まあできている」を合せると，金銭管理や家事一般は約75％であったが，役割分担や会話・交流は，64～69％であった。家族の日常生活遂行力は保たれているが，家族介護者が一人で抱え込んでいる傾向が推察された。

　また，信念・考えとして「私の家族は……である」という形式で家族の信念や姿勢を訊ねた。「苦労の多い人生だったか」は，「かなりしてきた」と「まあしてきた」を合せると73.5％で，「困難や苦労とよく戦う姿勢」は76.0％が「してきた」であった。さらに，将来困難な状況が増えた場合に関しての姿勢では，「こんなこともあるさと受け止める」が39.1％で，「しかたがないことだから考えないようにする」が38.9％，「理不尽さへの怒り」が10.1％，「困難には意味がある」は5.9％であった。また，ものごとに対しての姿勢の肯定的／否定的を問うと，「肯定的」との答えが，82.8％にのぼった。

　上記から見えてくるのは，人生での苦労や困難をしてきた，という感慨であり，そしてそれとよく戦って乗り越えてきた，という自負である。また全体として，ものごとへのとらえは肯定的であると言いつつも，将来のさらなる困難の予測に関しては，そこに意味がある，という哲学的／宗教的な強い思いや，反対の不条理に対する怒りではなく，こんなこともあるさ，という諦観に裏打ちされたような前向きさと，しかたがないことだからという無常観にも似た成り行き任せの姿勢であった。

　これらは，日本人の心性ともいえるものが色濃く反映されている（谷川 2005）と考える。さらにH市は北陸の浄土真宗が行きわたっている風土の中にある。ここにある介護家族がもつ信念や心情は，キリスト教社会の，困難（罪には）には意味がある，という普遍的な合理主義ではなく，日本的な，周囲の

状況の変化に対応することを良しと思わせる考え，つまり仏教の，その時その時の状況に逆らわずして，周囲に合わせて実利を得ていく，という考え方（岩井 2004）がベースにあると思われる。

さて，家族レジリエンスのオープンな情緒交流を問う，「話し合いはメンバーがそろってしていますか」は，「まったくしていない」「あまりしていない」を合せると52.6％であり，家族内での「ものごとを決める時の意見を戦わせる姿勢」は，「まったくしていない」「あまりしていない」を合わせると6割であった。さらに家族内の会話における「ユーモアの持ち方」は「まあしてきた」が51.8％「かなりしてきた」が9.2％で，4割はユーモアの会話とは縁遠かった。

ここにも，日本人の「察し」の文化および，あうんの呼吸での家族内コミュニケーションや，思い憚ることを美徳とする文化が，家族内のものごとの決め方に出ており（谷川 2005），副介護人はいるものの，実際の介護の役割分担や決め事では，意見をきっちり述べ合う，あるいは時にユーモアを交えながら合意をはかっていく，という解決方法とは異なる家族介護者のコミュニケーションの現状があった。日本型の察しと思いやりの家族内交流は，困難性が急激に高まった時には，容易に家族内に軋轢やもめ事を生み出し，家族崩壊の危険性をはらんでいることを，在宅ケアの専門職は推察しておく必要がある。

4　H市の家族レジリエンスと地域包括ケアシステム下での家族支援の在り方

H市の家族介護状況は家族親族の血縁を中心としたサポート体制で，家族介護者は心情的に家族を頼りとし，友人知人には頼らない状況があった。一方介護離職・転職等の就労変化は，大幅な収入の減少をきたしていたが，それでも，日常生活を維持し金銭管理や家事一般は7割以上ができていると評価している。言うなれば，家計管理的には適応しているということができる。

まとめとして，H市の家族レジリエンスを家族レジリエンスの概念分析すなわち「家族の相互理解の促進」「家族内・家族外の人々との関係性の再組織

化」「家族の対処行動の変化」「家族内・家族外の資源の活用」「家族の日常の維持」と、最終的な「家族機能の新しいパターンの確立」（高橋 2013），に照らし合わせて整理してみたい。

まず，「家族の日常生活の維持」はよく保たれていた。さらに「家族の対処行動の変化」として，就労形態の変化，それに伴う経済状況の変化と適応に関しては，所得の落ち込みが大きいことが明らかとなり，家計変化に適応している一方で，次の家族の危機につながる可能性が示唆された。また「家族の相互理解の促進」，「家族内・家族外の人々との関係性の再組織化」では，家族内交流としてのオープンな情緒的表現やはっきりとした物言い，さらには問題解決への協働が必要とされるが，家族内のオープンさはなく，はっきりとした物言いは避け，ともすれば主介護が介護を引き受け，友人知人とも関係性の再構築は行われていない状況があった。

さらに「家族内・家族外の資源の活用」は，介護保険サービスは活用しているが，友人知人などのソーシャルサポートの活用は低かった。H市の家族レジリエンスの特徴は，家族内での解決および主介護者の引き受け型介護で，総じて内向き型となっていることが明らかとなった。

現在，地域包括ケアシステム下では高齢者を含む家族（システム）の自助，地域との互助機能の強化が喫緊の課題であり，家族がもつ力＝家族レジリエンスに期待もされている。家族レジリエンスの強化は家族に任せておくだけでは達成しない。基本的に家族はプライベートな領域ではあるが，在宅ケア専門職は家族と関わりながら，意思決定支援や家族の介護技術力，見守り力＝モニタリング力，凝集性の強化などへの積極的な介入で，家族レジリエンスをあげていく必要がある。

実際として，介護という日常生活の身体的・精神社会的・経済的負担から，いかに家族メンバーが役割の分担をしてゆけるか，また介護サービスを使いながら介護をふだんの生活の中にまぎれこませていけるか，である。「家族機能の新しいパターンの確立」とは，あたりまえの日常に介護を組み込んでいくことであり，家族システムの自助力アップとは，こうした日常生活のセルフマネジメントができていくこと，ある種の合理性で生活を構築してゆく姿勢をもつ

ことである。在宅ケア専門職の家族内調整，家族と地区やサービスとの調整の目的は，この家族自助力をアップすることが目標となる。

参考文献

岩井洋（2004）「日本宗教の理解に関する覚書」『関西国際大学研究紀要』5：79-89。

高橋泉（2013）「「家族レジリエンス」の概念分析――病気や障害を抱える子どもの家族支援における有用性」『日本小児看護学会誌』22(3)：1-8。

谷川多佳子（2005）「主体・精神・エクリチュールとその病――日本思想への一視点」『哲学・思想論叢』23：75-99。

得津慎子（2016）「家族レジリエンス」『家族療法研究』33(1)：27-33。

日本看護協会（2013）「平成24年　都道府県ナースセンターによる看護職の再就業実態調査」
https://www.nurse-center.net/nccs/scontents/NCCS/html/pdf/h24/S2401_5.pdf　最終閲覧日2018年7月10日

Black, Keri, Marie Lobe (2008) "A Conceptual Review of Family Resilience Factors," *Journal of Family Nursing*, 14(1): 33-55.

Walsh, F. (2003) "Family resilience: A framework for clinical practice," *Family Process* 42: 1-18.

第11章

医療・介護部門の地域産業連関分析

寒河江雅彦

　医療費と介護費は，高齢化の進展と共に増加傾向にあることは周知のことである。この支出は国民皆保険制度によって，個人の支出は抑えられている反面，医療保険制度の逼迫，国の支出及び県や市町の財政においても大きな負担となっている。この巨額の医療費と介護費を産業としてみると，医療・介護産業はすでに大きな産業として位置づけるべき規模であること，そして，産業としてどう育成すべきかを検討することが重要である。はじめに，医療と介護分野の経済規模と産業としての位置づけを簡単に説明する。続いて，2014年における羽咋市における国民医療費総額（保険，個人負担分を含む）及び，介護保険給付費が市内に及ぼす経済波及効果を推計し，直接効果，第一次間接波及効果，第二次間接波及効果，総合効果の推計を行う。また，この経済効果としての雇用誘発数も推計し，後期高齢者数の急増が予想される2025年の経済波及効果も合わせて予測する。

1　経済波及効果

　経済波及効果とは，例えば，オリンピックの開催，新幹線の開業，観光客の来訪，マラソン大会やお祭り等のイベントなどに伴う国や県や市にどのくらいの経済的な影響があるのかを金額で示したものである。ある産業部門に新たな需要が発生することで，生産活動が拡大し，その生産に必要な原材料や部品などの取引や消費によって他の産業にも次々と連鎖的に影響を及ぼしていく。

　製造業の例を挙げて説明すると，自動車の需要が増えることで，直接効果とは，自動車が売れ，自動車工場で自動車が増産された場合，その地域に直接及

ぼす効果に対応している。間接効果について、まず、第一次間接波及効果とは、自動車を生産するためにはエンジン、タイヤ、窓、シート、電子制御装置、エアコンなどの部品の生産が必要になり、さらにその原材料（鉄鋼、ゴム、プラスチック、ウレタン、繊維、半導体等）も生産しなければならない。次に第二次間接波及効果とは、自動車、部品、原材料の生産が増えれば、従業員の所得が増え、消費も増加する。この従業員の家族の消費需要では、食品や日用品など自動車とは関係がない産業の生産も増加することになるので、多方面の産業部門にも新たな需要が発生する。水面に投げ込まれた石から波紋が広がるように影響が多方面へ及ぶことから、これを経済波及効果という。この直接効果と第一次、第二次間接波及効果を合わせたものを総合効果と呼んでいる。ある想定される出来事から地域の経済にどのような影響があるかを推計する方法が産業連関表による経済波及効果分析である。本章では医療費・介護費から生じる地域の経済波及効果を推計する。

2　日本の医療・介護分野の経済規模と産業としての位置づけ

　医療費と介護費の規模として、2011年においては国民医療費が38兆円、介護保険給付費が7.5兆円となっている。

　2011年であるが、「医療・福祉（介護を含む）」部門は国内生産額では60兆円、粗付加価値額は35兆円で37産業部門中、ともに第4位となっている。日本のGDP（粗付加価値額の合計）は477兆円であり、「医療・福祉（介護を含む）」産業は日本経済の7.3％程度の位置づけとなり、「医療・福祉（介護を含む）」産業の経済規模が相当大きいことが分かる。さらに、「医療・福祉（介護を含む）」部門の生産額と粗付加価値額の増加率は2000〜2005年と2005〜2011年の5年間の増加率はそれぞれ14％から20％、14％から18％とこの10年間、どちらの額で見ても高い成長率で増加し、37部門中6位の位置づけとなっている。

　医療と介護分野の雇用規模について見るとその状況はより鮮明になってくる。「事業所・企業統計調査」「経済センサス」によれば、この15年間の雇用者について見ると、多くの産業において、人口減少と、それに伴う事業所数の減少、

そして，雇用者数の総計が減少傾向にある。

一方，医療と介護分野の雇用は322万人（1999年），417万人（2004年），570万人（2009年），793万人（2014年）と増加傾向にあり，総数800万人弱は全産業の約13％に相当し，この15年程度の間に370万人くらい増加している。

3 羽咋市における医療・介護費の経済波及効果推計
　　　——地域事例研究

国民医療費と介護保険給付費に基づいた石川県羽咋市（人口2万2千人，2018年現在）を事例として取り上げ，地域経済波及効果の推計を行う。
はじめに，経済波及効果分析を行うために利用する産業連関分析について説明する。次に羽咋市における医療費・介護費の地域経済波及効果を産業連関分析から推計する。本章では最新の2011年版石川県産業連関表に基づいて羽咋市産業連関表を作成し，2014年と団塊の世代が後期高齢者75歳を迎える2025年の推計値を計算した。

3.1　経済波及効果計算手順

2011年版「石川県産業連関表」を基に，経済センサス，国勢調査等から算出される従業者比率等を用いて羽咋市の産業連関表を作成し，それを経済波及効果の推計に用いた。

図11-1は，域内で発生した最終需要が経済波及効果として域内に循環していく過程の計算手順をフローチャートで表したものである。まず，域外からの移輸入等，域内の生産活動に結びつかないものを除いた域内需要を推計する。この域内需要のうち，需要増加分である中間投入額から第1次波及効果誘発額を推計する。続いて，域内需要及び第1次波及効果誘発額において発生する雇用者所得誘発額から第2次波及効果誘発額を推計する。域内需要，第1次波及効果誘発額，第2次波及効果誘発額の総和で総合効果を推計する。合わせて，総合効果に雇用誘発係数を乗じて雇用誘発数を推計する。

第Ⅳ部 地域の医療・介護経済の評価

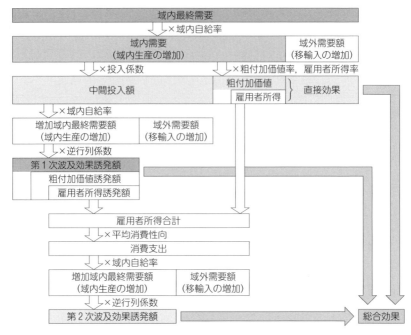

図11-1 経済波及効果分析フローチャート

3.2 医療費及び介護費の産業連関分析（2014年／2025年）

　羽咋市における医療費及び介護費の経済波及効果の推計結果を示す（表11-1）。2014年の最終需要は100.3億円，総合効果は145.4億円，雇用誘発数は2,005人，2014年羽咋市生産年齢人口1万1,694人における雇用誘発数は17.1%，2011年羽咋市GDP（粗付加価値合計）に占める総合効果の割合は20.3%となる。また，2025年の最終需要予測値は115.3億円と増加が見込まれるので，総合効果も166.5億円，雇用誘発数は2,331人に増加し，2025年羽咋市生産年齢人口の推計値は9,150人に減少するため雇用誘発数の割合は25.5%と大きく上昇し，2011年羽咋市GDPに占める総合効果の割合も23.2%に上昇することが見込まれる。

　社会保障制度に基づいた医療・介護費を産業として扱うべきかどうかとの議論はある。しかしながら，このように2014年でも羽咋市GDPの20%を越え，

第11章　医療・介護部門の地域産業連関分析

表11-1　羽咋市における医療・介護費の波及効果（2014, 2025年）

	2014年羽咋市 医療・介護費波及効果	2025年羽咋市 医療・介護費波及効果
最終需要	1,103,895	1,153,209
直接効果	946,290	1,080,592
第1次波及効果	116,133	132,059
第2次波及効果	392,290	452,386
総合効果	1,454,713	1,665,036
生産年齢人口	11,694	9,150
雇用誘発数改訂版　石川県雇用誘発係数	2005	2331
雇用誘発改定版/生産年齢人口	17.1%	25.5%
対2011年羽咋市GDP比改訂版（粗付加価値合計）	20.3%	23.2%

出典：石川県産業連関表をもとにして筆者作成。

雇用の17％以上を支え，最終需要に対する総合効果の割合が1.45倍である。また，2025年の推計値においては，2014年と比べて約14％の増加が見込まれる。このことから，地域での経済規模が大きいことと，地域経済循環も良好で他地域からの流入する傾向も強いことがわかり，地域を支える主要な産業部門となっている。

4　まとめ

羽咋市における医療費及び介護費の分析から，2014年において最終需要に対する総合効果の割合が1.45倍となることは，医療・介護費による経済循環が地域内で行われ，かつ，域外からの流入も見込まれる。すなわち，医療及び介護のために周辺地域からそのサービスを受けるために羽咋市の医療機関や介護サービスを利用している人たちもいることがわかる。医療・介護費の影響を受ける産業部門は，サービス業が中心となる。一般にサービス部門は，製造業等に比べて，生産性が低く，労働集約的であり，平たくいえば，人手のかかる産業である。

羽咋市の場合について，もう少し詳しく考察する。羽咋市における医療・介護費の地域経済分析から，サービス部門の経済的な需要が増加することから，これに関連した雇用が増えていく。サービス部門は労働集約型であることは，

雇用誘発係数が高いことから分かり，雇用の増加が見込まれ，しかも，2014年と2025年の2時点で見ると，雇用は増え続ける。羽咋市GDPに占める医療・介護費の経済波及効果（総合効果）が，17％（2014年）から20.3％（2025年）へ増加傾向にあり，20％前後の高い割合から大きな産業規模であることを積極的に認識すべきであろう。しかも産業としてのサービス部門は，消費を例にしてみると，地方都市では買い物は，近隣の大型店舗へ流れ，地域内で人，物，金の経済循環ができないことが多い。つまり，物の流れの中で，様々な最終需要が直接，間接的に他地域へと流出する地方都市に共通した経済構造が多くみられる。その中で介護・医療費の経済波及効果は地域内で循環しやすく，新しい雇用機会を生み出している。このことから，この地域での経済循環は良好で他地域からの流入する傾向も強いことがわかり，地域を支える主要な産業部門となっている。差し迫った高齢化による医療費・介護費の増大を能動的に捉え，活用していく施策が求められる。

参考文献

厚生労働省「平成8，11，14，17，20，23，26年度国民医療費」。

厚生労働省「平成8，11，14，17，20，23，26年度介護給付費」。

国立社会保障・人口問題研究所（2013）「日本の地域別将来推計人口（平成25（2013）年3月推計）」。

寒河江雅彦・柳原清子・齊藤実祥・原田魁成（2017）「羽咋市における要介護・要支援者と家族介護者の実態分析報告」（金沢大学）: 1-117。

寒河江雅彦（2018）「『人口減少社会における羽咋市のグランドデザイン』の構築に向けた連携協力に関する協定についてと羽咋市における介護実態分析」（金沢大学）: pp. 1-pp. 33。

総務省統計局（2013）「平成24年就業構造基本調査」。

羽咋市「平成28年度版羽咋市統計書」

　　https://www.city.hakui.lg.jp/material/files/group/5/0000000029_0000023930.pdf（2018.4.25）.

終　章

域学共創研究による地域政策形成

平子絋平／佐無田光

1　自治体と大学の連携による域学共創研究が求められる背景

　今世紀に入り，少子高齢化人口減少社会の到来や社会の成熟によって，解決すべき社会課題の優先順位が不明瞭となり，従来型の縦割り式の専門分業組織では効率的・効果的な対応が難しくなったことから，複合的・総合的な新しい課題解決が必要とされている（図終‐1）。このような環境変化で，地方自治体における政策立案には，大きな機能転換が求められている。国モデルの水平展開を，専門分業組織で対応することで進めてきた従来型の政策から，地域特性に合わせた独自政策を検討し，部局横断の総合的な課題解決を進めるスタイルへの転換である。

　変化していくにあたっては，2つの課題が存在する。1つめは，専門分業での組織対応を，既存組織の職務分掌にとらわれない部局横断組織で対応することである。従来の専門分業での業務推進では，それぞれの部局の業務範囲に多少の重複があったとしても，明確に定まった職務分掌の範囲内で効率的に業務を推進することが是とされてきた。そのため，課題解決のためには他の部局の領域での活動が必要であったとしても，自身の職務分掌の範囲内から出ることには心理的なハードルがあった。このような状況に対応するためには，切り口が異なる各部局の意思疎通の基盤となる客観的な現状共有を行うことで，課題解決に向けた部局間の協調の糸口を見出すことが必要である。2つめは，国が示したモデルを地域に合わせて調整を行う形が中心であった施策立案を，地域に即した独自の課題解決手段をボトムアップで形成していくことである。このようなアプローチには，地域社会の課題を客観的に把握し，地域固有の状況・

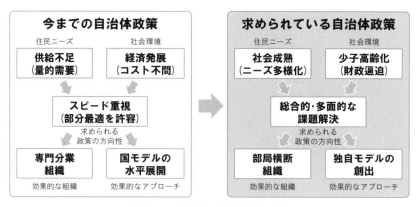

図終-1 自治体における課題の変化

現状に応じた解決策を導いていく段取りが必要となる。

　このような課題に対応するために，大学との連携が有効ではないのかというのが本書を通じての仮説である。客観的な現状の把握と共有は，科学的根拠に基づく現状分析を常とする大学等の研究者の得意分野であり，各部局への説得力・公平性にも効果がある。また，仮説を立てて検証・修正していく研究者の科学的アプローチを適用することが，地域解決の糸口となり得る。これらのことから，自治体と大学の間で，相互の課題・知見を持ち寄った「域学共創研究」を行うことで，社会背景の変化を見据え，科学的根拠に基づいた政策立案と適切なPDCAサイクルにつながるのではないかと考えている。

　本書の最後にあたり，終章では，「地域包括ケアとエリアマネジメント」研究会（ケアエリア研）を通じて蓄積してきた「域学共創研究」の教訓をまとめておきたい。筆者（平子）は，大学所属の研究支援コーディネーターという立場から，域学共創研究の立ち上げ，調整，推進に携わってきた。その経験に基づき，本章では，域学共創研究を進めるための大学および自治体双方における課題を整理し，その解決のための調整の論点を提起したい。現在求められている総合的・多面的な課題解決に向けては，部局横断組織での対応や，独自手法の創出が重要である。次節では，自治体側の部局横断体制構築に向けたプロセスと課題について掘り下げ，第3節では，大学側の体制構築の課題について述

べる。第4節では，それらの課題に対する対策として，域学共創研究を進める上で研究機関に所属するコーディネーターの役割について提起する。第5節では，域学共創研究を具体的に展開する際の留意点を整理し，最後の第6節では，その効果と今後の期待について述べる。

2　域学共創研究の体制構築に向けた自治体側の準備活動

2.1　共創研究展開に向けて自治体側が体制を構築する際に起点となるコアメンバーの発掘

　長らく慣習となってきた専門分業組織，国モデルの水平展開，という自治体における業務の基本形においては，専門分化された各部局が，それぞれの職務分掌をいわゆる「影響力の持てる範囲・縄張り」として意識する傾向が，組織文化に根強く浸透していることが多い。そのため，一般に，自治体職員は，自身の職務分掌の中での仕事を専らとし，部局横断の課題解決には消極的である。しかし一方で，現在の社会環境の中で，自治体の役割・機能の変化を意識する者も多数存在していることも事実である。部局横断での課題解決に向けて，自治体職員にも以下のようにさまざまなタイプが存在する。

　　A）現在の専門分業の枠組みの範囲のみが仕事であると考えている者
　　B）専門分業の枠組みに違和感をもちながらも変化を求める事に抵抗を感じている者
　　C）専門分業の枠組み内での仕事だけでは社会課題の解決には不十分であるという意識はもつが，行動には移せていない者
　　D）社会課題の解決のために専門分業の枠組みを超えて業務に取り組んでいる者

　域学共創研究のコアメンバーとなり得るのは，DまたはCの者であり，このような意識の者をいかに発掘し，コアメンバーを集めていけるか，また，BやCの者の協力をいかに引き出していくかが，重要である。

　C・Dの者を見つけるための工夫として，次の2つの質問を投げかけることが有効である。1つめは「地域社会の課題は何か？」，2つめは「仕事上の課

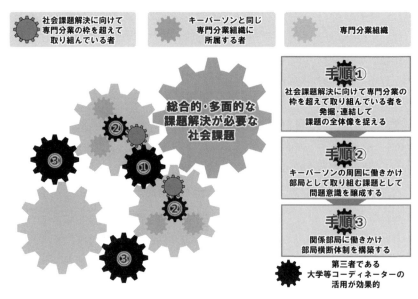

図終-2　域学共創研究に向けた自治体側の体制構築

題は何か？」である。1つめの質問に対して，自身の専門分業の枠内でのみ答える者は，総合的・多面的な課題解決の必要性を認識していない者（A）であるため，連携には不向きである。1つめの質問に対して，専門分業の枠組みを離れて回答できる者は，少なくとも総合的・多面的な課題解決の必要性を認識している者（B，CまたはDに該当）である。

1つめの質問に対して，社会課題を軸とした回答をした者には，次の2つめの質問をし，意見を求める。その際，専門分業の枠組みの範囲内での課題に終始し，職務分掌外の課題に水を向けても興味を示さない者（B）や，興味を示しても，具体的なイメージができない者（C）は，課題を共有できても，課題解決に向けての実際の検討の際に，実効性を欠く恐れがある。対して，仕事上の課題について，自身の専門分業内の意見だけでなく，他部局の範疇についてもその課題や対策の方向性について，具体的に説明できる者（D）が，連携におけるコアメンバー候補として適切である。

2.2 コアメンバーによる連携活動を組織的な連携に広げていくための工夫

　前項で，連携立ち上げ時のコアメンバーを発掘する手順例を述べたが，部局横断での課題解決方法を検討し，政策につなげ，実行していくためには，もちろん1人だけの協力では不足であり，もう少し幅広い者の協力が必要となる。前項の「社会の課題・仕事の課題」の2つの問いかけを通じて，地道にコアメンバーを拡大しながら，A～Cにあたる者についても，できれば協力的に，少なくとも阻害要因にならない程度に，連携に巻き込んでいく必要がある。そのためには，現在および近い将来について，社会課題の顕在化による悪影響を具体的に順序立てて客観的に示すことで，危機意識を醸成し，課題設定の目線を社会課題そのものに向けさせていくこと，社会課題による悪影響を具体的に理解させる過程が大切である（図終-2参照）。

3　域学共創研究の体制構築に向けた大学との調整

　次に，域学共創研究のもう一つの主体である，大学側における体制構築プロセスについて掘り下げたい。

3.1　域学共創研究に適した研究者を探す際の注意点

　域学共創研究を展開していくためには，自治体側の部局横断体制だけでなく，大学側でも新たな体制を整えなければならない。従来の専門分業型組織の下でも，自治体は審議会・委員会のような形で，個別案件に関して大学等の研究者の知見を必要とすることは多い。しかし，そのような部局別個別案件と異なって，地域再生のような総合的な課題解決に向けて域学共創研究を行う場合は，これまでの研究者とのつきあい方とは性質が異なることに注意が必要である。

　大学等の研究者は専門分化されており，課題を抱える部局の個別案件に近い研究領域を専門としていたり，その分野において幅広い知識を持ち合わせたりしている研究者を探すことは可能である。科学的アプローチの導入に関しても，適切な協力を得ることはできる。しかし，部局横断を行う場合においては，個々の専門家のバラバラな知見に頼るわけにはいかず，複数の専門分野にまた

がって，知識を組み合わせて，新しい知識を創出しながら，課題解決を試みていく柔軟性が求められる。この場合，自分の専門分野にこだわった狭い問題関心しか持たない研究者では，適任であるとは言い難い場合がある。

研究者は，一般的に，自身が専門とする研究分野に応じて，いくつかの学会に所属している。この所属の意味は，「大学等研究機関に所属する」という雇用関係とは別物であり，複数の学会に所属することもできる。学会への参加は，自身の研究成果を同じ研究領域に属するコミュニティの前で発表し，第三者の目でその研究内容を検証し，研究の質の向上や，学問を深化させることを目的としている。さらに，研究者の評価に直結する研究面での成果は，これら学会での活動を通して担保され，実績として認められる。

学会では多くの研究者が競い合って成果を追求しているため，研究者の興味は学会での評価につながる研究領域内での研究に偏る傾向がある。しかし，学会は様々な研究分野ごとに細分化されているため，その専門分野の中で評価される内容と，様々な分野が複雑に絡み合う実際の社会問題の課題解決に向けた総合的なアプローチに必要な内容には隔たりがあることも多い。学会で相互検証された研究成果についても，学会内部で学術的な「ジャーゴン」化された議論に向かう傾向があり，実社会での課題解決に必要な要素を幅広く取り込めている訳ではない。このような研究者と学会の関係が，研究者の発言や提案に対して，時折，自治体関係者がもつ「机上の空論」「現実離れした正論」という印象につながる一因となっている。

3.2 域学共創研究に適した大学等の研究者を探す際の課題

大学等の専門分野は多種多様であり，特に総合大学である場合，一通りの専門家が揃っているように見えるが，実は職場内で専門分野を超えた横のつながりは薄い。様々な学問分野・専門領域の研究者による「集合知」を求めることを目的とする研究者のコミュニティも，やはり既存の学会を中心としたものがほとんどである。このように，大学等の研究者は，その活動の性格上，異分野の研究者とのネットワークが必ずしも十分でないことが多い。そのため，連携に必要な研究者を発掘する際には，社会課題解決に必要と思われる専門分野に

終章　域学共創研究による地域政策形成

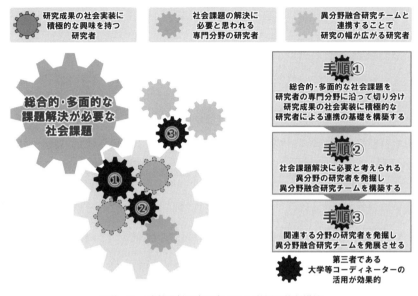

図終-3　域学共創研究に向けた大学側の体制構築

注目するのではなく，自治体における「社会の課題・仕事の課題」の2つの問いかけの流れと同様，対象とする社会課題の解決に興味をもつ研究者を探す必要がある（図終-3参照）。

3.3　総合的・多面的な課題解決

　総合的・多面的な課題解決を一例で示そう。ケアエリア研の派生テーマの1つとして，買い物難民（買い物弱者・不便）問題を切り口とすると，買い物難民とは，自動車を運転できないなどによって，生鮮食料品など，日々の生活に必要な物を買うことが困難な状況にある高齢者等を指すが，自治体においては，高齢者福祉，健康推進，産業政策，公共交通，市民協働，三世代同居推進など，さまざまな専門部局が関係する複合的な課題といえる。買い物難民という課題解決を行おうとする際，例えば高齢者福祉関係の部局が単独で取り組みを行おうとしても，対応に限界がある。

　大学等における研究にも，行政と同様の「縦割り分業」の壁が存在している。

買い物難民の事例であれば，交通計画・ソーシャルキャピタル・地域経済・栄養・地域看護・社会保障・行政学・財政学，など，様々な学問分野が関係している。学会における研究分野は，それぞれの研究領域内での課題設定と仮説検証による研究が中心であり，単独の研究領域からの解決には限界がある。総合的な課題解決のためには，異分野融合での研究展開が不可欠であるが，学会発表・論文投稿等の研究者の業績となる活動成果は，それぞれの学会の研究領域内での研究活動に基づいて評価されることが多いため，総合的な課題解決につながりにくい。そこで，大学側での異分野融合を組織し，各専門分野を横断して共同成果発表を模索するなどの対応を取ることで，研究領域の垣根を越えた域学的共創研究を進めることが課題となる。

4　域学共創研究におけるコーディネーターの役割と活用

　第2節，第3節では，域学共創研究に着手する際の自治体側，大学側，それぞれでの体制構築プロセスと，その際の課題について述べたが，本節では，その課題への対応策として，研究機関所属のコーディネーターを活用することの意義を述べる。まず，大学側での域学共創研究に対する姿勢など，コーディネーター設置の背景について述べた上で，コーディネーターを活用した課題への対応方策について述べる（図終‐4参照）。

4.1　研究機関所属コーディネーターの設置の背景

　域学共創研究は，大学側においても重要な取り組みとして位置づけられている。従来の専門分野に立脚した個別研究の枠を超えて，既存の研究機関内部での学術分野間の連携融合である「学際（interdisciplinary）研究」に加えて，科学技術イノベーションの利用者のニーズを取り込んだ課題解決型の研究スタイルとして，ステークホルダーが参画する「超域（transdisciplinary）型研究」が注目されている。これは，研究コミュニティ以外の自治体等学外のステークホルダーとの「共創」による研究スタイルを模索することで，研究機関での研究内容をより実践に近づけ，研究成果の社会実装をより円滑に，効果的に展開し

終章　域学共創研究による地域政策形成

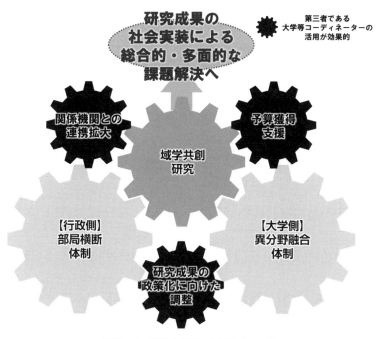

図終-4　域学共創研究の連携イメージ

ていくことを狙ったものである（総合科学技術・イノベーション会議 第10回基本計画専門調査会の中間報告 2015）。

　文部科学省では「政策のための科学」を推進し，重点課題の設定による拠点間・機関間の連携強化と政策形成への貢献によって，政府全体の政策策定に寄与することも目指している（科学技術イノベーション政策における「政策のための科学」アドバイザリー委員会 2016）。これは，大学側においても「共創的科学技術イノベーション」として近年強く認識され，その推進に力が入れられている。しかし，複雑化する科学技術イノベーションに対して，社会のステークホルダー間での意思疎通メカニズム，社会インフラの整備や規則制定などの制度設計，倫理的な側面における価値判断を行う仕組の構築が追いついていないのが現状である（内閣府総合科学技術・イノベーション会議 第10回基本計画専門調査会の中間報告 2015）。

このような現状と課題に対応し，円滑な域学共創研究を推進していくため，一部の研究機関では多様な学外機関との調整を行うコーディネーターを設置している。コーディネーターは，学内研究者と学外機関の連携を促進する役割を担っている。コーディネーターはまず，各分野の研究者へのヒアリングを通じて，幅広い専門分野の研究者の研究内容や興味の方向性などに精通しておかなければならない。

4.2　自治体側の体制構築時におけるコーディネーターの役割

　域学共創研究における自治体側での体制構築として，起点となるコアメンバーの発掘と，連携活動の組織化が必要であることは第2節で述べた。しかし，部局横断に消極的な者が各所にいる自治体において，部局横断のためのコアメンバーを模索する働きかけそのものが，各部局の権限範囲を侵すものとして嫌厭される可能性がある。社会課題に起因する具体的な悪影響を具体的に述べ，危機意識を醸成し，ネットワーク拡大を図っていくことについても，内部の者から発言することは，既存の組織文化の中では難しいことである。

　このような際には，大学等の研究機関に所属するコーディネーターを活用することが有効である。コアメンバー発掘の際には，自治体から見た「ヨソ者」であるコーディネーターを介することで，部局横断に批判的な者などの周囲の目を気にすることなく，自治体関係者の本音や社会課題に対する考え方を引き出すことができる。また，コーディネーターと相談の上，関係する分野の研究者の知見やノウハウを活用することで，信頼のおける第三者による客観的な分析・評価結果として，危機意識の醸成に向けた課題の具体化や見える化が可能となり，ネットワーク拡大による体制構築を円滑に進めることができる。

　少子高齢化と人口減少による社会課題の具体化・見える化の事例を以下に示す。各自治体では人口ビジョンが既に整備されており，ほとんどの自治体では特に年少人口の減少が課題となっている。しかし，人口が何割減る，という漠然としたイメージは持っていても，具体的なイメージをもち，将来顕在化する課題までを適切に認識できているか，となると話は別である。例えば，小学校の統廃合に関して，将来人口を年齢階層別に区切り，6歳＝小学校1年生の人

口がある時点で，自治体全体で何人になり，1校あたり何人になる，という数字にまで落とし込むと，課題を具体的にイメージできるようになる。他の事例では，市内中心部の人通りの多い時間の写真を撮り，人口減少・年齢階層に応じて，写真中の人の数を減らし，高齢者の比率を増やしたイメージ図を作成することで，人口減少と高齢化の現実をわかりやすく示すことができる。このように具体的なイメージを示すことで，課題についての危機意識を醸成し，総合的な課題解決に対して，業務の方法を変化させることについての心理的なハードルを下げることができる。

　本書のテーマであれば，第1章のような地域包括ケアの理論的背景を改めて示すことで，日常業務の多忙さなどで目先の施策に囚われがちな担当部局には，自らの活動の背景を再確認し，業務内容を俯瞰的に見直すことが可能となり，関係他部局においても，取り組みの目的や狙いを理解することで，課題解決に臨む際の前提を共有できる。第2章のような都市政策から見た地域包括ケアとの関係や，第9章での財政と福祉の関係を示すことは，地域包括ケアという分野が，従来の健康福祉系部局だけでは解決しない，部局横断体制で臨むべき課題である事を，事例に沿って示すことで，自治体各部局での認識の共有を図ることができる。

4.3　大学側での体制構築時におけるコーディネーターの役割

　域学共創研究立ち上げ時には，大学側においても，総合的な課題解決に対応していくために，異分野融合での体制構築が必要であることは前節で述べた。しかし，大学等の研究者は所属する学会の研究領域を軸に研究を展開しているため，一人の研究者から異分野の研究者との繋がりを模索するには限界がある。また，必要な専門知識を保有する研究者を新たに発掘する際にも，一般に公開されている研究シーズ集などに示される研究者の「研究キーワード」は，所属学会内部での表現に基づいた研究内容・テーマであることが多いため表面的であり，大学の研究者の興味の方向を外部から探ることは難しい。

　このような際にも，幅広い専門分野の教員の研究内容や興味の方向性などを把握しているコーディネーターを活用することで対応していくことが可能とな

る。ただし，コーディネーターにも得意分野・不得意分野があるため，自治体から相談の際には，どのような課題をもち，どのような研究者を探してほしいのか，という点を整理してから臨むことで，当初繋がりをもったコーディネーターの不得意分野であったとしても，紹介等を通じて，適切なコーディネーターにたどり着ける確率が上がる。

4.4　域学共創研究におけるトップダウンでの体制構築のメリットとデメリット

　ここまで述べたような，地道な協力者の発掘やネットワーク拡大の他に，テーマに基づいてトップダウンで部局横断・異分野融合チームをつくる，というアプローチも考えられる。

　トップダウン型アプローチでの体制構築は，スピード感があり，体制構築から域学共創研究の開始までの時間を短縮できるというメリットを持つが，域学共創研究で想定する「総合的」な課題解決手段の模索には，デメリットも多い。自治体においては，第2節で述べたような「社会の課題・仕事の課題」の2つの質問でDに該当するコアメンバーで共有すべき問題意識が，メンバー選定の過程で徹底されず，共創型研究が円滑に進まない場合がある。大学側においても，第3節で述べたように，研究者は自身の学問領域内で閉じた研究活動に取り組んでいる者が多く，連携の枠組みを示されても，自身の学問分野の範囲内だけで対応する場合があり，行政における「縦割り」の弊害と同様，必要な分野は揃っていても，総合的な課題解決に組み上がらない「各分野での部分最適の解決策の集合体」となる場合が多い。

　域学共創研究での課題解決を模索する際には，参加メンバーで社会課題を丁寧に共有し，それぞれの部局や専門分野の中で対応できる部分・できない部分を相互に理解し，部分最適でなく，総合的な解決策を求めていくという意識を醸成していくことが重要である。

5　域学共創研究の展開の課題と留意点

　自治体と大学は全く異なる文化を持ち，連携研究開始までにはさまざまなハードルがあり，また，連携を開始した後も，役割分担や費用負担，法令や条例・慣例による制約と研究者の興味との衝突など，多くの障害が待ち受けている。たとえ連携研究をうまく進めたとしても，研究成果の公開・非公開や，現場政策への反映など，プロジェクトを落着させるための課題が山積している。このように開始前から終了時まで（時には終了以降も）膨大な連携に対する課題解決に奔走する必要があったとしても，自治体と大学の連携研究の意義は非常に大きい。本節では，自治体と大学による域学共創研究を展開する際の課題と留意点を整理する。

5.1　自治体と大学の「成果」に対する考え方の差
　自治体・大学双方にとって数多くのメリットのある域学共創研究であるが，その円滑な展開にあたっては，それぞれの文化の差をあらかじめ理解し，常に意識して連携に臨む必要がある。自治体職員が地域住民の生活の質の維持・向上を使命としていることと同様，大学の研究者もまた別の使命がある。大学の活動には，教育・研究・社会貢献という3つの柱があるが，域学共創研究に関することとして，ここでは研究について述べる。第3節1項で学会の仕組みについて記述した通り，研究者は，研究成果を学会等で発表し，第三者の目で研究内容を検証し，研究成果に対する評価を得ていくことが，職業上重要な評価基準の一つとなっている。連携に参加する研究者が，いかに社会課題の解決に興味があり，自治体側の使命に理解を示し，積極的に協力をしてくれたとしても，大学に所属する研究者である以上，研究における成果を上げていくことが，どうしても必要とされる。

　研究としての評価は，今までにない新しい知見を得ることにある。新しい知見獲得のためには新規の手法・切り口を検討してみることが必要であり，その結果は必ずしも当初の予定・仮説通りになる保証はない。たとえ，当初の計画

通りに事態が進まなかったとしても，うまくいかない理由を発見できること自体が「研究」という側面では成果となり得る。一方で自治体においては，議会と住民に対する説明責任の慣習上，施策として取り組む以上は一定期間に一定の成果を上げることが求められる。この価値観の違いを当初から理解し，うまく対応していかなければならない。

　また，研究者にとって，学会等で発表するために学術論文をまとめることが一つの成果となるが，成果の捉え方だけでなく，学術論文において必要な研究「範囲」と，実際の課題解決に必要な研究・分析の「範囲」についても，研究者と自治体双方で異なる場合が多い事に注意が必要である。年齢や研究実績にかかわらず実社会との連携研究の経験が浅い研究者の場合，取り組み「範囲」や「成果」について，研究視点での価値観以外に触れたことがなく，成果目標について自治体側の成果の視点とすりあわせるために，多くの時間を要する場合もある。

5.2　自治体と大学の「成果」に対する考え方の差を埋める工夫

　対策としては，域学共創研究に本格的に着手する前に，連携研究の範囲をどこに定め，成果をどこまで求めるか，研究計画と成果物のイメージを文書等で整理し，常に確認していくことが必要である。自治体側も，研究者の立場を理解し，研究過程のすべてを任せたり，下請け業者に丸投げするような態度になったりせず，研究者の考える成果と，自治体における政策立案のために必要な要素の間を埋められるように，研究者の調査研究内容をしっかりと把握する必要がある。

　本書では，第3章・第4章に当たる点である。これらの章は，市町村が保有する国保データベース（KDB）を，自治体と大学との共同研究の形で地域包括ケアの総合的な課題解決のために活用した際の事例である。第3章の事例では，KDBデータにどのような内容が含まれているかについて，自治体側でも十分かつ正確に把握できていない部分があり，「データがあるのだから分析ができるはずである」という自治体側の思い込みがあった。そこで，KDBデータの基本的なデータ構造や，把握可能なデータの内容について整理して示すことで，

分析に不足するデータの存在や，データの細かさを双方の関係者で共有し，到達可能な成果についてのイメージを共有することができた。第4章の事例では，域学共創研究が進展する中で，自治体側でも積極的にデータを分析したいというニーズが出てきたことに対応し，高度なソフトやノウハウを必要としない分析の手法について，丁寧に解説することで，相互の理解促進を図ることができた。

研究者と自治体による政策立案過程，すなわち研究成果の社会実装に際しては，公式，非公式のコミュニケーションの場を設け，新たな科学技術研究の成果の便益や懸念事項に関する認識の共有化を進め，利害調整や新たな制度的枠組みの構築を心掛けていく必要がある（総合科学技術・イノベーション会議 第10回基本計画専門調査会の中間報告 2015）。自治体側と研究者側での定期的な意見交換の場を持つことで，相互の進捗を確認できるだけでなく，意見交換の際の言葉の使い方等から，相互の興味の方向性や，考え方の癖などを把握することもできる。相互の差を良く理解することは，自治体側の現場の課題をより具体的に伝えることや，研究者側の研究過程・成果をより深く理解できる事に繋がり，自治体側と研究者側の文化の差による検討内容の乖離を防ぐことができる。

本書での事例では，各章共通の工夫として，まず，共同研究契約書の形で成果イメージを書面で共有した上で，コーディネーターが頻繁に関係者との間で情報収集と進捗の共有を対面で行い，また，定期的に自治体側と大学側共同での意見交換会を持つことで，検討内容の乖離を防ぐことができた。年度ごとの合同意見交換や報告にあたっては，特に第8章・10章・11章など，課題に様々な部局・専門分野が関与する内容について，自治体側・大学側共に可能な限り幅広い部局・異分野の関係者の参加を促すことで，多面的な検証を行うことができた。

域学連携研究に臨む自治体側にとっては負担が大きく，また，研究視点の理解が困難を伴う場面があるため，研究機関側のコーディネーターと適切な関係を構築することで，課題解決のための負担を減らすことができる。但し，相互の理解を深め，協力体制をうまく築けたとしても，研究者視点での「成果」と，自治体視点での「成果」の間がどうしても埋まらない場合もある。このような

場合には，自治体側の担当者が共創研究の内容をよく理解し，自治体側でその溝を埋める工程を担当することも考えられる。もし自治体側でこの対応が難しいと感じる場合には，両者の成果をつなぐ工程を，第三者の外部コンサルタント等に委託することも検討してよい。実際に，筆者（平子）の場合は，自治体と大学双方の成果物のイメージを慎重に聴取し，成果の「つなぎ」が難しいと感じる場合には，あらかじめ予算計画に外部コンサルタントへの委託費を計画し，連携研究の当初または途中から，コンサルタントにも意見交換の場に参加してもらえるよう，成果の円滑な共有・共創のための準備を心がけている。

6　自治体と大学による域学共創研究の展開の効果

6.1　自治体から見た大学との共創によるその他のメリット

　序章で述べたように，地域の現状に対応した課題解決に取り組むための手順として，以下の政策工程がデザインされる。

　　① 現状の分析，定量的・定性的把握。
　　② 地域の関係者による学習コミュニティの形成。先進事例や関係者のヒアリング。課題の共有。
　　③ 関係者との合意形成と実証実験。地域のアクターとの連携による新しい組織化。
　　④ 地域課題に応じた制度の設計，施設の配置，需給の管理，サプライチェーン（生産・流通の流れ）等の計画。

　①のような工程は，特に大学における研究者の専門とするところであり，大学の研究成果となるだけでなく，自治体にとっても説得力の強化，公平性においてもメリットが大きい。②③④を進めるにあたっても，行政自身がコーディネートするよりも，大学が入ることによって客観的基準が得やすくなり，関係者の学習や合意形成はしやすくなる。実験的な事業を行うための基準の設計や検証に関しても，政策プロセス全体を理解している研究者の専門性を活用できる。自治体は，大学と連携することで，科学的根拠に基づいた現状分析，先進事例の分析や課題の整理から新しい知見を得ることができ，大学という「部

外者」を活用することで庁内他部局や今まで繋がりの無かった外部機関との連携の糸口を見出すことが可能となる。

　これまでの域学共創研究プロジェクトを通じて，自治体から得られた意見を整理すると以下の通りである。1）研究テーマに関して，専門家ならではのアドバイスが得られ，課題解決に向けた発想・見直しができる。2）大学との連携研究という形で現場を客観視することで，日常業務に忙殺されている中では気づかない課題を発見することができる。3）大学教員や所属学生と共に課題解決に取り組むことで，知識や発想の幅が広がるなど，業務能力の向上・人材育成に繋がる。4）連携研究を通じて大学教員との人間関係を構築でき，連携研究期間終了後も，気軽に相談できる人脈形成ができる。5）行政だけでは解決できない課題を外部コンサルタント等に丸投げするのではなく，連携研究という形を取ることで，自治体職員の課題への意識や理解が深まり，「語れる」政策立案が実現できる。6）大学との連携を前面に押し出すことで，自治体単体では連携が取りにくい外部組織や個人との関係が構築できる。7）同じく大学との連携を掲げることで，行政内部にある従来の縦割り式の専門分業組織を打破することができる。このようなことから，自治体にとって，大学との域学共創研究を進めることによって自治体側の得られるメリットは多い。

6.2　大学から見た自治体との域学共創研究によるメリット

　その一方で，大学側にも多くのメリットがある。同様に，これまでの域学共創研究プロジェクトを通じて，大学教員から得た意見は以下の通りである。1）行政に呼ばれて参加する審議会等の座長・委員などは，参加しても結論が既に決まっていることも多いが，連携研究を適切に行えば，企画段階から行政側と意見交換ができ，自身の提案が実際の政策に反映されやすい。2）住民向けアンケートやヒアリング調査実施の際，自治体の協力が得られることで，コストの削減と回収率の向上が期待できる。3）自治体が保有する公開されていない行政データを活用して新しい研究の視点・材料が得られる。4）自治体の課題を研究対象として据えることで，全く異分野の研究者と連携するきっかけが生まれ，視野を広げることができる。5）行政職員の本音や現場の課題に触

れることで研究の視点の拡大や課題の深掘りができる。6）行政との連携関係をPRすることで，研究資金の申請等の社会的意義，有意性を確保できる。また，第2節2項で述べたように，文部科学省の方針にも即した取り組みであり，大学等としても，対応していくべき内容である。

　このように，さまざまな課題を持つ域学共創研究であるが，そのハードルを超えて臨むことで，自治体・大学の双方が得られるメリットは非常に大きいことがわかる。自治体・大学間のコーディネートは，地道なボトムアップ型での体制構築・推進が求められる。異なる性質をもつ機関である自治体・大学が互いの文化の違いを理解して尊重し合い，適切な対策をあらかじめ準備しておくことで，従来ではできなかった施策立案や研究成果に繋がっていくことが期待される。今後もこれまでに培ってきた経験と知識を活かし，さらなるネットワークの拡張，多様な課題解決に力を注ぎたい。

参考文献

科学技術イノベーション政策における「政策のための科学」アドバイザリー委員会（2016）『資料3　科学技術イノベーション政策における「政策のための科学」推進事業　基本方針』文部科学省。
　http://www.mext.go.jp/b_menu/shingi/chousa/gijyutu/025/attach/1377862.htm　最終閲覧日2018年7月10日

総合科学技術・イノベーション会議 第10回 基本計画専門調査会（2015）『「科学技術イノベーションと社会」検討会 中間報告』内閣府。
　http://www8.cao.go.jp/cstp/tyousakai/kihon5/10kai/siryo2.pdf　最終閲覧日2018年7月10日

藤垣裕子（1996）「学際研究遂行の障害と知識の統合――異分野コミュニケーション障害を中心として」『研究 技術 計画』10(1_2)：73-83.

研究成果一覧
(2018年7月時点)

【論 文】

玉森祐矢・藤生慎・中山晶一朗・髙山純一・西野辰哉・寒河江雅彦・柳原清子・平子紘平 (2016)「大規模地震災害時における災害時要援護者の避難シミュレーション——国民健康保険データベースを用いて」『土木学会論文集F6 (安全問題)』72(2): I_157-I_164.

武田公子 (2017)「国民健康保険の都道府県単位化をめぐって——石川県内の自治体を事例に」『金沢大学経済論集』37(2): 1-27.

森崎裕磨・藤生慎・中山晶一朗・髙山純一・柳原清子・西野辰哉・寒河江雅彦・平子紘平 (2017)「国民健康保険データベースを用いた地域の健康課題に対する処方箋の提案——埼玉県比企郡鳩山町を対象として」『土木学会論文集D3 (土木計画学)』73(5): I_453-I_466.

Yanagihara K., Fujiu M., Sano S. (2017) "Analysis of Changes in Elderly People's Level of Long-Term Care Needs and Related Factors - With a Focus on Care Levels II and III," *Journal of Wellness and Health Care* 41(2): 93-103.

森崎裕磨・藤生慎・髙山純一・柳原清子・西野辰哉・寒河江雅彦・平子紘平 (2018)「大規模地震を想定した重大な疾患を持つ避難行動要支援者の利用可能な避難施設を検討する手法の考察——鳩山町の国民健康保険データベースを活用して」『日本地震工学会論文集』18(1): 1_104-1_121.

Fujiu M., Morisaki Y., Takayama J., Yanagihara K., Nishino T., Sagae M., Hirako K. (2018) "Evaluation of Regional Vulnerability to Disasters by People of Ishikawa, Japan: A Cross Sectional Study Using National Health Insurance Data," *International Journal of Environmental Research and Public Health Article Evaluation of Region*, 15(3) pii: 507.

森崎裕磨・藤生慎・髙山純一・柳原清子・西野辰哉・寒河江雅彦・平子紘平 (2018)「大規模地震災害時における地域の共助ポテンシャルの基礎的分析——石川県羽咋市のKDBデータを活用して」『土木学会論文集A1 (構造・地震工

学)』74(4)：I_630-I_640.

【学会発表】
玉森祐矢・藤生慎・中山晶一朗・髙山純一「国保データベースを用いた災害時要援護者の実態把握」第35回地震工学研究発表会（東京都），2015/10/6.

玉森祐矢・藤生慎・中山晶一朗・髙山純一・三角和宏・寒河江雅彦・柳原清子・平子紘平「災害時要援護者の被災リスクに関する分析——国保データベースを用いて」日本地震工学会年次大会-2015（東京都），2015/11/20.

玉森祐矢・藤生慎・中山晶一朗・髙山純一「国民健康保険データベースを用いた疾患別発症要因分析」第52回土木計画学研究発表会・秋大会（秋田県），2015/11/22.

玉森祐矢・藤生慎・中山晶一朗・髙山純一「高額医療費疾患の発症要因分析——国保データベース（KDB）を用いて」平成27年度土木学会中部支部研究発表会（愛知県），2016/3/4.

森久士・藤生慎・髙山純一・中山晶一朗・平子紘平・西野辰哉「国保データベースを活用した超高齢社会におけるまちづくり戦略」平成27年度土木学会中部支部研究発表会（愛知県），2016/3/4.

玉森祐矢・藤生慎・髙山純一・中山晶一朗・西野辰哉・森久士「交通インフラの整備状況が高齢者の疾患発症に与える影響評価——国民健康保険データベースを用いて」第53回土木計画学研究発表会・春大会（北海道），2016/5/29.

玉森祐矢・藤生慎・髙山純一・中山晶一朗・柳原清子・西野辰哉「高額医療費疾患と通院実態に関する一考察——国民健康保険データベース（KDB）を用いて」平成28年度土木学会全国大会 第71回年次学術講演会（宮城県），2016/9/8.

玉森祐矢・藤生慎・髙山純一・中山晶一朗・柳原清子・西野辰哉「大規模地震に備えた災害時要援護者の医療支援に関する一考察——国民健康保険データベース（KDB）を用いて」第35回日本自然災害学会 学術講演会（静岡県），2016/9/20.

玉森祐矢・藤生慎・髙山純一・中山晶一朗・西野辰哉・寒河江雅彦・柳原清子・平子紘平「国民健康保険データベースを用いた災害時要援護者の避難シミュレーション分析」日本地震工学会・大会-2016（高知県），2016/9/26.

Yanagihara K., Sato M., Fujiu M., Tamamori Y., "The State of Medical Care for Young-Elderly Cancer Patients in Regional City A ― a Focus on Medical Facility Type, Commuting Distance to Hospitals, and Communications," *The18th World Congress of Psycho-Oncology*（Dublin, Ireland），2016/10/17.

玉森祐矢・藤生慎・髙山純一・中山晶一朗・柳原清子・西野辰哉「国保データベースを用いた災害時要援護者の疾患を考慮した避難所の適正配分に関する分析」第36回地震工学研究発表会（石川県），2016/10/18.

森崎裕磨・藤生慎・髙山純一・中山晶一朗「大規模地震を想定した災害時要援護者の実態に関する考察――鳩山町の国保データベースを活用して」第36回地震工学研究発表会（石川県），2016/10/18.

玉森祐矢・藤生慎・中山晶一朗・髙山純一・西野辰哉・寒河江雅彦・柳原清子・平子紘平「国民健康保険データベースを用いた医療難民の分布推定および実態把握」第54回土木計画学研究発表会・秋大会（長崎県），2016/11/5.

森崎裕磨・藤生慎・髙山純一・中山晶一朗「国民健康保険データベース用いた地域の健康状態の把握に関する考察」第54回土木計画学研究発表会・秋大会（長崎県），2016/11/5.

玉森祐矢・藤生慎・中山晶一朗・髙山純一・西野辰哉・寒河江雅彦・柳原清子・平子紘平「大規模地震災害時における災害時要援護者の避難シミュレーション――国民健康保険データベースを用いて」土木学会安全問題討論会'16（東京都），2016/11/30.

西村茂「七尾市における高齢者の食事・買い物支援の取り組み：医商工連携の試み」北陸地域政策研究フォーラム（石川県），2017/1/22.

佐野静香・藤生慎・髙山純一・中山晶一朗・西野辰哉・寒河江雅彦・柳原清子・平子紘平「地域別健康度と地域特性の関係――国民健康保険データベースを用いて」平成28年度土木学会中部支部研究発表会（石川県），2017/3/3.

森崎裕磨・藤生慎・中山晶一朗・髙山純一・柳原清子・西野辰哉・寒河江雅彦・平子紘平「国民健康保険データを用いた健診回数と疾患発症率の関連性に関する分析」平成28年度土木学会中部支部研究発表会（石川県），2017/3/3.

玉森祐矢・藤生慎・髙山純一・中山晶一朗・西野辰哉・寒河江雅彦・柳原清子・平子紘平「公共交通の整備状況が健康に与える影響に関する分析――国民健康保険データベース（KDB）を用いて」平成28年度土木学会中部支部研究発表会

（石川県），2017/3/3．

森崎裕磨・藤生慎・高山純一・中山晶一朗・柳原清子・平子紘平・藤生沙妃「社会交流状況が疾患発症に及ぼす影響に関する分析——鳩山町のソーシャル・キャピタルを対象として」第55回土木計画学研究発表会・春大会（愛媛県），2017/6/10．

玉森祐矢・藤生慎・高山純一・中山晶一朗・西野辰哉・寒河江雅彦・柳原清子・平子紘平「健康増進に向けた健診の効果と地域の健康課題——国保データベース（KDB）を用いて」第55回土木計画学研究発表会・春大会（愛媛県），2017/6/10．

柳原清子・寒河江雅彦・澤田紀子「地方の中規模市における家族介護とジェンダー——女性の働き方の変化を焦点化して」日本家族看護学会 第24回学術集会（千葉県），2017/9/1．

森崎裕磨・藤生慎・髙山純一・柳原清子・西野辰哉・寒河江雅彦・平子紘平「重大な疾患を持つ災害時要援護者の避難用異性に関する一考察」平成29年度土木学会全国大会 第72回年次学術講演会（福岡県），2017/9/12．

Morisaki Y., Fujiu M., Takayama J., Yanagihara K., Nishino T., Sagae M., Hirako K., "A Study Reachability of Vulnerability People Considering the Road Situation During the Earthquake Disaster," *12th International Conference of Eastern Asia Society for Transportation Studies*（Ho Chi Min, Vietnam），2017/9/21．

玉森祐矢・藤生慎・高山純一・中山晶一朗・西野辰哉・寒河江雅彦・柳原清子・平子紘平「大規模地震災害時を想定した要介護認定者の避難シミュレーション分析」第36回日本自然災害学会 学術講演会（新潟県），2017/9/27．

森崎裕磨・藤生慎・髙山純一・柳原清子・西野辰哉・寒河江雅彦・平子紘平「多様な災害リスクを考慮した高齢者の避難可能性に関する評価——石川県羽咋市の国民健康保険データを活用して」第36回日本自然災害学会 学術講演会（新潟県），2017/9/27．

森崎裕磨・藤生慎・髙山純一・柳原清子・西野辰哉・寒河江雅彦・平子紘平「大規模地震災害時における地域の共助ポテンシャルの基礎的分析——石川県羽咋市のKDBデータを活用して」第37回地震工学研究発表会（熊本県），2017/10/11．

森崎裕磨・藤生慎・髙山純一・柳原清子・西野辰哉・寒河江雅彦・平子紘平「地震災害時における地域の脆弱性を考慮した災害時要援護者に対する被災評価――羽咋市のKDBデータを活用して」第56回土木計画学研究発表会・秋大会（岩手県），2017/11/4．

玉森祐矢・藤生慎・高山純一・中山晶一朗・西野辰哉・寒河江雅彦・柳原清子・平子紘平「健康状態の変化と地域の環境変化の関係性に関する分析」第56回土木計画学研究発表会・秋大会（岩手県），2017/11/5．

佐野静香・藤生慎・高山純一・中山晶一朗・柳原清子・西野辰哉・寒河江雅彦・平子紘平「地域で暮らす要介護認定者の実態に関する分析――国民健康保険データベースを用いて」第56回土木計画学研究発表会・秋大会（岩手県），2017/11/5．

森崎裕磨・藤生慎・髙山純一・柳原清子・西野辰哉・寒河江雅彦・平子紘平「過疎地域における高齢者の受診環境に関する分析――羽咋市の国民健康保険データを用いて」平成29年度土木学会中部支部研究発表会（愛知県），2018/3/2．

玉森祐矢・藤生慎・髙山純一・中山晶一朗・西野辰哉・寒河江雅彦・柳原清子・平子紘平「国民健康保険データベース（KDB）を用いた医療費抑制効果の評価に関する分析」平成29年度土木学会中部支部研究発表会（愛知県），2018/3/2．

佐野静香・藤生慎・髙山純一・中山晶一朗・柳原清子・西野辰哉・寒河江雅彦・平子紘平「要介護認定者の分布と居住環境の関係性に関する一考察――小松市の国民健康保険データベース（KDB）を用いて」平成29年度土木学会中部支部研究発表会（愛知県），2018/3/2．

森崎裕磨・藤生慎・髙山純一・柳原清子・西野辰哉・寒河江雅彦・平子紘平「過疎地域における通院行動別の受診環境に関する評価――国民健康保険データベースを用いた検討」第42回地域安全学会研究発表会（春季）（北海道），2018/5/25．

佐野静香・藤生慎・髙山純一・中山晶一朗・柳原清子・西野辰哉・寒河江雅彦・平子紘平「居住環境が要介護認定に及ぼす影響の分析――国民健康保険データベースを用いて」第57回土木計画学研究発表会・春大会（東京都），2018/6/9．

原田魁成・柳原清子・寒河江雅彦「家族介護者の介護認識と就労実態からの家族リジリエンス研究――小規模地方都市を焦点化して」第23回日本在宅ケア学会学術集会（大阪府），2018/7/14．

【ポスター発表】

佐野静香・藤生慎・髙山純一・中山晶一朗・柳原清子・西野辰哉・寒河江雅彦・平子紘平「地域特性が健康度に及ぼす影響の分析――国民健康保険データベースを用いて」第55回土木計画学研究発表会・春大会（愛媛県），2017/6/10．

森崎裕磨・藤生慎・髙山純一・柳原清子・西野辰哉・寒河江雅彦・平子紘平「地震災害時における災害時要援護者の被災可能性に関する一考察――国民健康保険データを活用して」日本地震工学会・大会-2017（東京都），2017/11/13．

森崎裕磨・藤生慎・髙山純一・柳原清子・西野辰哉・寒河江雅彦・平子紘平「過疎地域における地域特性を考慮した受診困難性の定量評価とその検証」2018年度春季大会学術研究発表会（東京都），2018/4/14．

Morisaki, Y., Fujiu, M., Takayama, J., Yanagihara, K., Nishino, T., Sagae, M., Hirako, K., "Evaluation of Difficulty in Making Hospital by Each Transportation Mode in Depopulated Area: Using National Health Insurance Data," *5th International Conference on Road and Rail Infrastructure*（Zader, Croatia），2018/5/17．

【自治体向け報告会】
◆七尾市
西村茂「「地域包括ケアシステム」を支える医商工連携分科会の活動――高齢者の買い物支援の取り組み」七尾市産業・地域活性化懇話会（全体会），2017/3/16．
髙山純一・藤生慎・平子紘平「『地域資源（魅力）と広域交通（経路）を活用した観光活性化』について――北陸新幹線金沢開業前後における観光動態分析（和倉温泉・七尾地域）から見える課題」七尾市産業・地域活性化懇話会（全体会），2017/3/16．
◆羽咋市
寒河江雅彦・柳原清子・齊藤実祥・原田魁成「要介護・要支援者と家族介護者の実態分析経過報告」「がんばる羽咋創生総合戦略」の推進に係る共同研究等の活動に関する報告会，2017/4/19．
藤生慎・髙山純一・森崎裕磨「国保データベース・後期高齢者データベースなどを活用した地域の健康まちづくりのための調査研究――KDBの見える化からわかること」「がんばる羽咋創生総合戦略」の推進に係る共同研究等の活動に関

する報告会，2017/4/19.

柳原清子「羽咋市の高齢者介護，医療費，災害時の保健活動予測――KDBを使った分析より」羽咋市報告会，2018/4/25.

◆小松市

柳原清子「最後まで地域で住み続けたい！その願いを叶えるために――高齢者ビッグデータから見える「地区別健やかさ」の実像（第一弾報告）」地域ケア推進会議―小松長寿介護課，2016/2/1.

高山純一・藤生慎・玉森祐矢「KDB×GIS「KDBデータの見える化」」小松市H28年度中間報告会，2016/2/12.

柳原清子・藤生慎・篠原もえ子「小松市「地区別健やかさ」の一考察――KDBおよび後期高齢者ビッグデータからの健診・医療費・高齢者・認知症分析」小松市H27年度報告会，2016/3/23.

柳原清子「最後まで地域で住み続けたい！その願いを叶えるために―高齢者ビッグデータから見える「地区別健やかさ」と「サービス」の実像」小松市高齢者センター研修会，2016/9/1.

武田公子「小松市国保財政について」小松市H28年度中間報告会，2016/11/7.

岡本成史「全身の健康状態を維持する上での口腔管理の重要性」小松市H28年度中間報告会，2016/11/7.

小松市検診データ「見える化」チーム「小松市検診データの「見える化」」小松市H28年度中間報告会，2016/11/7.

市森明恵「小松市・金沢大学包括連携協定「地域の健康状態の見える化事業」H28年度末報告」小松市・金沢大学包括連携協定「地域の健康状態の見える化事業」H28年度末報告会，2017/3/24.

篠原もえ子・藤生慎「住民健診データから将来の要介護リスク・認知機能低下リスクを推定する」小松市予防先進政策会議（平成28年度活動）報告会，2017/4/20.

柳原清子「小松市の家族介護状況と使っている介護サービス」小松市予防先進政策会議（平成28年度活動）報告会，2017/4/20.

あとがき

　本書は，序章にも記述したように，日本学術振興会「課題設定による先導的人文学・社会科学研究推進事業（実社会対応プログラム（公募型研究テーマ））」「人口減少地域社会における安心しうるケア・システムの構築と生活基盤の整備」に採択された「データベース解析に基づくケア・システムの地域特性の把握と福祉まちづくりデザイン」（代表者：佐無田光，2015～18年）の研究成果である。

　これに先立って，金沢大学として，文部科学省の「地（知）の拠点整備事業（COC: Center of Community）」（2013～17年度）の事業に取り組んだことが，上記の研究課題の構想につながった。「地域」という具体的な場や課題がなければ，「地域包括ケアとエリアマネジメント研究会」（ケアエリア研）のようなボトムアップ型の異分野融合研究のプロジェクトは生まれなかったであろう。

　ケアエリア研のプロジェクトには多くの異分野の研究者が携わっている。普段，同じ大学の中で業務を一緒にすることはあっても，専門を異にする研究者間で共同の研究を推進することは実は滅多にない。学問の世界は専門分野ごとに縦割りであり，科学性の認識も違えば，組織文化も異なる。例えば，一見はっきりとした基準がありそうに見える統計解析１つをとっても，都市工学・情報工学的なデータ解析の技術的な適応性の判断と，医学分野における疫学的な統計の厳密性や倫理指針の考え方は大きく異なるし，社会属性や回答バイアスに重きを置く社会科学系の社会調査法ともまた違う。それぞれの学会で「科学的常識」が存在し，そこに当てはまらない研究は容易にリジェクトされる文化がある。専門別の研究者間の理解を共有するのはあたかも「異文化交流」であり，時間のかかる作業であったが，異分野の知見を取り入れることで，狭い専門の考え方とは違う新しい発見があり，論点を掛け合わせた知的刺激も豊富であった。この研究会を機に，参加メンバーらは，医薬・理工・人社の枠を超えた学会報告や学生指導などを進めるようになった。

自治体行政との連携も多くの研究者にとっては新たな挑戦であった。研究者としては，行政が課題とする政策に反映しうる知見や解析情報を提供する現場意識を持たねばならず，行政としては，研究者の世界で評価される学術的新規性に配慮しなければ連携は進まない。例えば，行政が個人情報や企業情報を含むデータなので一律公表不可としてしまうと，研究者としては研究発表の機会を失って連携の意義がなくなる。逆に，研究者が自身の研究的問題関心だけで情報の分析だけ行ってその政策的貢献を重視しないならば，行政としては連携する価値がない。双方とも自らの利害を前面に出さず，相手側の社会的立場や目的を理解する学習過程こそが，社会実装を重視する共創型研究の要諦である。

　日本では，垂直的管理の下で実質性の乏しい形式主義の業務が多いこと，縦割り組織が強く組織別の取り組みが連動しないこと，そして権威主義が根深く，いったん決定された事業を反省したり方向転換したりすることが難しいことなどの「組織の非効率性」が，国全体としての生産性の低迷に影響しているであろう。エビデンスベースの地域政策は，こうした日本の組織的制度的硬直性を打破する試みの1つであるが，これを成立させるためには，研究者を含む関係者自身が，自らも既存の縦割り組織の考え方に囚われていることを自覚し，自己否定を厭わず，それを脱していくために異分野の学習に取り組んでいく柔軟性が必要である。

　このような新しい領域の研究の機会と資金をご提供いただいた文部科学省と日本学術振興会には心より感謝したい。研究事業を支援していただいた金沢大学の皆様にも敬意を表したい。とくに，前例のない域学連携の研究プロジェクトに共感していただいて，陰に日向にリードしてくださった理事の向智里先生と福森義宏先生には心より感謝申し上げる。研究プロジェクトの事務的管理については，金沢大学の先端科学・社会共創推進機構（旧先端科学・イノベーション推進機構，旧地域連携推進センター），人間社会研究域附属地域政策研究センター，研究推進部，人間社会系会計課のスタッフにたいへんお世話になった。なかでも本書の取りまとめに関しては，先端科学・社会共創推進機構の安藤明珠さんのご尽力が大きかった。記して感謝に換えたい。

　本書は，日本学術振興会「課題設定による先導的人文学・社会科学研究推進

あとがき

事業」の申請メンバーを中心に構成したが，ケアエリア研自体は，その後もメンバーを補充して発展してきている。本書には掲載できなかったが，岡本成史先生，崔吉道先生，玉井郁巳先生，宮城栄重先生，横川正美先生，正源寺美穂先生，田邊浩先生（いずれも金沢大学），真田茂先生（公立小松大学），榊原千秋先生（NPO法人いのちにやさしいまちづくり ぽぽぽねっと）には，共同研究や毎月開催される研究会に適宜ご参加いただき，ディスカッションや意見交換を通じて本書にもご貢献いただいている。

本書の研究成果は，何よりも大学と連携する地域関係者のご協力とご尽力によって実現された。小松市予防先進部・小松市民病院，羽咋市総務部・社会福祉部，七尾市産業部・健康福祉部，南砺市市長政策部，志賀町健康福祉課，鳩山町政策財政課・長寿福祉課の職員の皆様方にはたいへんお世話になっている。データの提供（とくに地区データへの統合作業）や解析データを使った住民説明等をご担当いただき，あるいは科学的分析に基づく政策判断という新しいアプローチに賛同して庁内の説得にあたってくださったことには感謝の言葉もない。また，健康調査等にご協力いただいている七尾市中島町，志賀町の住民の皆様，アンケート等にご協力いただいた小松市民，羽咋市民の方々には心より感謝の意を表する。協力・支援いただいた全ての関係者にこの場を借りて御礼申し上げたい。

最後に，本書を編集・発行できたのはミネルヴァ書房のお陰である。ご尽力いただいた編集部の浅井久仁人さん，前任の東寿浩さんに感謝を伝えたい。

本書の提起を通じて，各地で域学連携による政策形成のネットワークが広がり，健康まちづくりの政策と科学の発展の一助になることを願っている。

編者を代表して　佐無田光

索引（＊は人名）

A-Z

DPCデータ　46
EBM　5, 9
EBPM　5, 7, 8, 12, 15, 16, 19
KPI　6, 7
NEC　20
PDCAサイクル　6, 13, 15
PPP・PFI　63
QOL（生活の質）　20, 26, 27, 28, 32, 34, 35, 52
RESAS　6, 7

ア行

＊秋山孝正　67
アクティビティ・ダイアリー調査　67
アダプト制度　64
アベノミクス　13
アポリポタンパクE　116
アルツハイマー病　111
アロスタティック負荷　130
域学共創研究　22, 240
域学連携　4, 16
医療・福祉の産業連関　11
医療介護総合確保法　43
医療機関　195
医療給付費　193-195
医療制度改革　20
医療費　11, 12, 22, 233
医療費適正化計画　12, 51
ヴァルネラブル・ポピュレーション・アプローチ　134
疫学研究　112
エリアマネジメント　61
邑知潟断層帯　150
オープンデータ　5

カ行

介護医療院　48
介護時間　212
介護卒業　48
介護費　11, 22, 233
介護保険　185, 197-204
介護保険給付費　200-204, 234
介護保険事業計画　198
介護保険総合データベース　46
介護保険料　198-200
（介護）保険料三原則　199
介護離職・転職　227
介護離職問題　208
介護療養型医療施設　48, 203
外出12分の法則　163
外出先　158
家族介護者　214
家族介護者の就労状況　216
家族レジリエンス　21, 226
金沢大学　18, 21, 22
川上・川下一体改革　41, 50
協会健保　14, 70
共助　32, 33, 37, 40, 41, 47, 50
「共創」型研究　16
居住誘導区域　61
居宅サービス　204
均等割　191, 192
繰入金　186-188
軽度認知障害　111, 112
健康格差　124
健康状態　82
健康日本21　125
健康まちづくり　10, 15, 20, 21, 65
健康まちづくり研究小委員会　67
健診検査項目　82
広域拠点　63
高額医療費　190
後期高齢者　18, 185
後期高齢者医療制度　14, 22
後期高齢者健康保険データベース　69
抗酸化ビタミン　116

索　引

公助　32, 33, 37, 40, 41, 47, 50
交通弱者　10
高度急性期病床　195, 196
購買施設　169
公立病院　196
高齢者の外出　167
コーディネーター　248
（国保の）都道府県単位化　205
国民医療費　10, 22, 234
国民健康保険　184
国民健康保険データベース（KDB）　13, 14, 15, 16, 20, 21, 46, 69, 72, 88
国民生活基礎調査　212
互助　27, 32, 33, 37, 40, 41, 45, 47, 49, 50, 52
小松市　15, 18, 19
小松市予防先進政策会議　19
コンパクトシティ　60

サ行

災害時要援護者数　152
在宅医療連携拠点　45
在宅療養支援診療所　45
サービス付き高齢者向け住宅　52
残存歯数　117
資産割　191, 192
自助　32, 33, 37, 40, 41, 47, 50, 52
施設配置　10, 17, 21
施設配置の適正化　173
市町村国保の構造的脆弱性　188-190
ジニ係数　127
支払基金交付金　197
社会実験　16
社会実装　18
社会的決定要因　124
社会的入院　201
社会的包摂　143
社会保障改革プログラム法　37
社会保障・税一体改革　37
社会保障制度改革国民会議　37, 41
社会保障制度改革推進法　37
社会保障費　11, 12, 17
就業構造基本調査　211
収納率　188, 191

小学校区　170
消滅可能性都市　57
食事パターン　117
所得割　191, 192
心理・社会的経路仮説　129
心理特性　115
スマートウエルネスシティ　68
生活圏　157
生活圏の二重性　163
生活圏の方向性　175
生活支援コーディネーター　50
生活習慣　125
正常認知機能　112
精神の健康度　138
前期高齢者交付金　189-190
先進予防　136
全体構想　59
専門分業組織　239
総合的な課題解決　243
相対的貧困率　127
組織的な連携　243
ソーシャル・インクルージョン　143
ソーシャル・キャピタル　27, 33, 34, 68, 114, 118, 138

タ行

縦割り式　239
地域医療計画　51
地域医療構想　44, 51
地域共生社会づくり　20
地域ケア会議　44
地域公共交通再編実施計画　62
地域公共交通網形成計画　60
地域支援事業　45
地域政策デザイン　1, 2, 8, 9
地域の脆弱性　149
地域別構想　59
地域包括ケア　9, 10, 12, 13, 14, 20
地域包括ケア計画　43
地域包括ケア研究会　37
地域包括ケアシステム　37, 39, 41, 42, 44, 47, 65
地域包括ケアシステム強化法　46, 48
地域包括ケアシステムの「5つの構成要素」

269

　　　　　　　　40
地域包括ケアとエリアマネジメント研究会　15,
　　16, 18, 20
地域包括支援センター　36, 38, 44
地域密着型　202
地域密着型サービス拠点　179
地（知）の拠点整備事業（COC）　15
地方創生　6, 7
中学校区　157
超高齢社会　8, 9, 10, 12, 13, 17, 20
データヘルス計画　13, 15, 18, 88
特定健康診査事業　194
都市機能誘導区域　61
都市計画マスタープラン　58
徒歩圏域　66
徒歩圏の中空化　163

ナ行
ナショナル・ミニマム　1
七尾市　21
二次医療機関　169
「2015年の高齢者介護」　36
日常生活圏域　66, 157
ニッポン一億総活躍プラン　49
日本再興戦略　13, 18
日本創成会議　57
認知症　9, 19, 21, 111, 112
認知症の社会的費用　11
年齢調整後医療費指数　193-194

ハ行
ハイリスク・アプローチ　133
羽咋市　19, 20
パーソントリップ調査　67
パブリックコメント　64
被災評価　149

平等割　191, 192
部局横断　239
部局横断・異分野融合チーム　250
物質の経路仮説　129
ヘルスプロモーション　131
防災計画　10
法定外繰入　186-187, 192
法定繰入　186
保険原理　205
保健指導　17, 18, 19
保険料　188, 191-193
保険料軽減制度　190
ポピュレーション・アプローチ　133

マ行
増田レポート　57
まち・ひと・しごと創生法　58
御調町　35

ヤ行
有病率　114
要介護・要支援認定　202-204, 209
予防・健康づくり　51

ラ行
ライフ・ケア・バランス　223
ライフサイエンス　11
ランダム化比較実験　6
立地適正化計画　60, 175
レセプト　13, 14, 15, 18, 88
連携拠点　63

ワ行
ワーク・ケア・バランス　223
我が事・丸ごと地域共生社会　47
「我が事・丸ごと」地域共生社会本部　49

執筆者紹介（執筆順，執筆担当）

佐無田 光（さむた・ひかる）：編著者，序章・終章
　金沢大学人間社会研究域経済学経営学系　教授。博士（経済学）。専門は地域経済学。主な著作として，『2025年の日本──破綻か復活か』（分担執筆），『自立と連携の農村再生論』（分担執筆），『北陸地域経済学』（編著）など。

横山 壽一（よこやま・としかず）：第1章
　佛教大学社会福祉学部　教授。経済学修士。専門は社会保障論。主な著作として，『社会保障の市場化・営利化』，『社会保障の再構築』など。

村上 慎司（むらかみ・しんじ）：第1章
　金沢大学人間社会研究域経済学経営学系　講師。博士（学術）。専門は社会保障論・経済哲学。主な研究業績として，「グローバルな正義と健康──ケイパビリティの観点」『日本医療経済学会会報』31(1)：41-53，2014年など。

髙山 純一（たかやま・じゅんいち）：第2章
　金沢大学理工研究域地球社会基盤学系　教授。工学博士。専門は交通計画・都市計画・防災計画。主な著作として，『地方都市の再生戦略』（共著），『交通まちづくり──地方都市からの挑戦』（共著）など。

藤生 慎（ふじう・まこと）：第3章・第7章
　金沢大学理工研究域地球社会基盤学系　准教授。博士（学際情報学）。専門は自然災害科学・防災学，土木計画学・交通計画。

森崎 裕磨（もりさき・ゆうま）：第3章・第7章
　金沢大学大学院 自然科学研究科 環境デザイン学専攻博士前期課程（2019年4月から博士後期課程）。学士（工学）（2019年3月修士（工学）取得予定）。専門は土木計画学，防災計画，医療ビッグデータ。

板谷 智也（いたたに・ともや）：第4章
　金沢大学医薬保健研究域保健学系　助教。博士（保健学）。専門は在宅ケア，保健医療福祉政策，医療経済学。

篠原 もえ子（しのはら・もえこ）：第5章
　金沢大学大学院医薬保健学総合研究科　特任准教授。医学博士。専門は脳神経内科学。主な著作として，『認知症診療実践ハンドブック』（分担執筆）。

山田正仁（やまだ・まさひと）：第5章
　金沢大学大学院医薬保健学総合研究科　教授。医学博士。専門は脳神経内科学（特に，認知症，アミロイド）。主な著作として，『認知症診療実践ハンドブック』（編著）など。

辻口博聖（つじぐち・ひろまさ）：第6章
　金沢大学医薬保健研究域医学系　特任助教。博士（医学），法務博士（専門職）。専門は公衆衛生学，疫学，生物統計学。

西野辰哉（にしの・たつや）：第8章
　金沢大学理工研究域地球社会基盤学系　准教授。博士（工学）。専門は建築・都市計画。主な著作として，『地方都市の再生戦略』（共著），『公共施設の再編──計画と実践の手引き』（分担執筆）。

武田公子（たけだ・きみこ）：第9章
　金沢大学人間社会研究域経済学経営学系　教授。経済学博士。専門は財政学・地方財政論。主な著作として，『地域戦略と自治体行財政』，『ドイツ・ハルツ改革における政府間行政関係』，『データベースで読み解く自治体財政』。

寒河江雅彦（さがえ・まさひこ）：第10章・第11章
　金沢大学人間社会研究域経済学経営学系　教授。理学博士。専門は統計科学，ビッグデータ解析。主な著作として，『技術革新と経済成長の相互関係に関する研究』（分担執筆），『通念の変革と新創出力』（分担執筆），『閉塞突破の経営戦略』（共著）など。

柳原清子（やなぎはら・きよこ）：補章
　金沢大学医薬保健学域保健学系　准教授。社会福祉学博士。専門は，家族看護，がん看護，在宅ケア。主な著作として，『あなたの知らない家族』，『渡辺式家族アセスメント／支援モデルによる「困った場面課題解決シート」』。

平子紘平（ひらこ・こうへい）：編著者，終章
　金沢大学先端科学・社会共創推進機構産学官連携・知財推進グループ　特任助教。専門は自治体と大学の共創研究・研究支援・産学官連携。

新・MINERVA 福祉ライブラリー㉝

地域包括ケアとエリアマネジメント
――データの見える化を活用した健康まちづくりの可能性――

2019年3月30日　初版第1刷発行　　　　〈検印省略〉

定価はカバーに
表示しています

編著者	佐無田　　光
	平子　紘平
発行者	杉田　啓三
印刷者	江戸　孝典

発行所　株式会社　ミネルヴァ書房
607-8494　京都市山科区日ノ岡堤谷町1
電話代表　(075)581-5191
振替口座　01020-0-8076

© 佐無田，平子ほか，2019　　共同印刷工業・清水製本

ISBN978-4-623-08509-5
Printed in Japan

よくわかる地域包括ケア

隅田好美・藤井博志・黒田研二編著　Ｂ５判　216頁　本体2400円

●現在，政府は2025年を目途に，重度な要介護状態となっても住み慣れた地域で自分らしい暮らしを人生の最後まで続けることができるよう，住まい・医療・介護・予防・生活支援が一体的に提供される，地域包括ケアシステムの構築をめざしている。本書は，多様な対象や職種，また様々な施策が複雑に関係して，理解しにくい地域包括ケアの，最低限共通して理解しておきたい知識を厳選。100前後のトピックにわけて，多角的に解説していく。

地域の見方を変えると福祉実践が変わる──コミュニティ変革の処方箋

松端克文著　Ａ５判・274頁　本体3000円

●ルーマンやハーバーマスなどの社会科学の理論を応用した多角的な論考を通じて，「コミュニティ」を「私たちづくり」という観点から再解釈し，住民による福祉活動や各種の専門職による実践をより充実させたり，これから活動してみようとしている人たちを後押しする「実践」のための書であり，地域福祉の新たな地平を切り拓く「理論」書でもある。
「私」と地域の「つながり」を把握しやすくなる一冊。

現場で使える在宅ケアのアウトカム評価──ケアの質を高めるために

島内　節編著　Ｂ５判　180頁　本体2800円

●政策的にもケアを受ける側の希望からも，在宅ケアの比重は年々高まっている。しかし病院とは違い，多職種で行うことが基本であり，またケアを受ける側の個々人の考え方が色濃くでるため，ゴールが見えにくい在宅ケアの評価は難しいとされてきた。本書では，長く在宅看護に取り組んできた著者らが，現場で働く看護職向けに，在宅ケアの評価のやり方とそれをどうやって今後のケアを高めるために利用したらよいかを具体的に考えていく。

──── ミネルヴァ書房 ────

http://www.minervashobo.co.jp/